KB190272

여행하며, 찬양하며

서울장로성가단 창단 30주년 기념

여행하며, 찬양하며

초판 1쇄 인쇄일 2017년 5월 18일
초판 1쇄 발행일 2017년 5월 24일

지은이 이능수
펴낸이 양옥매
디자인 남다희
교　정 조준경

펴낸곳 도서출판 책과나무
출판등록 제2012-000376
주소 서울특별시 마포구 방울내로 79 이노빌딩 302호
대표전화 02.372.1537　**팩스** 02.372.1538
이메일 booknamu2007@naver.com
홈페이지 www.booknamu.com
ISBN 979-11-5776-430-3(03230)

이 도서의 국립중앙도서관 출판시도서목록(CIP)은 서지정보유통지원 시스템
홈페이지(http://seoji.nl.go.kr)와 국가자료공동목록시스템
(http://www.nl.go.kr/kolisnet)에서 이용하실 수 있습니다.
(CIP제어번호 : CIP2017011795)

여 행 속 의 찬 양 들 을 모 아 담 다

서울장로성가단 창단 30주년 기념

여행하며, 찬양하며

이능수 장로

너희가 건너가서 차지할 땅은
산과 골짜기가 있어서
하늘에서 내리는 비를 흡수하는 땅이요
네 하나님 여호와께서 돌보아 주시는 땅이라
연초부터 연말까지 네 하나님 여호와의 눈이
항상 그 위에 있느니라

신 11:11~12

책과나무

여행과 찬양이 주는
기쁨의 가치

김광영 장로(서울장로성가단장)

동년배로 신앙의 길에서 만나 함께 찬양하며 우정을 나누는 동안 많은 시간이 흘렀다. 누구나 그 삶의 길에서 자신만이 느끼고 생각하며 고뇌하던 시간과 공간, 그리고 활동하며 경험한 일들을 회상하는 추억이 있는데, 저자는 이것을 축적하고 잘 간직하여 삶에 대한 보상으로 알고, 또 인생으로 갖고 싶어 하는 보석을 만들었다.

그것은 회상을 통하여 과거를 추억하면서 현재의 시간으로 끌어와 일어나는 일과 생각들을 한데 묶는 일이다. 보낸 세월만큼 많은 추억담과 회상담이 있지만 그중 여행과 찬양하며 받은 은혜와 영감을 정리하여 책으로 출판하려는 의도를 귀띔하고는 이 글을 요청하기에 축하하고 부족하지만 흔쾌히 동의하였다.

시간은 과거에서 현재로, 또 현재에서 미래로 쉬지 않고 흘러가기 때문에 실제의 시간에서 과거와 현재가 동일 선상에 있는 것은 아니지만 경험이라는 기억을 통하여 지나간 모든 순간의 추억까지도 현재의 시간으로 만들 수 있다. 누구보다도 이 일을 잘 알고 실행한 사람, 책이라는 보석으로 다듬은 사람, 사랑하고 존경하는 이능수 장로는 학문과 교회와 사회라는 세계에서 여러 경험을 소유한 분이다. 특히 함께한 서울장로성가단의 일원이 되어 해외 찬양 연주 여행을 꼼꼼히 챙겨 왔고, 이를 정리하여 장문의 보고문도 발표하였다.

금번 서울장로성가단 30주년의 의미를 가진 해에『여행하며, 찬양하며』를 출판한 저자에게 축하와 감사를 드린다. 숱한 역사적인 날을 지나는 동안 학창에서 산업전선에서 은퇴의 길에서 무거운 가슴앓이를 경험하였는데도 모두를 하나님께 찬양하는 신앙의 삶으로 승화하고 짬을 내어 가까운 분들과 성가단과 함께 토론하고 여행을 즐기면서도 단순히 보고 오는 정도가 아니라 사전 준비와 남다른 문화 연구를 통하여 이해를 넓히고 이를 담담하게 정리하여 현재를 그리고 미래를 조명하는 그의 혜안을 다시 생각한다.

이 책을 접하는 독자인 우리는 분명 신앙적인 유익을 얻게 될 것이다. 기억에도 한계가 있어 거의 다 잊어버리게 될 텐데, 이 책을 통하여 기록하는 좋은 습관을 얻을 것이다.

저자에게 무한한 하나님의 은혜와 위로를 축복한다. 특히 책을 출판하는 일은 산모가 갖는 출산의 고통만큼 힘든 일이다. 그 고통을 넘어 출판하신 이능수 장로에게 거듭 축하와 감사를 드린다.

2017년 4월   김 광 영

· 머리말 ·

여행 속의 찬양들을
모아 담으면서

　우리 '서울장로성가단'이 창단된 지 30년의 세월이 지났다. 요사이 보통 서른 살이 되어서 결혼하는 것에 비하여 보면, 이 30년은 실로 한 세대(Generation)의 시간이 흘러간 것이다. 이제는 우리도 성장의 때를 지나서, 꽃이 피고 열매를 맺는 결실의 때에 이른 것이라 생각한다. 이 얼마나 대견하고, 또 감사할 만한 일인가?

　나는 이 '서울장로성가단'에 2004년에 입단하여, 그해 말에 세종문화회관에서 열린 제10회 정기 연주회에 참여하였고, 이듬해의 동유럽 순회 선교여행에도 동행하는 행운을 얻었다. 다시 일본의 후쿠오카와 유쿠하시로의 선교 여행에도 함께하게 되었으며, 또 필리핀 마닐라 선교 여행에도 동행할 수 있었다.

　그때마다 여행이 좋고, 또 찬양이 좋아서 그때 받은 감동과 은혜를 기행문의 형식을 빌려 남기게 되었으며, 그때마다 동료 단원 장로님들의 많은 격려와 성원이 있었기에 용기를 얻곤 하였다.

　우리는 2년에 한 번씩 정기연주회를 가져 왔으며, 그 사이 해에는 해외 연주를 하고 있다. 국내외를 막론하고 우리를 부르는 곳이면 어디든지 마다하지 않고 달려갔지만, 특히 외국에 갈 때면 더 좋았다. 외국의 성도나 교회들과의 교류도 좋지만, 해외 동포와의 만남은 더욱 많은 기대와 보람을 갖게 하였으며, 따라서 낳은 정성을 쏟았다. 먼저 외국에까지 나가서 고생하는 저들의 애환을 위로하고 싶었고, 또 고생하는 저들의 삶을 격려하고 싶었으며, 한편 오늘의 성공을 있게 한 저들을 축하해 주고 싶었기 때문이다. 또 하나님의 사랑을 전하려는 선교의 목적도 물론 있었다. 2014년 백두산 등정과 연변 과기대에서의 찬양은 우리 선교여행의 백미이며, 작년 미국과 캐나다 동부로의 여행과 카네기 홀에서의 연주는 30년 선교 역사와 30년 찬양사역의 결정판이라 할 수 있겠다.

이제 30주년이 가까워지면서, 그동안의 여행의 기록들을 한번 모아 보기로 작정하였다. 우리들이 가졌던 '찬양의 흔적'들을 잠시 되돌아보며, 추억에 잠길 수 있는 단초가 될 것으로 여긴다. 또 우리의 각오를 새로이 다지는 계기가 될 것으로 믿는다. 다만 이 기록들이 행사를 집행하며, 수고하신 분들에게 누가 되지 않기를 바란다. 그동안 성원하여 주신 모든 분들에게 감사하며, 특히 많은 댓글과 함께 힘껏 격려해 주신 고(故) 최영일 단장님과 손홍일 장로님, 그 외의 여러 분들께도 감사를 드린다.

아울러 2002년도에 다녀온 터기 여행의 기록과 2013년에 답사한 성지 이스라엘 기행문, 그리고 2015년에 여행한 프랑스 파리와 이태리의 로마를 중심으로 여러 도시를 둘러본 자취들, 또 교회 친구들과 같이한 북경여행기 등 순전히 개인적인 여행의 기행문도 여기에 같이 묶었다. 관계자 되신 분들의 양해가 있으시기 바란다.

2017년 4월 이 능 수

목차

찬양은
강물 따라 흐르고

동유럽 5개 도시 연주 여행기

나 같은 죄인 살리신 그 은혜 놀라와

잃었던 생명 찾았고,

광명을 얻었네.

이것은 〈Amazing Grace〉로 널리 알려진, 찬송가 305장의 가사이다. 우리는 이번 여행 중에 10여 차례에 걸친 길거리 찬양에서, 이 곡과 함께 찬송가 79장 〈주 하나님 지으신 모든 세계〉 그리고 영화 〈타이타닉〉으로 많이 유명해진 〈내 주를 가까이하게 함은〉, 〈아리랑〉, 〈에델바이스〉 등을 주로 불렀다.

이국의 하늘 아래, 때로는 광장에서 때로는 공원에서 때로는 궁전 뜰에서 우리는 하나님을 노래했고, 그때마다 우리 찬양의 사절들 앞에 둘러선 이국의 관광객들과 낯선 현지 주민들은 박수로 화답했다. 그리고는 '원더풀'이라는 환성과 '앙코르'라는 성원으로 우리와 호흡을 같이해 주었다.

우리 모두는 저절로 신이 났고, 관광은 뒷전이요, 여건이 만들어지고 기회가 주어지기만 하면 지휘자의 신호에 따라 즉시 그 자리에 뺑 둘러선 채 목소리를 다해 화음을 맞추곤 했다.

특히 비엔나에 있는 옛 합스부르크 왕가의 궁전 뜰, 근위병 교대식 후에 가진 찬양과 프라하의 '얀 후스' 동상 앞 광장에서 가진 라스트 콘서트 격인 찬양은 두고두고 우리들의 기억에 남을 것이다.

'서울장로성가단'이 작년 제10회 정기 연주회를 세종문화회관에서 성공리에 마친 후에 해외 연주 여행을 계획하였고, 단원들의 중지를 모아 러시아와 동유럽행을 결정하면서 오늘의 연주를 꿈꿔 왔다. 우리는 수개월 동안 계획하고 준비한 가운데 추석 연휴를 전후하여 2005년 9월 14일부터 23일까지 10일간의 일정을 잡아 이번 해외 나들이에 나선 것이다.

러시아의 모스크바와 페테르부르크, 헝가리의 부다페스트, 오스트리아의 비엔나, 그리고 체코의 프라하 등 4개 국가 5개 도시를 여행했는데, 이번 여행에서 둘러본 도시들은 서울처럼 한결같이 큰 강을 끼고 있었다.

모스크바에는 모스크바 강이, 성 페테르부르크는 네바 강이, 부다페스트와 비엔나는 도나우(다뉴브) 강이, 그리고 프라하는 블타바(몰다우) 강이 도시 한 가운데를 관통하고 있었다. 따라서 우리들의 찬양은 강물 따라 흘렀고, 우리들의 추억도 강물 속에 비추어지곤 하였다.

제일 먼저 모스크바 공항에 도착하면서부터 우리는 무수한 공산주의 통치의 잔재들을 보게 되었고, 따라서 적잖이 실망한 것도 사실이지만, 그보다 러시아가 이리도 유서 깊고 이렇게도 다양하면서도 많은 문화의 유산을 간직한 곳인 줄은 미처 몰랐었다. 더군다나 사회주의의 발상지요, 70년간 세계 공산주의를 이끌었던 종주국 러시아이기에, 이렇게 많은 종교 유산이 산재해 있으며, 신심 깊은 사람들이 여기 있어서 오늘도 알뜰히 가꾸며 보전하고 있을 줄은…. 많은 문인과 예술가가 있는 줄은 짐짓 알고 있었지만 말이다.

오! 신실하신 하나님은 오래전부터 이 동토의 땅에서도 일하고 계셨다.

러시아 모스크바의 바실리 대사원 앞에서

우리 단원들이 설레고 들뜬 마음으로 '모스크바 한인교회'를 찾은 것은 추석 전날인 9월 17일 오후였다. 이곳은 황상호 선교사가 15년 전에 세운 교회로, 교민 · 주재원 · 유학생 · 고려인 그리고 러시아 현지인이 참석하는 교회이며, 우리는 이곳에서 이번 여행에서의 첫 번째 연주 공연을 계획했던 것이다.

교인들이 정성으로 차려 준 추석 전날의 뷔페식 저녁을 감사히 먹은 후, 공연 준비에 들어갔다. 이국 땅, 낯선 곳, 더군다나 예전에는 상상도 할 수 없었던 모스크바에서의 찬양이기에 우리는 모두 고무되어 있었고, 교민 성도들과 만나면서 흥분까지 일었다.

비좁은 현지 교회 사정에 비추어 우리 장로 성가단원 40여 명, 부인 성가단원 30여 명의 80여 명은 차라리 무대가 좁았으나, 우리는 개의치 않고 제멋에 좋아했다.

한 시간이 채 안 되는 공연이 끝난 후, 부슬비 내리는 귀가 길에 어떤 선교사가 가던 차를 세우고 나에게 다가와 "우리들은 오늘 많은 도전과 격려를 받았습니다. 참 좋은 추석 선물을 안고 갑니다. 대단히 고맙습니다." 하면서 묻지도 않은 말을 몇 번이고 반복하며 두 손을 붙잡고 인사했다.

헝가리 부다페스트에서의 공연은 더욱 인상적이다.

우선 교회당부터가 황홀하게 만들었다. 이름부터 예사롭지 않은 "캘빈 개혁 교회". 150년 전에 세워진 이 교회는 공산주의 이전에는 3,000명까지 모였었으나, 공산 치하에서는 30명으로 줄었다가, 지금은 800명이나 출석할 때도 있다는 현지인의 교회다.

형가리 부다페스트의 칼빈개혁교회에서 부인들까지 같이한 공연 모습.
백오십 년 된 교회의 모양새와 기물이 고풍스로우면서도 경건함을 잃지 않고 있다.

찬양은 강물 따라 흐르고

교회당에 들어서면, 입구에서부터 통으로 된 원주 기둥이 떠받치고 있어서 고딕 성당을 연상케 한다. 앞 정면에는 3m 정도의 높이에 발코니처럼 돌출된 설교단과 창문이 아치형으로 하얗게 장식되어 있는 모습이 마치 그림처럼 다가온다.

뒷면 3층 중앙에 파이프 오르간이 자리하고서, 장중하면서도 환상적인 소리를 마치 하늘의 소리처럼 내려앉게 하는 교회. 천장은 더없이 높은데, 둥그런 돔 식으로 만들어진 위에 스테인드글라스로 채색되어 있어 신비감이 더하는 교회.

우리는 그곳에서 예상치 못했던 중계된 지휘(반주자는 지휘자가 보이지 않는다)와 없는 피아노 대신 파이프 오르간에 맞추어(피아노가 없었다) 성가를 부르며, 낯선 교회의 풍광에 젖어 들었다. 아마도 이때의 두려움과 떨림은 우리가 일상 접해 온 여느 때와 달라서만은 아닐 것이다. 150년을 지내 온 고풍스런 성전의 기물들과 함께, 온갖 시련과 핍박을 이겨 낸 교회의 연륜 속에 압도당한 때문이 아닐까.

찬양을 듣는 자가 부르는 자보다 별로 많지는 않았으나, 우리는 이 이국의 낯선 얼굴들 속에서 하나님의 임재를 보았고, 쉬지 않고 일하시는 하나님의 역사를 읽었다. 이러한 기회와 장소를 주신 하나님께 감사했다. 참 많이 감사했다.

아쉬움 속에 공연이 끝난 후, 이곳의 한인 교회와 이웃에서 소문을 듣고 달려온 선교사와 교민들은 감사하다는 인사를 얼마나 길게 하는지…. 나를 안내하던 가이드도 내 팔을 잡은 채 깡충깡충 뛰며, 이때 받은 감동을 구태여 숨기지 않았다.

"이곳에서 10년 동안 플루트를 분 음악도이지만, 오늘처럼 환상적이고 은혜로운 찬양은 처음 들었습니다. 밥을 안 먹어도 배불러요."

나도 덩달아 배부름을 느꼈다. 곧이어 가진 도나우 강 유람선에서의 야경과 함께, 오랫동안 잊지 못할 부다페스트의 주일날 밤이다. 길이길이 간직하고 싶은 동 유럽의 밤이었다.

2005년 9월

체코 프라하의 얀 후스 동상 앞에서의 길거리 찬양.
둘러선 이국의 관광객들은 박수로 화답해 주었다.

교회 설립을
엄원하며

일본 크레센도 여성 합창단의
초청을 받고

• 2010년 9월 21일 (화)

대한해협(大韓海峽).

일본말로 이름하여 '현해탄(玄海灘)'이다. 이 이름 속에 얼마나 많은 역사와 사연이 스며 있는가? 임진왜란 때부터 일제시대를 거쳐 지금까지.

인천 공항을 출발한 우리는 불과 1시간 10분 만에 이곳 대한해협을 넘어서, 일본 규수 북단 후쿠오카 공항에 도착했다. 지척에 있기에 쉽게 오갈 법도 하건만, 우리의 행차가 쉽지만은 않아서 2002년 2월에 처음 이곳을 찾은 이후, 8년 반 만에야 이곳을 다시 찾았다.

작년 가을에도 초청을 받아 방문 계획이 많이 진척되었었으나, 독도 문제가 사회적으로 크게 대두됨에 따라 우리는 그 초청을 정중히 사절한 바 있었고, 지금이 되어서야 우리 노래하는 사절들은 이곳에 다시 섰다. 단원 장로님이 49명, 부인 권사님이 24명, 합하여 73명이다.

아침 8시에 출발하는 비행기라서 우리들은 새벽 6시까지 공항에 도착하여야 했고, 그래서 우리는 3시 반 또는 4시 반에 각자가 집에서 기상하는 열심을 보여야 했다. 피곤할 수도 있는 몸이지만 우리는 모두 사명감에 충일했고, 저녁에 맞게 될 공연에 대한 기대로 다른 것은 우리의 관심 속에 들어올 수가 없었다.

하카타 타워(후쿠오카와 하카타)는 두 도시였다가 합쳐진 관계로 두 이름이 공존한다. 후크오카 공항, 하카다 항구 등, 후쿠오카 돔, 후쿠오카 총영사관 등을 '차창 관광'으로 만족해야 했고, 이어 모모찌 해변(씨사이드 인공해변)에 잠시 머무른 후에, 우리는 모두 같이 식사를 하였다.

식사 후에 부인들(권사님)은 저녁때까지 관광을 하였다. 다자이후텐만 궁을 산책하고, 캐널시티를 둘러본 후에 저녁 식사를 따로 하고, 공연장으로 발걸음을 서둘렀다. 그러나 우리 장로들은 관광과는 아예 담을 쌓은 사람들처럼 곧장 공연장인 후쿠오카 교회로 달려갔고, 2시부터는 연습에 몰입했다.

날씨는 덥고, 환경은 낯설고, 연습은 마음 같지 않고, 더구나 새벽부터 여러 번 차를 갈아타고 달려온 여정이라 많이 피곤하다.

저녁은 교회에서 주는 한식 뷔페로 식사를 하였다. 추석 전 날, 고향 음식을 대한 것처럼 무척 맛있게 먹었다. 우리의 부인 권사님들이 함께하지 못한 자리가 못내 아쉬웠다.

7시 30분이 공연 시간이다. 이름하여 콘서트.

그런데 이 콘서트의 순서지가 재미있다. 〈서울 장로(남성) 성가단 초대음악회〉 제목에 19:30 개연(開演), 19:00 개장(開場), 입장 무료(入場無料), 전석 자유(全席自由)라 하였으며, 또한 '회장(會場) / 재일대한기독교회 복강교회(在日大韓基督敎會 福岡敎會)'라고 낯설게 명기하고 있다. 또한 단상 앞에 매달아 놓은 나무 조각에 작은 종이의 장식 글씨가 붙어 있는 것을 보니, 옛날 교실에 붙였던 학예회 글씨 판이 생각나서 무척이나 정겹다.

드디어 7시 30분. 우리들은 단복으로 갈아입고, 마지막 무대 리허설까지 마친 후에 객석이 차기를 기다렸다. 이번 연주회는 후쿠오카중앙교회와 후쿠오카교회의 공동 주최이다. 순서지에 두 교회의 이름과 주소, 전화번호, 예배 시간이 같이 명기되어 있어서, 조

후쿠오카 교회에서의 찬양. 현수막이 이색적이다.

금이나마 선교와 교회 확장에 도움이 되기를 기도하는 마음 간절하다. 더구나, 후쿠오카 교회는 100년의 역사를 자랑하는 교회이건만, 지금은 두 교회로 나누어져 분쟁하고 있던 차에, 오늘은 양 교회가 모두 참석하였다고 하니, 다시 화합하는 계기가 되기를 비는 마음 또한 간절하다.

일본에 재류 중이신 노상학 장로님의 사회로 무대의 막이 올랐다. 첫 번째 무대는 준비한 대로 성가곡으로 채워졌다. 〈Gloria(영광)〉, 〈충실하게 하소서〉, 〈믿는 사람들은 군병〉, 〈복 있는 사람들〉의 곡을 들려주었다. 곡은 둘째 치고, 가사를 얼마나 이해할까? 괜한 걱정이 객석을 응시하는 우리들의 눈 속에 담긴다.

히카리 합창단의 찬조 출연 이후에 이어지는 두 번째 무대에서는 〈선구자〉, 〈오 솔레 미오〉, 〈후루사토〉, 〈경복궁 타령〉, 〈아리랑〉의 곡이 이어졌다. 그리고 앙코르 곡으로 〈주님의 택함이었소〉가 격한 감정 속에 불려졌다. 객석을 채운 모두가 감동(은혜)을 받은 것 같은 모습은 역력한데, 과연 얼마만큼 이 곡과 가사를 이해했을까? 우리가 받은 은혜를 얼마나 나누어 전달할 수 있었을까?

하나님! 주님의 뜻에 따라 우리는 찬양을 했고, 저들은 그 찬양을 들었으니, 이제 저들 하나하나에게 역사하시는 것은 하나님의 몫입니다.

기도만 했다.

우리들의 공연 순서 중간에 여성 합창단 〈HIKARI CHOR〉가 찬조 출연하였다. 지휘자, 반주자 외에 10명이 출연하였으니, 합창이라 하기에는 중창이라 함이 더 어울리겠으나, 여성다운 섬세함과 아름다운 목소리가 돋보였다.

그러나 그보다도 마지막 곡 "푸른 하늘 은하수…"로 시작되는 〈반달〉(윤극영 작사·작곡, 이수인 편곡)이 우리에게 친근감을 더하여 주었다. 더구나 노상학 장로의 하모니카 연주와 함께 회중과 같이 부른 2절, 합창은 더욱 우리를 반갑게 하였다.

늦은 시각, 저들의 정성 어린 전송을 받으며, 기타규수의 '야하타로얄' 호텔로 이동하여 첫날의 여장을 풀었다. 모두들 유카타로 갈아입고 온천장으로 모여들어 하루의 여독을 씻어 냈다.

이리하여 첫째 날의 공연을 마쳤으며, 우리는 누가 무어라하지 않아도 스스로 만족에 도취했다. 우리의 가진 바, 열심과 정성, 그리고 최선을 다하였기에 더욱 그러했다.

· 2010년 9월 22일 (수)

오늘은 추석날이다. 송편 하나, 부침개 하나 없는, 게다가 가족과 떨어져 맞는 쓸쓸하기 그지없는 추석이지만, 누구 하나 섭섭해하지 않는다. 이미 이곳을 향해 떠날 때부터 각오한 때문일까? 아니면 저녁에 있을 공연을 생각하면 먹지 않아도 배부른 때문일까?

어제 서울은 비가 많이 와서 광화문이 물바다가 되었다. 하지만, 우리는 아랑곳없이 오늘 저녁의 공연만 생각한다. 찬양 생각만 하면 모든 시름이 잠든다.

오후 1시, 공연장인 유코하시 문화회관에 도착하니, 초청자인

우리를 초천한 유코하시 시의 히카리 여성 합창단의 연주 모습

'그레센도' 합창단이 두 줄로 도열하여 우리를 맞이한다. 저들의 정성을 다한 준비와 환대가 한눈에 느껴진다.

오후 6시에 공연 시작이니, 5시간 남았다. 그러나 '그레센도' 여성 합창단과의 합동 연습, 식사 시간, 옷 갈아입는 시간 등을 빼면 결코 많은 시간은 아니다. 우리는 마치 찬양과 연습을 위해 태어난 사람들처럼 열심히 연습했다. 하다가 다리가 아프면 맨바닥에 잠시 앉으며 목이 쉬어라 연습을 했다.

'그레센도' 여성 합창단 20명, '유코하시 문화협회' 합창단 20명, 모두 40명의 여성 합창단원이 우리와 함께 연습을 하기도 하였다. 일본 말로 〈후루사토〉를, 우리말로 〈아리랑〉을 같이 연습하고 노래했다.

드디어 6시. 320석이라는 객석은 만원이다. 이름하여 〈일한음악 교류합창의 밤〉.

제1부에서는 저들 여성 합창단이 먼저 출연하여 합창을 하였고, 제2부에서는 우리의 성가곡이 불리어졌다. 그리고 잠시 휴식 시간을 가진 후에 제3부에는 우리들이 민요와 가곡을 합창했다. 이어서 〈후루사토〉, 〈아리랑〉을 같이 노래했고, 객석도 따라 했다.

모든 순서가 끝난 후, 저들 여성 합창단원들은 잠시 옆으로 비켜선 채, 우리는 앙코르곡을 선물했다. 〈주님의 택함이었소〉. 우리가 저들이 부르는 곡을 알지 못하는 것처럼, 저들이 이 곡과 가사를 알 리가 없지만 노래 부르는 우리만이 스스로 은혜 충만하였다.

저들도 "스바라시! 스바라시!"를 연발했단다. 이 말은 단순히 '대단하다', '훌륭하다'는 뜻 위에 존경과 경탄의 의미를 더한 것이라고 가이드가 묻지도 않는데 일러 준다.

우리들도 속으로는 다들 울었다. 몇몇은 겉으로도 눈물을 흘렸다. 나중에 지휘자 장로님에게 들은 이야기는 이러하다.

"흐르는 눈물은 닦지 말고, 그냥 흐르도록 내버려 두어라. 그것이 더 감동적일 수 있다."

저들이 이해하지 못하는 것이 어찌 '주님의 택함'뿐이겠는가? 저들이 〈아리랑〉의 그 태평양보다도 깊고 넓은 운율을 이해할 수 있겠는가? 저들이 '회방아' 치는 우리들의 그 흥과 한에 공감할 수 있겠는가? 또 만주 벌판, 해란강가에서 말 달리고, 이역 하늘 바라보며 활을 쏘던 선구자가 되어야 한 우리 선조들의 처지를 알겠는가?

지금은 거친 꿈이 되어 버린 그 기개와 꿈을, 왜 우리가 이 땅에 와서 소리 높여 노래하는지, 그 이유를 과연 알겠는가?

저들의 박수 속에 퇴장한 우리들은 앞 건물 상공회의소 3층으로 자리를 옮겼다. 문화회관에서는 특정한 종교적 행사를 할 수 없다고 하여 새로운 곳으로 이동한 것이다.

〈일한교류회〉라는 리셉션이 진행된다. 기다란 테이블마다 우리 식구들이 가운데 쪽에 자리 잡게 하고, 저들은 우리를 둘러싸고 앉아서 자연스레 교류가 이루어지도록 배려했다. 단지 우리나 저들이나 말이 통하지 않음을 안타까워할 따름이다. 김밥과 다과와 오차를 내오며 시중드는 모습이 상당히 은근하여 우리를 향한 저들의 정성을 미루어 짐작할 수 있겠다.

또 준비한 순서들을 보아도 저들의 은근한 정을 느낄 수 있었다. 두 번에 걸친 하와이안 댄스가 우리들을 이색 분위기에 들게 하였

초청자이신 아리마쓰 상과 같이 서서 인사말을 하는 고(故) 최영일 단장님

고, 일본 정통의 시 낭송이 우리에게 새로운 정취에 흐르게 하였다. 저들의 환대와 정성에 감사한다.

　최영일 단장이 직접 일본 말로 인사를 하였다. 아까 공연 때도 그랬지만 저들이 모두 몇 번씩이나 소리 내어 웃는 것을 보면 무척 능숙한 말인 것 같다. 우리는 도쿄나 요고하마는 몰라도 유쿠하시는 모두 안다고 했단다. 우리가 소프트뱅크 야구팀을 응원하며, 연고를 이곳으로 옮긴 이범호 선수도 대견스러워한다고 했단다.

　김성균 지휘자도 의미 있는 인사를 했다.

　"일본인과 우리는 여러모로 비슷하다. 비슷한 사람들이 하나 되는 것은 참으로 바람직하다. 전에 하나 됨을 시도한 사람들이 있었으나, 힘이나 총칼 같은 무력으로 하나 되려 하는 것은 잘못된 것이다. 우리는 음악으로 하나가 되려 여기 왔으며, 여기에는 하늘(하나님)의 도우심이 필요하다. 하나님과 노래를 빼면 우리가 유쿠하시에 올 하등의 이유가 없다. 우리가 아까 부른 앙코르 곡 속에 우리의 염원을 담았다."

　이어서 최단장이 자개 도자기 선물과 함께 '기드온 협회로부터 기증받은 일본어판 작은 성경 100권을 선물했다.

　"가서서 열심히 읽기를 바랍니다. 그리고 모두 기독교인이 되기를 바랍니다. 이곳에 교회가 세워지는 날, 우리 '장로성가단'은 100명, 전원이 이곳에 다시 올 것입니다."

　헤어지기 전, 우리들은 모두 홀 벽을 등에 지고 원을 그리며 둘러서서 손에 손을 잡았다. 어깨동무도 했다. 이수엽 장로의 선창으로

〈후루사토〉를 노래했고, 〈아리랑〉을 열창했다. 이렇게 헤어지기를 아쉬워했다.

"사요나라"를 외치는 저들의 악수와 인사 속에는 입속의 혀라도 내어줄 듯한 그 교활함과 간사함이, 적어도 나에게는 보이지 않았다. 아마도 예수 그리스도의 사랑을 가지고 접근한 우리가 그러했기 때문인지는 몰라도 그들은 무척 다정하고 인정스러웠다.

그리고 눈물 머금은 내 눈에도 감사와 고마움이 고여 흘렀다.

• 2010년 9월 23일 (목)

아침에 잠시 비가 왔다. 우리는 간밤에 잘 쉬었다. 아침저녁의 온천 목욕과 함께 충분히 쉬었다.

몇 달 전 다리를 다쳐서 서 있기도 힘든 적이 있었는데, 오늘은 두 발로 걸을뿐더러 몇 시간씩 서서 노래할 수 있다는 사실이 얼마나 감사한 일인가? 더구나 주님을 찬양하는 일에 부름을 받았고, 오늘도 그 일로 인하여 여기에 왔다는 사실은 또 얼마나 복된 일인가?

오늘은 모처럼 일찍 출발이다. 8시 20분에 출발하여 아소산으로 향한다. 아소산은 둘레가 114㎞에 달하고, 높이는 1,592m가 되는 세계 최대의 활화산이다. 아직까지 유황 가스가 뿜어져 나오는 살아 있는 화산이다.

모처럼 좋은 구경을 하나 싶었는데, 역시 우리는 관광과는 인연이 멀다. 안개가 너무 자욱하여 전혀 앞을 볼 수 없어 로프웨이도 못 탔다. 근처에 있는 쿠사센리(草의 千里)도 보지 못한 채, 식당에

유쿠하시 시립문화회관에서의 환영 다과회 후에 어깨동무하며 둘러선 모습.
이수엽 장로가 〈아리랑〉과 〈후루사또〉를 선창했다.

들어가 때 이른 식사만 하였다.

대신 예정에 없던 원숭이들의 재주를 구경한 후에, 구마모토 항으로 이동하여 페리호를 타고 내해를 건너 맞은편 시마바라 성으로 향했다. 그리하여 일본 3대 성의 하나인 구마모토 성을 마다하고, 그보다 작은 시마바라 성에 오른다.

이 성은 옛날 마쯔꾸라 시게마사가 영주로 있던 성으로, 그는 기독교 탄압의 원흉으로 수많은 기독교인을 박해하고 죽게 한 장본인이다. 아마도 이 성에서 그 핍박의 흔적을 보라는 것이 우리를 이 성에 오게 한 이유인 것 같다. 내일 보게 될 '운젠 지옥계곡'도 마찬가지다.

이 시마바라(島原) 시에서 남쪽으로 1시간이면 나가사키(長崎) 시가 있다. 이곳은 원자폭탄이 투하되어 십오만 명이 일시에 죽었다는, 둘밖에 없는 피폭 도시이다. 피폭 지점에 '평화의 공원'이 있고, 매년 반전시위가 8월이면 벌어진단다.

또 이곳은 순교의 도시이다. "예수상을 밟고 지나가라."는 도요도미 히데요시의 명을 거절하여 순교한 26인의 순교자상이 세워져 있는 도시이다. 그 외에도 모두 6십만 명의 순교자가 이곳 운젠 계곡의 열탕에서 숨을 거두었다니, 그때 모든 기독인의 씨가 말라서 지금은 기독인의 수가 1%도 안 된다는 것인지? 그리고 보면 우리는 너무 쉽게 믿는가 보다.

나가사키 시를 앞에 두고도 우리는 또 돌아간다. 그래도 일본에는 『빙점』의 저자인 미우라 아야코(三浦綾子) 같은 문학가가 있고, 우치무라 간조(內村鑑三) 같은 세계적 신학자가 있고, 또 가가와 도

요히코(賀川豊彦) 같은 일본이 낳은 20세기의 성자가 있지 않은가?

하나님이 이 나라를 준비시키시고, 언제인가는 들어 쓰시리라. 우리들은 이 일의 도구들이고…. 그래서 우리가 뿌리는 씨앗이 언젠가는 싹이 나고 자라 가리라.

• 2010년 9월 24일 (금)

또 온천으로 지고 새며 새날을 맞았다. 마지막 날, 집으로 돌아가는 날이라 그런지, 모두가 여유롭다.

南風樓(Nampuro) 호텔 정원을 산책하며, 사진을 찍는 모습이 많이 익숙하다. 이제는 새 식구가 되신 장로님들과의 스스럼도 많이 없어졌다. 그래서 여행은 좋은 것 같다. 다음에는 모든 장로님이 다 참여하셔야 할 이유가 여기에도 있다.

아침 일찍 호텔을 나서, 짧은 관광길에 오른다. 1990년에 화산 활동으로 인하여 새로 생겼다는 평성신산(平成新山)을 앞으로 보면서, 미즈나시혼진 화산 피해지를 둘러보았다. 높이가 1,000m가 넘는다는 평성신산은 저리도 멀리 있는데, 그때 뿜어져 나온 화산재와 돌과 흙이 한 마을을 이렇게도 지붕까지 파묻히게 할 수가 있다는 말인가? 잡신을 신봉하는 저희들은 조금만 조심해서는 안 될 일이요, 근본적으로 고쳐 살아야 할 게다.

자리를 옮겨 '운젠 아마쿠사 국립공원'으로 향했다. 유황 냄새와 연기가 계곡 전체를 감싸고 흐르니, 가 본 사람은 없어도 모두가 지옥을 연상하는가 보다. 또는 수많은 사람이 이곳에서 순교를 당했기에 이곳을 '지옥'이라 하는지도 모르겠다.

공항 근처에서 오랜만에 비빔밥으로 식사를 하고 개운한 기분으로 면세점으로 향했다. 추석 때 집을 비운 미안함 때문인지, 약 한 시간에 걸쳐 식구들을 위한 간단한 선물들을 조금씩 장만하고 서둘러 공항으로 향했다.

오늘이 2010년 9월 24일. 그러고 보면, 우리가 일본에 병합되어 갖은 핍박과 압제가 시작되었고, 또 온갖 수탈과 징집이 자행되기 시작한 '경술국치'가 있은 지 꼭 100년, 그리고도 20여 일. 우리는 그리스도의 이름을 안고 이곳, 일본 땅을 밟았다.

이스라엘은 아직도 나치 독일에게 "용서는 하되 잊지는 말자."고 한다던가? 오늘도 '독도는 자기네 땅'이라고 우기는 저들에게 감정이 없을 수 없으나, 니느웨로 가라시는 하나님의 명을 거스르던 요나가 마음을 고쳐먹은 것처럼, 우리는 복음을 들고 이 땅에 들어왔다. 오늘도 우리를 향하신 하나님의 지상 명령(至上命令)이 이것인 줄을 알기에 우리가 가진 것, 찬양을 안고서 저들의 땅을 밟았던 것이다.

"고생 끝에 낙이 온다."는 뜻의 고진감래(苦盡甘來)란 말을 우리는 모른다. 찬송을 들려줌으로 감래(甘來)는 하였으나, 연습으로 인하여 고진(苦盡)하지는 않았기 때문이다. 우리는 연습할 때도 즐거웠고, 신이 났다. 찬송을 배우는 것이 좋았고, 하모니를 만드는 것에 우리는 만족했다.

  나의 입에 찬송을 담아 주신 하나님께 감사하고, 여행에 동참케 인도하신 주님께 감사, 또 감사한다.

2010년 9월

남십자성의 땅에서 찬양하라

필리핀 마닐라 연주 여행기

남쪽 나라 십자성은 어머님 얼굴….

이 노랫말은 일제시대 때부터 징용으로 우리에게 익숙해진 남쪽 나라를 소재로 한 유행가(요샛말로 대중가요)인 〈고향 만리〉의 첫 구절이다.

여기서의 '남십자성'은 지구 남반구의 남쪽 하늘에서만 보이는 십자 모양의 4개의 별로서, 이 별을 향하여 소원을 빌면 다 이루어진다고 하여, 징용이나 징병 등으로 이곳에 머물게 된 수많은 젊은이가 밤마다 이 별을 찾아 소원을 빌었다 한다.

월남 땅, 베트남을 비롯하여, 태국·보르네오·필리핀 그리고 남태평양의 수많은 섬 등지에서 이 별을 향해 소원을 뇌이며, 다시 한 번 고향에 돌아가 그리던 어머님 얼굴을 뵐 수 있기를 빌고 또 빌었단다. 그래서 이 유행가 가사가 그리도 절절했나 보다.

하얀 백사장 너머 야자나무 잎이 너울대고, 끝없는 수평선 위로 조개구름 떠 있는 남태평양 바닷가의 어느 섬, "따뜻한 남쪽 나라" 하면, 나는 필리핀을 연상한다. 제비가 가을이면 다시 돌아간다는 강남, 또 매년 수십 개씩 만들어지는 태풍의 고향인 머나먼 남쪽 나라, 필리핀.

우리가 이번에 '남십자성의 소원' 대신 기도와 찬양을 안고 찾아간 그 필리핀은 우리나라에서 정남쪽으로 2,600㎞(인천 공항에서 마닐라 공항까지) 정도 멀리 떨어져서 7,100여 개의 섬으로 이루어진, 밀림 속의 작지 않은 나라로, 북한과 아직 수교를 맺지 않은 전통적인 우리의 우방 국가이다. 6·25 때는 참전 16개국의 일원으로 아시아에서 제일 먼저 파병을 하여 준 형제의 나라이기도 하다.

지난여름인 8월 어느 날, 장충실내체육관을 리모델링한다는 기사와 함께 이 체육관을 필리핀이 우리에게 무상으로 지어 준 것이라는 내용의 신문 기사가 난 적이 있다.

이 장충체육관에서 대통령 선거를 비롯하여 각 당의 전당대회 등 수많은 정치적·사회적 행사를 가졌었고, 또 여기서 우리는 김기수의 권투도 보았고, 김일의 프로 레슬링도 즐겼으며, 박신자의 여자 농구도 구경하였다. 그렇게 숱한 신화와 전설을 우리에게 만들어 준 곳이기도 하다.

광주 비행장 활주로도 저들이 닦아 주었다 하니, 우리는 알게 모르게 필리핀의 원조를 받았고, 은혜를 입은 것이다. 그도 그럴 것이, 1960년대 초의 우리나라 일인당 국민 소득이 78달러로 최빈국이던 그때, 일본은 647달러였다고 하며, 필리핀은 584달러였다니, 우리에게 얼마나 선진국이었던가?

허나 이제 우리나라가 한때 지도자를 잘 만난 덕분에 세계 10위권의 경제대국이요, 20,000달러의 GNP로 20-50 클럽에 가입하게 되었다고, 좀 잘살게 되었다고 '다문화가정'이라는 단어에 익숙해진 우리는 얼마나 거들먹거리며 우리보다 가난한, 소위 후진국의 국민들과 노동자들에게 시건방을 떨곤 하는가?

얼마 전 베트남에서 우리가 저지른 '라이 따이한'도 책임지지 못하고 미처 청산하지 못했는데, 여기 필리핀에서 또 책임지지 못할 혼혈인 '코피노(코리안 필리피노)'를 양산하고 있을뿐더러 그렇게도 돈 자랑을 하고 있다 하니, 우리에게 향한 저들의 눈빛이 곱지만은 않아서 범죄의 표적이 되어 있단다.

지금의 필리핀은 수빅 만에서 미 해군 기지가, 또 클락에서 미 공군이 철수한 이후로 나라 경제가 피폐하여지고 치안마저 불안정한 상태요, 다른 나라에 '파출부를 수출하는 나라'라는 오명마저 안고 있는 나라가 되었지만, 우리마저 저들을 홀대해서는 안 될 것이다.

우리는 주님이 기름 부어 세우신 사도의 후예들이요, 천성을 향하여 길을 가는 거룩한 순례자들이 아닌가?

드디어 출발이다. 날씨는 가을답게 쾌청이다.

• 2012년 10월 2일 (화)

추석 연휴가 끝난 다음 날, 우리는 인천국제공항에 모여 오랫동안 준비하며 기다려 온, 남십자성이 있는 따뜻한 남쪽 나라 필리핀으로의 여행을 시작했다.

성가단원 장로님 44명(한 분은 연주에서만 동참), 부인되시는 권사님 17명, 그리고 지휘자 장로님, 반주자 선생님, 모두 합하여 63명의 일행이다.

전체 성가단의 반도 안 되는 규모로서 '장로성가단'의 이름으로 나서기에는 어딘가 낯부끄럽고 내키지 않는 면도 없잖아 있으나, 어쩌겠는가? 우리 모두의 형편이 그러한 것을….

그보다도 각 파트별 균형이 맞지 않는 것이 더 문제인 듯하다. 테너 2는 상대적으로 많고, 바리톤이나 베이스는 상대적으로 너무 적어서, 화음이 제대로 만들어질지가 더 걱정이다. 지휘자 장로님의 상심하심이 읽히고도 남는다.

그러나 막상 떠나기 얼마 전, 여행에 동행하는 단원들이 한 번 목소리를 맞추어 볼 때에, 김 장로님의 적이 안심하시는 표정이 한편으로는 안쓰러우면서도 한편으로는 걱정을 덜게 한다.

이번 선교 여행에 우리 성가단원이 모두 동참하지를 못하고 절반의 단원들은 배웅만을 할 수밖에 없었던 이유를 나 혼자 생각건대, 다음의 세 가지가 있지 않을까 미루어 짐작한다.

첫 번째 이유는 생업, 직장 관계로 오랫동안 자리를 비울 수가 없었기 때문일 것이다. 더구나 추석 연휴가 끼이다 보니 앞뒤 주일까지 9일이나 되는 휴무 기간이기에, 그중에서 한가운데 5일씩이나 뚝 떼어내어 외국으로의 나들이가 아무래도 쉽지 않았을 것이다.

그 두 번째 이유는 건강상의 이유일 것이다. 우리의 나이가 나이이다 보니, 무리하게 멀리까지 동행할 수 없었던 분이 몇 분 계셨던 것으로 안다.

그리고 세 번째 이유는 금전적인 문제일 것이다. 많은 단원이 지금은 은퇴하고 현업에서 떠나 있다 보니 금전적으로 여유로운 생활을 영위할 수가 없는 현실이어서, 목돈 마련이 미상불 쉽지가 않았을 것이다.

그런 의미에서 더욱 안타까움을 지울 수가 없다. 연습 한 번 게을리하지 않았으며, 초청 연주이건 축하 연주이건 간에 결석 한 번

없으셨던 분들이시기에, 같이 동행하지 못하시는 그분들의 심정을 헤아리고도 남는다.

한편, 이러한 와중에도 회사의 출장과 개인 사업의 업무를 이 기간에 맞추어 여기까지 달려왔고, 공연 무대에 같이 서신 분이 있기에 그 성의와 지혜에 박수를 보내 드린다.

'땅끝까지 복음을 전하라'는 주님의 지상명령(至上命令)을 좇는 우리나라의 선교사들이 세계 방방곡곡을 가지 않은 데 없이 누비고 있지만, 우리 성가단이 저들의 간 곳을 모두 따라 답습하려 하면, 많은 제약이 따르게 됨은 물론이다. 더구나 우리같이 많은 인원이 드러내 놓고 찬양을 부르면서 공개적으로 선교를 한다는 것은 만용에 가까울 수 있다.

멀리 동서 유럽을 위시하여, 남북 아메리카 그리고 아프리카와 호주 등지에는 공개적인 찬양과 선교가 가능한 곳도 많지만, 그러한 곳을 우리가 찾아다니기에는 여행 비용이 만만치가 않다. 반면에 여행 경비가 적게 드는 아시아의 국가들 중에는 중동 지방의 국가들을 비롯하여, '…스탄'이라 하는 중앙아시아의 이슬람 국가들을 상대로 한 선교는 아주 위험하기까지 하다. 또 중국이라는 나라도 기독교의 포교가 원천적으로 금지된 사회주의 국가이다.

불교·힌두교·이슬람교 등 종교적인 이유로 인도·인도네시아·말레이시아·미얀마·캄보디아·태국 등을 제외하고 보면, 우리가 가서 마음 놓고 찬양 선교를 할 만한 곳은 일본과 필리핀 정도만이 남는다. 그중 일본은 이미 다섯 번이나 다녀왔다.

따라서 저들을 향한 선교사들의 열정과 신앙이 스며 있으며 우리
와 인연이 많은 이곳 필리핀을 우리는 이렇게 복음을 들고 또 찬양
을 안고 찾았다.

그 외에도 오늘 이곳 필리핀에서 찬양을 불러야 할 이유는 세 가
지가 더 있다. 그 첫 번째 이유는 저들이 우리에게 베풀어 준 성의
와 우정에 감사를 표하기 위함이요, 그 두 번째는 우리와 동포들이
혹시 저질렀을지도 모르는 잘못들을 사과하기 위함이요, 그 이유
세 번째는 고국을 떠나 이곳에서 고달픈 삶을 이어 가고 있는 동포
들에게 위로와 용기를 심어 주며, 또 저들을 성원·격려해 주기 위
함이다. 잠시 잠깐 들러서 찬양으로 같이하는 남쪽 나라에서의 시
간이지만, 하나님의 은총과 사랑을 같이 느끼며, 또 나누는 귀중한
시간이 되기를 간절히 바라마지 않는다.

아시아나 항공 OZ 703편, 비행기에 탑승하여 이륙을 기다린다.
"서울장로성가단 여러분을 만나게 되어 반갑습니다. 성공적인
성가공연이 되시기를 바랍니다."

기내 방송이 흘러나온다. 나는 문득 기대치 않았던 멘트에 고무
된다. 이 방송은 마닐라를 떠나 돌아오는 비행기 안에서 다시 한
번 듣게 된다. '서울장로성가단'이란 이름만 불러 줘도 나는 반가움
에 젖곤 하는데….

인천 공항을 출발한 것이 하루해가 다 저물어 가는 오후 8시 10
분, 4시간이 걸린다는 마닐라 '니노이 아키노' 국제공항에 도착하고
보니, 세 시간이 채 안 되는 밤 10시 50분이다. 한 시간은 시차가

빌려 갔다. 오는 날 다시 찾을 것이다.

필리핀은 5월부터 10월까지가 우기라더니, 도착한 순간부터 비가 우리를 맞는다. 마닐라 공항이 시내에 가까이 위치한 덕분에 출발한 지 15분 만에 시내의 말라테 지역 가까이에 있는 트레이다 호텔(TRADERS HOTEL)에 여장을 풀 수 있었다. 아마도 여행 기간 내내 4일 밤을 이 호텔에서 묵게 될 것이다.

밤 1시 반의 늦은 시각에다가 여독으로 인하여 피곤한 몸이지만, 여행과 공연으로 인한 가벼운 흥분 그리고 바뀐 잠자리 탓에 편안한 잠을 잘 수 있으려나 모르겠다.

· 10월 3일 (수)

개천절이다. 오늘은 첫 번째 공연이 있는 날이다. 어젯밤, 늦게 잠자리에 든 이유로 오늘은 늦게 기동하기로 하였다.

이번 4박 5일의 여행 일정 중에서 가는 날은 밤에 도착하고 오는 날은 아침 일찍 짐을 싸서 나오게 되니, 옹근 날은 3일뿐인데, 그중에 이틀은 찬양이다.

오늘의 오후 연습과 공연이 있기 전, 우리는 호텔에서 낯익은 조식을 하고, 잠시 시간을 내어서 서둘러 시내 관광에 나섰다. 아마도 관광 시간이 많지 않으려니…. 그런데 어젯밤 도착 때부터 내리는 비는 오늘도 종일 그칠 것 같지가 않다.

제일 먼저 '인트라무로스' 성내에 있는 '산티아고 요새'로 향했다.

그리고 '리잘 기념탑' 앞에 우산을 받쳐 든 채 내려 '인증샷'을 위해 단체 사진 한 장을 찍는다. 보통 때는 시민들과 관광객으로 넘쳐났을 '리잘 공원', 이른 시각 탓인지 아니면 비가 오는 탓인지, 우리 외에는 아무도 없어 을씨년스럽기까지 하다.

우리가 아는 대로 필리핀은 1521년 마젤란이 발견한 이후 330년 간 스페인 통치를 받으면서 식민지로서의 역사와 문화를 갖게 되었고, 이 '인트라무로스'가 그때의 대표적인 흔적이다. 그 끝에 산티아고 요새가 있고, 리잘 기념관이 있으며, 그곳에 필리핀의 젊은 영웅 '호세 리잘'의 유해가 안치되어 있다.

호세 리잘은 1861년 루손 섬의 '칼랑바' 가문 부유한 지주의 집안에서 태어나 스페인·프랑스 등지에서 유학하여 의사가 된 후, 찬란한 장래가 보장되었음에도 불구하고 부모·친구 등의 권유를 뿌리치고 귀국하여 비폭력 무저항 독립운동을 하다가 이 운동의 중심인물이 되었고, 억지로 다른 사건에 연루되어 혐의를 뒤집어쓴 채 35세의 젊은 나이에 억울하게 처형되어 이곳에 누워 있다.

리잘 공원, 리잘 기념비, 리잘 박물관, 리잘 경기장, 등 그의 이름이 붙은 건물과 장소가 한둘이 아니다. 지금도 그에게 바쳐지는 꽃다발이 끊이지 않으며, 온 국민들의 절대적인 사랑과 추앙을 받고 있는 국민적 영웅이라 한다.

오늘은 우리나라의 개천절, 하늘이 열린 날이다. 이국의 하늘 아래, 다른 나라의 국민적 영웅 리잘 기념탑 앞에서 우리나라의 현실을 생각한다. 초대 대통령의 동상 하나 없고 경제 부흥 대통령의 박물관 하나 만들지 못함을 떠올리게 되는, 오늘 우리의 서글픈 단상이다. 외국에 나와 보니, 특히 필리핀에 와서 보니, 박정희 대통령의 치적이 더욱 두드려져 보이는데 말이다.

리모델링 중이라는 '마닐라 대성당'을 지나서, 그 숱한 전쟁과 지진 속에서도 300여 년을 용하게 버티어 온 '성 어거스틴 교회'와 박물관을 둘러보았다. 유네스코 세계문화유산에 등재되어 있는 곳이라 하여 기대가 컸으나, 서양의 그 크고 화려한 성당들에 비하면 300년 역사의 이 성당은 초라하기까지 하다.

그보다 교회 내부를 장식하고 있는 '어거스틴'을 그린 성화 등 그 숱한 성화들과 성물들, '피에타' 상을 비롯한 수많은 동상들을 둘러보는 나는 오히려 많이 실망스럽다. 상상력이 동원된 탓인지, 현지에 동화된 탓인지, 황금색 옷을 입은 예수님이라든가 검은색 피부의 예수님은 생경스럽기까지 하다.

이어서 자그마한 과일 시장과 붙어 있는 수산물 시장을 방문·구경한다고 하기에 잔뜩 기대하고 시장을 찾았다. 나는 시장 구경하는 것을 참 좋아한다. 그곳에는 활력이 넘치고, 신선함이 묻어나기 때문이다. 거기에는 생존과 생활이 있으며, 애환이 함께한다. 그리고 그곳에는 싸움과 흥정 속에서도 항상 감사와 만족과 정겨움이 어우러짐을 보게 된다.

나는 우울하거나 기분 전환할 필요가 있으면, 무엇을 살 일이 없으면서도 장에 가기를 좋아한다. 거기서 시장 냄새를 맡으면서 사람들 부딪치는 소리를 듣노라면 생기가 돌기 때문이다.

그러나 지금은 아니다. 여기는 아니다. 날씨 탓인가? 이른 시각 때문인가? 이곳에는 손님도 없고, 따라서 흥정도 없다. 팔딱거림도, 생존의 거친 숨소리도 없다. 과일 시장이라야 과일 가게 몇을 합쳐 놓은 곳이요, 수산물 시장이란 곳은 '다금바리'라고 외쳐대는 생선 몇 가지와 오징어, 새우, 게, 바닷가재가 진열된 가게가 좌우로 두 줄 늘어서 있을 뿐이다.

이 죽은 시장을 나오면서, 잔뜩 기대했던 나는 실망감으로 가득했다. 한참 속은 기분이다. 물론 주최 측을 이해한다. 이보다 더 크고 복잡한 시장에 우리들을 데려다 놓으면, 결코 안전을 담보할 수가 없단다. 교민들도 무서워하여 피하는 곳이라니 말이다.

망고 몇 바구니를 사서 곧이어 시작된 식사 시간에 맛보게 하여 준 것으로 우리들의 섭섭함을 달래 준 것에 만족하려 한다.

점심 식사를 한 후, 우리는 호텔로 돌아와 첫 번째의 결전을 준비하듯 잠시 휴식을 취했다. 그동안 부인 권사님들은 모처럼의 자투리 시간을 마사지를 받으면서 긴장을 풀었다.

멀리 이곳까지 그리고 적지 않은 경비를 들여서 달려온 곳이지만, 우리에게 관광은 뒷전이다. 우중에 이국의 주변을 잠시 둘러보았을 뿐, 우리들은 오로지 찬양을 위해서 태어난 사람들인 것처럼 처신한다. 우리는 연주복으로 갈아입고 연주할 교회를 향하여 나섰다.

'새 생명 교회'. 오늘 우리가 방문하여 연주하기로 한 장소다. 마

마닐라 새생명 교회에서 공연이 끝난 후에 교회의 성도들과 같이 섞이어

닐라 시내 한복판, 금융거리 상가의 3,4층을 빌려 쓰는, 주일이면 700명 정도가 출석하는 규모가 결코 작지 않은 교회이다.

김은호 목사님과 8분의 장로님들, 그리고 수많은 성도들의 환대가 고맙다. 장로님들 중에는 마닐라 한인회 회장도 있고, 경제인 연합회 회장도 있단다.

저들이 준비하여 준 뷔페로 저녁을 대접받고, 본당에 올라가 강단에 4줄로 서서 리허설을 갖는다. 공명이 좋아서 힘이 별로 들지 않아 다행이다.

이 교회는 나병천 장로님의 소개로 연결되었지만, 나 개인적으로도 인연이 있다. 교회를 담임하시는 김은호 목사님은 지금 나와 일산에서 같은 교회를 섬기는, 전에 KBS 주미 워싱턴 특파원을 지낸 박원훈 집사님과 프랑스에서 성악을 하고 '크리스천 코랄 합창단'의 단장으로 계신 허경화 집사님 내외와 사돈이 되신다. 안부의 말씀을 전하고 나누며, 한층 가까워짐을 느낀다.

오늘의 찬양 순서는 우리가 기회가 닿을 때마다 열심을 다해 부르는 가슴속의 곡들이다. 이는 작년 12월 KBS 홀에서 정기 공연 때 찬양한 이후로 항상 암기하고 있는 진정한 우리의 곡들이다. 이제는 자다가도 부를 수 있을 정도이다.

첫 번째 스테이지는 〈영광〉, 〈주기도문〉, 〈주는 반석〉 등의 성가곡들과, 이어서 〈선구자〉, 〈오 솔레 미오〉, 〈경복궁 타령〉의 가곡과 민요, 마지막으로 〈내 영혼이 은총 입어〉, 〈믿는 사람들은 군병〉 등의 찬송가 편곡곡과 앙코르 곡 〈주님의 택함이었소〉이다.

이 중 많은 곡이 김성균 장로님의 작곡 또는 편곡의 곡이었으며, 오늘 곡 중 솔로는 서경선 장로님이 맡으셨는데, 이는 나로 하여금 서 장로님을 다시 한 번 올려다보게 하는 계기가 되었다.

'우리만이 은혜 속에 있는 것은 아니구나!' 하는 생각은 찬양 연주가 계속되는 내내, 우리들 모두가 한결같이 느끼는 감정이었다.

우리들은 청중들의 호응을 보면 저들의 은혜 받는 정도를 가늠해 볼 수 있는데, 이 교회는 진정으로 은혜를 사모했고 찬양에 동참했다. 한 곡 한 곡 끝날 때마다 열광적으로 박수를 보내며 충심으로 성원을 한다. 특히 앞쪽에 앉은 젊은이들이 많은 박수를 보내 주었으며, 우리는 분명 하나님이 필리핀을 사랑하고 계셨음을 여기서도 볼 수 있었다. 담임이신 김은호 목사님은 시편 전체의 결론격인 마지막 장, 마지막 절을 가지고 우리들을 축복하며 격려해 주었다.

"호흡이 있는 자마다 여호와를 찬양할지어다. 할렐루야!"

찬양과 예배가 끝난 후, 우리들을 다시 불러내어 세우고 우리들 앞과 뒤에 그리고 사이사이에 끼어서 찬양을 부른 자와 들은 자가 같이 사진을 찍으면서, 진정 하나가 되고 싶어 하는 저들의 속내를 읽을 수 있는 것 같아 마냥 좋았다. 돌아오는 버스 안에서 우리를 안내하는 가이드 강 차장은 들려준다.

"'나가수는 저리 가라'네요. 차원이 다릅니다. 저는 전율을 느꼈습니다. 이 말은 듣기 좋으라고 하는 사탕발림의 말이 결코 아닙니다."

"안 들었으면 큰 일 날 뻔했습니다. 감동 그 자체네요."

가이드 김 과장의 말이다.

• 10월 4일 (목)

오늘은 연주가 없는 날이다. 우리 일행은 모처럼 하루 동안의 귀중한 시간을 오로지 휴식하며 즐기기 위해 관광길에 나섰다. 우리들의 발걸음은 '세계 7대 경관 중 하나'라고 필리핀이 자랑하는 '팍상한 폭포'로 향한다.

날씨는 모처럼 만에 햇빛을 볼 수 있어 좋았다. 마닐라에서 남쪽으로 108㎞에 있는 '팍상한 폭포'에 이르러 구명조끼와 헬멧을 장착하고 폭 좁은 보트위에 두 사람 혹은 세 사람씩 올라타고 냇가의 급류를 거슬러 오른다.

어제 많은 비가 온 탓으로 물은 많고 물살은 빠른데, 보트 앞뒤에 한 사람씩 올라타 노를 저으며 배를 들고 밀며 나르는 뱃사공의 몸짓이 신기에 가깝다. 한편 안쓰럽고 애처롭다. 주위의 경관도 지진 때 땅이 갈라져 협곡이 된 곳을 물의 흐름 때문인지, 양옆의 절벽과 밀림을 이룬 나무들이 장관을 이룬다. 입에서 탄성과 찬양이 절로 나온다.

보트 곡예가 끝나는 곳에서 뗏목으로 갈아타고, 고정된 로프를 잡아 당겨 10m 앞에 있는 폭포 속을 들어간다. 그리하여 억지로 물벼락을 맞게 한다. 그리고는 뒤로 후퇴하여 뗏목에서 내리게 한다.

되돌아오기 위해 다시 보트에 오르면서, 무언가 허전한 감을 지울 수가 없다. 수년 전, 여기를 찾았을 때는 여기서 수십 미터를 더 올라가서 소원을 빌기 위해 동굴 속을 들어가면서 동굴 앞의 폭포를 마지못해 맞았었는데, 지금은 단지 눈앞의 폭포 물을 억지로 맞기 위해 뗏목을 타고 또 내렸으니, 이것은 코미디라는 생각이 든다. 난센스다.

그러나 알고 보니, 지금은 물이 너무 불어나서 바닥에 발이 닿지 않아 동굴까지 갈 수가 없단다. 폭포 물을 기대하고 찾아온 관광객들을 실망시키지 않기 위해 바로 옆의 폭포 물이라도 맞게 해 주는 것이란다. 저들의 성의를 고맙다고 해야 할까?

돌아오는 길에 '사이사키'라는 일식 뷔페 집에 들러 또 한 번 포식을 한다. 그리고는 숙소로 들어가 긴 휴식을 가졌다.

• 10월 5일 (금)

저녁 때 공연이 있는 날이다. 오전 시간에 클락 지역에 있는 사방 바토 푸닝 온천으로 간다. 마닐라에서 북쪽으로 두 시간 거리에 있는, 옛날 미 공군 기지가 자리 잡았었던 곳으로, 지금은 아로요 대통령에 의해 경제 특구로 지정된 곳이다.

1991년 6월, 근처 피나투보 화산이 폭발하면서 이 근처는 화산재로 폐허가 되었고, 미군 기지는 철수할 수밖에 없었단다. 50억 톤이나 되는 화산재가 20㎞ 상공까지 덮었었고, 25만 명의 이재민에, 사망자도 900명에 이르렀다 한다.

음양은 같이 오는 것인가? 화산 폭발의 피해가 막심했지만, 덕분에 여기는 좋은 관광 자원이 되었다. 화산재로 된 길의 트레킹과 푸닝 노상 온천이 새로 생긴 것이다. 수년 전만 해도 없던 곳이다. 게다가 이 온천은 한국 사람이 발견하여 개발했고, 그래서 주인은 한국인이란다. 우리 민족은 특별한 재능과 은사를 받은 족속이다.

버스에서 필리핀 특유의 교통수단인 지프니로 갈아타고, 다시 사륜구동 차로 이동하여, 먼저 필리핀 원주민 중의 한 족속인 아이다 이족의 마을에 다다른다.

우리를 제일 먼저 반가이 맞아 주는 것은 동네 꼬마들이다. 곡예를 하듯 차에 가까이 따라붙으며, 사탕이나 초콜릿 같은 것을 달라고 손을 내민다. 학교에 다닐 것 같지도 않아, 동정보다 안타까움이 앞선다.

이곳 아이다이족 마을에서 간단한 뷔페로 준비한, 때 이른 점심 식사를 하고, 우리는 두 팀으로 나누어져 1호 차 팀은 온천장으로, 2호 차 팀은 찜질장으로 간다.

나는 화산재 찜질을 하는 곳으로 다시 사륜구동차를 타고 이동한다. 한 20분을 달려서 찜질장에 이르러 지급해 주는 옷으로 갈아입고, 화산재 사이에 눕는다. 그리고 얼굴만 빼고는 뜨뜻한 화산재로 덮어 준다. 온몸에는 땀이 나는데, 누군가가 〈요단강 건너가〉를 불러 준다. 아, 마지막이 이럴 것인가?

편안하고 안락한 시간이 한 20분쯤 지났을까? 다시 일으켜 세우더니, 검은 화산재를 대충 털어내고서 다시 사륜구동차를 타란다. 그리고 온천장으로 거슬러 올라간다.

푸닝 온천지에서 모래찜질하는 모습. 누군가가 〈요단강을 건너가〉를 불러 준다.

서울장로성가단 창단 30주년 기념 • 여행하며, 찬양하며

옛 미 공군기지 클락이 있던 푸닝 온천에서 온천 중에 잠시 둘러서서 기도하는 모습

나는 이 길이 제일 재미있다. 용암이 흘러 간 자리, 100m씩 쌓였던 화산재가 씻긴 곳, 아직도 물이 도로 위를 타고 내 같이 흐르는 곳을 지프차는 전 속력으로 달린다. 빠르지는 않아도 소리는 요란하고, 또 차 앞에서 갈라지는 물줄기는 눈을 현란하게 한다. 〈인디아나 존스〉가 따로 없다. 여기를 낙타 타고 간다면, 이곳이 요르단의 '페트라' 협곡이다. 양옆의 화산재가 깎여진 협곡 사이를 달리는, 스릴 가득한 20분의 체험이었다.

사륜구동 지프차로 달려온 마지막 목적지, 노상 온천장이다. 산중턱에서 쏟아지는 온천수는 다시 데울 필요가 없는 뜨거운 물로서, 아래로 내려오면서 돌로 만든 탕을 거칠 때마다 온도는 조금씩 낮아진다. 아직도 한쪽에서는 공사 중이다.

적당한 온도의 탕을 찾아 몸을 담그고, 몸에 묻은 화산재를 씻어낸다. 충분하고 기분 좋은 휴식이요, 이국의 이색 체험에 기분마저 개운하다. 화음 맞춰 찬송가도 불러 본다.

이제 다시 마닐라를 향하여 출발이다. 오늘 마닐라 경찰청에 부탁한 경찰 오토바이 두 대가 다시 앞길을 인도한다. 사실 온천장에 갈 때도 이 교통경찰의 도움이 있었기에 그리 빨리 갈 수 있었는데, 어디에서 쉬고 있었는지 다시 우리 버스를 선도하고 나선다.

그러나 뉘 알았으랴? 마닐라 시내에 가까울수록 교통체증이 느껴지더니, 점점 차들로 도로가 메워진다. 나중에는 다른 차들을 모두 세우던 그 위력 좋던 오토바이로도 어쩔 도리가 없다. 지프니를 비롯한 차량들 사이를 버스 2대가 뚫고 나가기에는 한계가 있다.

식당에 예약한 저녁 시간이 5시 반인데, 6시 반이 지나도 아직 상거가 있다. 우리는 일정을 바꿔 저녁 식사를 포기한 채, 길을 역주행해서 호텔로 향했다. 그리고는 연주복으로 갈아입고, 다시 경찰 오토바이의 도움을 받아서, 예정을 조금 넘긴 시각에 교회에 가까스로 도착했다.

'마닐라 한인 연합 교회'. 우리가 두 번째 찬양을 부르기로 한 교회이다. 주변이 비교적 부촌이며, 주변에 한국인들이 많다고 한다. 세워진 지 38년 된 이 교회는 마닐라 한인 교회의 효시로 많은 다른 교회를 개척하여 세웠으며, 지금 주일 출석은 한 800명쯤 된단다. 장로는 모두 8분. 여기는 지휘자 장로님의 소개로 찾아온 곳이지만, 알고 보니 여기를 담임하시는 진대흥 목사님은 한때 창천 교회에서 청년 담당 부목사님으로 시무하신 적이 있으시기에, 총무 신현수 장로 그리고 카페지기 이수엽 장로와는 이미 구면이 되신 지 오래란다. 또 황규룡 장로와도 같은 교회를 섬긴 적이 있으시단다. 성도의 해후는 아름다운 것이다.

저녁도 거르며 달려온 우리들의 처지를 연락받은 목사님과 교우들은 갑작스럽게 빵과 우유를 준비하고 우리를 맞았다. 나는 내 평생 그렇게 많은 카스텔라와 망고를 먹어 본 적이 없다.

이어서 우리들은 무대에 한번 서 본다. 몸은 피곤하고, 마음은 조바심으로 바쁘고, 저녁은 임시이고, 교회의 공명도 좋지 않다. 믿는 것은 우리가 집중하고 최선을 다한다는 것과 교우들의 사모함과 기도뿐이다.

마닐라의 연합 한인교회에서의 찬양 모습

오늘의 찬양 순서도 전번의 '새 생명 교회' 때와 같다. 그러나 다른 것은 회중이 많아졌다는 것이다. 특히 학생, 청년 등 젊은이들이 많이 와 주었다. 우리는 이 교회에서 또 소망을 본다. 한국 땅이 아닌 곳에서 이러한 믿음과 소망과 사랑을 체험할 수 있다는 것은 얼마나 감격할 만한 일인가? 그래서 하나님은 우리나라를 들어 쓰시고, 버리지 않으시는 줄을 알겠다.

300명에 가까운 성도들 또한 우리를 반갑게 맞아 주었고, 매 곡마다 뜨거운 박수로 격려해 주었다. 찬양이 끝난 후, 목사님은 뜨거운 열정으로 고국의 장로들을 성원하시었고, 또 온 교우와 특히 대를 잇는 젊은 세대들에게 장로들을 겨냥한 도전을 요구하시었다.

'금향로 기도회'를 계속하는 저들을 뒤로하고, 늦은 시각 우리는 귀로에 올랐다.

그런데 밤 12시가 넘어 야식이 도착한다. 알아보니 지휘자 김 장로님이 보낸 것이란다. 저녁 부실한 것이 안쓰럽다고. 필리핀 '안남미'로는 김밥을 말 수가 없기에 한국 쌀을 사다가 김밥거리를 장만하여 김밥을 말았으니, 늦은 시각에 도착할 수밖에…. 김 장로님의 마음 씀에 감격할 뿐이다.

• 10월 6일 (토)

아침 7시 반이 체크아웃 하는 시간이란다. 아침을 일찍 먹고, 필리핀 국립 관세점에 들러 빈손으로 돌아가기가 멋쩍은 단원들에게 약간의 선물보따리를 장만케 한다. 그리고 추억 가득한 필리핀을 출국한다. 찬양을 남기고….

필리핀을 선교 대상지로 선정한 이후로는 필리핀에 관한 정보는 모든 것이 관심의 대상이 된다. 예전에 내가 다니던 서울 문리대 교정, 지금의 대학로 마로니에 공원에서 조금만 북쪽으로 가면 혜화동 로타리가 있고, 거기에 주말마다 만들어지는 '필리핀 거리'가 있다.

주일날이면 혜화동 천주교 성당에서 미사를 마치고 나오는 필리핀 노무자들과 지금은 한국인이 된 필리핀 아줌마들이 모여들어, 고국의 정취를 맛보며 향수를 달래는 곳이다. 각종 필리핀의 고유 음식을 만들어 팔고 먹으며, 또 식재료를 비롯한 고국의 풍물을 팔고 사면서 고국 사람과 만나서 수다도 떨고 안부도 묻고 소식도 주고받으며, 때로는 절기에 맞춰 축제도 벌이는 필리핀 문화의 거리가 된 지 이미 17년이 되었단다.

하지만 이 특이한 거리는 지역 주민들과의 마찰과 진정으로 단속반이 자주 등장하는 곳이기도 하단다. 암만해도 정서가 다른 이국인들이 모이다 보니, 시끄럽고 냄새나고 지저분해지기 마련인 것을, 그곳 주민들이 이해하고 용인하기가 쉽지 않은지 모르겠다.

그러나 찬양과 복음을 안고 필리핀을 다녀온 우리로서는 이 또한 끌어안고 보존하려 노력해야 할 시대적 산물이 아니겠는가? 또 그렇게 하는 것이 '다문화 가정'을 시대적 숙명으로 받아들이며, 세계를 향한 선교의 소명을 다하려는 우리의 자세이리라 생각한다.

외국인이 만드는 문화의 거리는 이뿐만이 아니다. 국내에 거주하는 외국인의 수가 126만 명을 넘은 지금, 300명 이상 모이는 외국인의 거리가 100개 이상이라고 한다.

대표적인 곳이 이태원 거리로, 미국인이나 영국인의 거리만 있는 것이 아니라, 그리스 · 멕시코 · 터키 · 아일랜드 인들만이 모이는 곳이 따로 있다. 그뿐만 아니라, 이태원 소방서 뒤편, 이슬람 사원 부근에 가면 무슬림 마을이 있고, 그 옆에 나이지리아의 거리가 있으며 흑인 마을도 있다.

또한 가리봉동에는 조선족 마을이, 광희동에는 몽골 타워가, 창신동에는 네팔거리가 있다. 그 외에도 부산에는 러시아 거리가 있으며, 부산과 인천, 대구 등지에는 차이나타운이 시끄럽고, 안산에는 베트남 거리를 위시하여 공단 주변에 아시아 여러 나라에서 들어온 노무자들에 의해 만들어진 특별한 거리들이 존재한다. 그리고 반포동 고속 터미널 뒤 서래마을에는 프랑스 마을이 있다. 경남 남해에는 빨간 지붕 독일 마을도 있으며, 김해에는 모로코 거리가 있단다. 이제는 우리도 국제적이 되어야 한다. 말도, 행동도, 생각까지도 말이다.

필리핀에서의 여행을 끝내고 고국 땅에 돌아온 지금, 새삼스럽게 단장 장로님, 총무 장로님, 임원진 그리고 기획부장 김덕형 장로님께도 감사를 표하고 싶다. 지휘자 김 장로님의 열성과 아량, 반주의 이정미 선생님의 헌신적 수고에 경의를 표한다.

십자 모양의 남십자성은 여전히 그곳 필리핀 밤하늘에서 빛나고 있겠지만, 또 우리는 날씨 탓에 저녁 시간마다 연주를 한 탓에 남십자성을 찾아보지는 못했지만, 그 별을 보고 소원을 비는 사람은 지금 아무도 없다. '고향 땅에 돌아가 어머님을 뵙는 것'은 이제 옛

날과 달라서, 마음에 작정만 하면 아주 손쉬운 일이 되었기 때문이다. 대신 그 땅의 많은 사람들은 이제 교회에 나간다. 하나님께 기도한다.

6개월 이상 거주하는 교민이 마닐라에 10만 명, 필리핀 전 지역에 20만 명쯤 되며, 그중에 기독교인은 약 반이 된다고, 또 마닐라에만 교회 수가 약 40곳이 있다고, 어느 그곳 장로님이 귀띔해 준다.

우리들도 잠시 들러서 찬양만을 그곳에 남기고 왔을 뿐이지만, 우리와 함께했던 많은 사람들에게 유익하고 좋은 시간으로 기억이 되었을 것을 믿어 의심치 않는다.

여행에서 돌아온 지 얼마 안 된 시간이지만, 서둘러 이 글을 쓰는 것은 두 가지 이유에서이다.

먼저, 여행에서 느끼고 경험했던 감흥과 은혜를 정리하고 기록하여 둠으로써, 여행에 함께했던 동료 단원들이 여행의 추억을 되뇌는 데에 도움을 드리고자 함과 그때에는 지나쳤던 것의 의미를 다시 반추하는 일에 보탬이 되어 드리고자 함이다.

그리고 두 번째 이유는 여행에 동행하지 못했던 단원들에게 우리가 보고 느끼고 경험했던 것들을 전하여 드림으로써, 여행 동참·불참의 간격을 지우고, 모든 단원이 하루 빨리 공감의 장을 형성하길 바라는 작은 소망이 있기 때문이다. 그리하여 소상히 기록하려 노력하였다. 이 여행의 기록이 우리들 모두의 소통의 장이 되며, 은혜를 공유하는 귀중한 통로가 되기를 간절히 바라마지 않는다.

지금까지 우리 성가단과 늘 같이하여 주시고, 또 이번의 여행길에서도 항상 우리들을 인도하고, 지켜 주신 우리 하나님께 두 손 모아 감사의 기도를 드린다.

2012년 10월

두고온것
갖고온것

성지 터키를 다녀온 여행기

무후테쉠 튀르크(위대한 터키)!

이것은 한일 월드컵 축구경기에서 우리나라와 3·4위전을 치른 터키의 응원 구호이다.

'그들이 스스로 보기에도 위대하다고 자부할 만큼 대단하구나!' 하는 생각은 터키 여행이 깊어 갈수록 점차 더해 갔다. 이번의 여행은 우리나라가 주최한 축구 한일 월드컵 경기의 흥분이 채 가시지 않은 폐막식 다음 날인 2002년 6월 30일 밤, 터키 공화국의 관문인 이스탄불의 '아타튀르크' 공공항에 도착하면서 시작되었다. 아내가 재직한 대학교 교수들이 계획한 여행에, 운 좋게 참여하게 된 결과이다.

인구 천백만의 이스탄불. 이곳은 동양과 서양이 교차하는 곳이요 과거와 현재가 공존하는 곳이며, 지난 시절 동서양의 유일한 교통로인 실크로드의 종착지임과 동시에, 이슬람교 속에 기독교가 살아 숨 쉬는 역사 속의 도시이다.

이스탄불은 BC 7세기경에 그리스의 도시국가로 출발하였으나, 페르시아·그리스를 거치면서 비잔티움으로 불렸었고, 330년 동로마제국의 콘스탄티누스에 의해 수도가 되면서 콘스탄티노플로 되었다가, 1453년 오스만 터키에게 점령되면서 이스탄불이란 이름을 얻는다.

흑해 입구인 보스포루스 해협을 사이에 두고 동양과 서양을 다 아우르면서, 비잔틴 제국의 1,100년을 비롯하여, 2천여 년을 정치·종교·문화의 세계적 중심지 역할을 하다 보니, 많은 유물·유적을 안고 있다.

적갈색의 '소피아 사원'은 AD 6세기에 기독교 교회로 세워져, 비잔틴 건축의 특징인 아취, 돔, 모자이크가 잘 드러난 아름답고 커다란 건축물로서, 이후 그리스 정교회의 총 본산이 되었고, 또 많은 세계인의 사랑을 받게 된다. 그러나 아쉽게도 이슬람에 점령된 후, 이슬람 사원으로 첨탑과 마흐리브가 더하여지고 모자이크 위에 옻칠이 덧입혀진 채 가려져 있다가 500년이 지난 근년에 이르러서야 옻칠이 벗겨지면서 다시 각광을 받기 시작했다. 지금은 일부만 벗겨낸 채, 교회도 아니고 사원도 아닌 모습으로, 모든 종교 의식과는 등을 돌린 채 오직 박물관으로서의 관광객만 맞고 있을 뿐임을 보게 되니, 많이 아쉽다.

소피아 사원 맞은편에는 술탄 아흐메트 1세가 소피아 사원과 비견키 위하여 천 년의 세월이 지난 후에 세운 크고 아름다운 '술탄 아흐메트 사원'이 있다. 둥근 천장의 돔과 첨탑이 특징이지만, 바닥에 깔린 양탄자도 볼 만한데, 내벽을 장식한 독특한 모양의 푸른 타일이 더없이 아름다워 '블루 모스크'로 더 잘 알려져 있다.

'이맘'의 독경 소리도 이제는 귀에 익숙하다. 엉덩이를 하늘로 치켜 올리고 엎드려 기도하는 무슬림의 모습이 왠지 낯설지 않다.

남한 면적의 약 8배요, 인구 6,500만인 터키의 근대화는 터키의 국부라 일컬어지는 '무스타파 케말 아타튀르크'의 혁명으로부터 시작된다. 세계 제1차 대전에서 패한 후, 위기의 나라를 구하면서 1923년 '터키 공화국'을 세워 초대 대통령에 오른 그는 "서른여섯 개의 화살"이라는 개혁 정책을 시행하여 오늘의 터키를 기초했다

한다.

첫 번째는 정치와 종교를 분리하여 이슬람교를 국교에서 내리며, 수장 카리프를 축출하고 정치에 관여치 못하게 한 것이다.

두 번째가 여권 신장이다. 여성들로부터 머리에 쓴 '차도르'를 벗겨내고, 일부일처제를 법제화하며, 참정권을 부여한다.

세 번째가 문맹퇴치 정책으로 터키 문자를 만들고, 8년간의 의무교육을 실시한 것이다. 또 국민연금, 의료보험 등 각종 사회보장제도를 도입하며, 노동운동을 허용하는 등 이슬람 국가 중에서 서구화의 길을 가장 먼저 걷는다.

그러나 거듭되는 외채와 노사 분규, 인플레, 장기집권에 따른 부정부패 등은 경제 성장의 걸림돌이 된다. 국민당 개인 소득이 7,000달러로 추정하나, 환율이 우리나라 1원에 1,000T/L 정도이니, 그 화폐 가치를 알 만하다.

6·25 때는 우리나라에 전투병 3,500명 정도나 파병하였다 하니, 그들의 말과 같이 우리와는 '혈맹지국'이다. 군사력이 막강하여 NATO에 가입되어 있으며, 또 EC의 준회원국이기도 하다.

오스만 터키 때부터 이어 온 왕정(술탄)의 흔적은 참 많이도 남아 있다. 그중에 특히 '돌마 바흐체' 궁전이나 '톱카프' 궁전에 가 보면, 그 찬란하였던 영화와 권위 그리고 비애가 손끝에 묻어난다. 술탄의 여인들로만 살다가 간 '하렘'이 살던 방이나 주방 시설, 또 가구들, 의복들, 장신구와 왕관, 또 여기에 박혀 있는 보석들을 들여다보고 있노라면, 보석에 전혀 문외한인 나도 새로운 안목과 욕심을 갖게 한다. 참으로 볼만하다.

에게 해 연안의 한가운데에 터키에서 세 번째로 큰 도시요, 최대 공업무역 도시인 이즈말(옛 이름 서모나)이 있다. 그리고 이 근처에 그 이름도 친숙한 '에베소'가 있다.

'에베소'. 그곳은 분명 하나의 도시다. 전쟁과 지진으로 완전 폐허가 되었었으나, 이제 한창 발굴이 진행되고 있는 깨어나는 도시이다. 화려하고 부유했던 대도시, 상업과 학문과 종교의 중심지였던 로마시대의 에베소를 다시 발굴한다는 것은 대단한 역사이다.

길 양편으로 화려한 고린도 양식의 돌기둥이 줄맞춰 서 있는 속에, 밤에는 횃불로 된 가로등을 휘황하게 밝혔다는 폭 21m, 길이 550m에 이르는 대리석 길의 한가운데에 들어서면, 옛 모습의 상상 속에 파묻혀서 시간도 공간도 잊어버리게 된다. 25,000명이 일시에 들었다던 원형극장, 높이 21m의 셀수스 도서관의 전면 벽, 야외시장이었던 사방 100m의 아고라를 비롯하여, 그 무수한 신전들과 테라스 집들, 공중화장실과 공중목욕탕 등 보아도 보아도 끝이 없는 석주들의 도시이다. 눕혀지고, 세워지고, 포개지고….

바울 사도가 걸었음직한 모자이크의 채색된 이 길을 2,000년의 시차를 두고, 오늘 나도 걷는다. 어찌 무심할 수 있으랴? 마음만 바빠 이곳 어딘가에 있었을 바울 사도의 강론장, 두란노 서원을 당장에라도 찾아 나서고 싶다.

특히 생각나는 것은 큰 여신 아데미 신전이다. 폭 70m, 길이가 130m, 높이 120m로, 기둥 127개에 이르는 세계 7대 불가사의 중에 하나라는 이 신전은 지금 산산조각이 나 있고, 오직 기둥 1개만이 한쪽에 외로이 서 있으니, 저 모습을 그 옛날의 바울이 보면 무어라 말할까?

지금 한창 깨어나고 있는 도시 에베소의 유적들 사이를 걸으며,
저기 멀리 셀수스 도서관의 전면이 보인다.

옛 에베소를 보면서 왼쪽으로 돌아 불불산에 오르면, 산중턱의 바다가 보이는 곳에 허물어진 토담을 다시 복원한 집이 한 채 있다. 예수님의 어머니 마리아가 말년을 보낸 곳이란다. 나이팅게일 새가 많아, '나이팅게일 산'이라고도 한다.

19세기 초엽, 독일을 벗어나 본 적이 없다는 '캐더린 에멜리히'라는 독일의 한 수녀가 환상 속에서 본 곳을 추적·탐사하여 찾아낸 곳으로, 교황 '요한 23세'가 성소로 공포한 후에 가톨릭의 성지가 되었다 한다. 이러한 설명을 담은 안내판이 입구에 세워져 있었는데, 수십 개의 문자로 쓰여 있는 가운데 한글로도 적혀 있는 것을 보니, 더욱 인상적이다.

마리아를 모시고 온 사람은 두말할 필요도 없이, 예수님의 당부를 저버리지 않은 제자 요한이다. 예루살렘의 박해를 피하여서, 바울과 디모데의 노력으로 새로 피어나는 복음의 도시, 에베소로 온 것이다. 가장 어린 나이에 예수님의 제자가 되어 예수로부터 가장 많은 사랑을 받은 요한은 제일 오래까지 살아남아, 순교 아닌 순교를 하며 끝까지 복음을 전했다 한다.

계시록을 기록한 유형지 밧모섬이 바로 저 앞이다.

셀축 성채 밑, 요한의 무덤이 있는 이곳에, 6세기의 동로마제국 황제 유스티아누스는 '요한기념교회'를 세운다. 지금은 모두 허물어지고 벽 일부와 기둥들과 바닥만이 남아 있어, 새로이 다시 교회 앞에 만들어 놓은 모형물만이 이 교회의 엄청난 규모를 가늠케 할 뿐이다. 교회 안에 들어가 세례소에 앉아도 보고, 요한의 시신이 안치되었던 장소에 두러 누워도 보며, 백발의 노사도를 생각한다.

예수님의 하나님 되심과 자기 백성을 구하려 이 세상에 빛으로 오셨음을 그렇게도 강변하며, 들것에 실려서까지 힘 다하여 설교하였다는 노사도의 카랑카랑한 목소리가 귀에 들리는 듯하다.

"사랑하는 자들아, 우리가 서로 사랑하자. 사랑은 하나님께 속한 것이니… ."

터키는 부자 나라다. 그 많은 문화유산, 유물이 부럽기 그지없다. '파묵칼레' 온천지와 히에라볼리도 그 관광 자원 중 하나이다.

이즈미르(에베소)에서 남동쪽 250km 내륙에 있는 '솜의 성'이라는 석회붕이 바로 그곳으로, 참으로 장관이다. 뜨거운 온천수와 함께 흘러내린 석회 성분이 온 산을 뒤덮으며 엉겨 붙은 것이다. 산중의 계단 논처럼 생긴 이 석회붕 위로 온천물이 넘쳐흐르면 온통 옥색 빛으로 물들고, 하얀 석주, 석순과 함께 펼쳐지는 그 풍광은 어떻게 형언할 수 없도록 아름답고 황홀하다.

여장을 푼 곳이 '골로새 호텔'. 그러고 보면, 에바브라가 수고하고 애썼다는 골로새 교회가 예서 멀지 않았을 터이다. 또 히에라볼리가 바로 이곳임을 사방을 둘러싸고 있는 그 많은 유적이 말해 준다. 노천 온천물에 몸을 담그면 발에 밟히는 많은 유적의 석주들이 나에게는 아깝다 못해 부담으로 남고, 눈병도 낫는다는 탄산 온천수는 방울방울 몸을 때리는데, 수량은 점차 줄고 있다 하니 아쉬움으로 채워진다.

5년 전부터 '세계문화유산'으로 지정되면서, 유네스코에서 관리하게 된 고로, 통제가 더욱 심해졌다 한다. 이곳의 뜨거운 온천물이 흘러 내려가다가 미지근해질 때쯤 되면, 저 건너편의 마을 '라오디게아'에 이른다. 계시록에서 라오디게아 교회에게 '뜨겁지도 아니하고, 차지도 아니하다'고 책망한 일과 '안약을 눈에 발라 보게 하라'는 말의 배경을, 나는 오늘에야 알겠다.

"우리 인간은 무엇 때문에 사는가? 왜 사는가?"

이 진부한 물음에 대한 대답의 한 단초를, 나는 오늘 여기서 만난다. '갑바도기아' 지방, '데린구유' 지하 도시. 시멘트로 된 초라한 입구, 지하로 내려가는 계단을 조심스레 들어서면 공기마저 음산한 지하 도시로 이어진다. 마치 개미굴처럼 밑으로, 옆으로 비스듬히 이어진 좁은 통로를 지날 때마다 방으로, 방으로 안내된다.

집단생활을 하기 위한 거실, 침실, 식당과 학교 교실, 십자 모양의 집회소 등 용도에 따라 수많은 방들이 층층이 만들어져, 8~9층에 이른다. 굴 높이가 2m 남짓이요, 무너짐을 방지하기 위하여 층간에 10m 정도의 두께를 두었으니, 가장 깊은 곳은 120m 정도가 되고, 또 4만 명의 인원이 동시에 피신할 수 있었다니, 그 규모에 놀라게 된다.

외부 침입자로부터 보호받기 위하여 통로 중간 곳곳에 돌덩이를 굴려 막을 수 있는 차단 문을 만들었으며, 창고에는 몇 달 치의 곡물·채소·과일을 저장할 수 있도록 하여 장기간에 대비하였으며, 환기시설 또한 완벽했단다. 부엌 가까운 곳마다 우물이 있어, 두레박을 달았던 도르래 자국도 뚜렷하다. 편안하지는 못해도, 생활하기에 부족하지는 않았을 거란다. 기원전부터 사람이 살기 시작하여, 초대교회의 디아스포라와 이슬람교의 박해를 피한 많은 성도들의 피난처가 되었단다. 저들은 왜 여기에 숨어들어 살았으며, 왜

지금도 사람이 살고 있는 갑바도기아의 동굴 집들.
옛 성도들은 다 어디 가고, 지금은 카펫, 도자기 등 관광 물품을 팔고 있는 저들.
이슬람의 후손들이 그렇게 안쓰러울 수 없다

그 불편하고 부자유한 생활을 감내했을까? 그들이 끝내 지켜내었던 그 신앙은 어떤 것일까? 편안하다고, 평안한 것은 아니지 않는가?

만날 수 없는 옛 주인처럼 무릎 꿇고 기도도 해 보고 싶지만, 안내자의 독촉에 쫓기듯 서둘러 굴을 나서며 자꾸 뒤돌아본다. 동굴의 옛 주인에게 공연히 미안하다.

다시 찾은 곳은 '갑바도기아'의 '우치사르'와 '괴레메'. 사도행전에서 오순절 성령 강림 후, 베드로의 설교를 들은 사람들 중에 갑바도기아인이 있었으니, 이곳의 성도는 2천 년 전에도 이미 있었겠다. 내가 터키를 '위대한 나라'라고 인정한 이유 중에는 이곳의 특이 하면서도 장엄한 지형과 유적들과 함께, 그 대단한 신앙의 흔적을 보게 된 것도 그 이유가 된다.

수억 년 전, 에르게스 산의 화산 폭발로 용암과 화산재가 수백 미터씩 쌓이고, 오랜 세월의 비와 풍화작용으로 침식되면서 단단한 부분만이 남아 오늘과 같은 불가사의한 버섯 모양의 기암과 괴석이 생겨났다 한다. 지금 내 마음은 절로, 그 속에다 굴을 뚫고 순교적 삶을 살았으며, 아랍인의 박해 속에서도 그 신앙의 족적을 남겨 놓은 이 낯선 땅의 옛 성도를 그려 본다.

제사를 지내기 위해서였다던가? 수많은 비둘기를 길렀다는 우치사르(비둘기 계곡)에는 크고 작은 구멍마다 아직 비둘기가 날고, 이쪽 원추 모양의 바위마다에는 새로운 사람들이 2중·3중으로 토굴을 뚫고 옛 삶을 지금도 흉내 내고 있는데, 그때의 성도들은 지금 간 곳 없고 관광객을 상대로 흥정을 조르는 상인들만이 진열된 기념품들과 함께 이곳을 채우고 있으니, 흘러간 세월이 서글프기 그지없다.

다시 언덕을 넘어 수도원의 동리에 이르러서 차례를 기다렸다가 사다리에 올라 2층의 새로운 동굴 속에 들어가서 서면, 벽과 천장에 그려져 있는 프레스코화의 옛 성인들이 소리 없이 이 죄인을 맞는다. 후세에 사람들이 성화들의 특징에 따라, '…교회', '…수도원' 등의 이름을 붙였을 뿐, 이코노올리즘(성상파괴운동)의 영향으로 성화마다 눈과 코, 얼굴들이 망가져 있는데, 이제야 찾아온 나는 이 벽화들과 동굴의 주인들 흔적 속에서 구도자의 길, 제자로서의 길을 찾으려 눈으로 더듬는다. 저들의 손이라도 잡고 싶은 마음으로 천장의 벽화를 한참이나 올려다보다가, 두 손을 들어 올린 채 스르르 눈을 감는다.

"주여, 이 죄인의 믿음 없음을 용서하소서."

버섯 바위, 낙타 바위, 장군 바위 등 모퉁이를 돌고, 계곡을 벗어날 때마다 나타나는 새로운 모습들이, 관광객이 되어 찾아온 나를 안쓰러워하는 듯하다. 그 웅장함과 다양함에 오히려 감탄사가 부족한데, 볼 것은 많고 시간은 한정이라 억지로 발길을 재촉하여 카이세리 공항으로 향한다. 이곳도 옛 카이저의 허영이 머문 곳이란다.

나는 무엇을 갖고 돌아왔는가?

원래 떠날 때부터 갖고 간 것이 없으니 두고 온 것도 없으련만, 나는 왜 이렇게 허전하고 아쉬운지 모르겠다. 그곳의 모든 것을 가져오고 싶은 마음에 사진도 찍고 엽서도 사고 기념품도 모았지만,

괴레메 지역의 옛 교회들의 내부 모습. 이단을 멀리하려는
이코노클래즘(성상파괴운동)의 결과로, 얼굴이 성한 성화(프레스코화)가 거의 없다.

지금 돌이켜 보면 아무것도 갖고 온 것이 없으며 오히려 몽땅 두고 온 것만 같아 허하기 그지없다. 한편, 모든 것을 두고 왔건만 왜 이렇게 어깨가 무겁고 답답한지 모르겠다. 나는 분명 빈손으로 온 것 같은데, 아마도 사명과 숙제가 나를 쫓아왔나 보다.

소아시아라 일컫는 터키에는 많은 기독교 유적지가 있다. 에베소, 파묵칼레, 갑바도기아 외에도 계시록의 7교회와 안디옥, 다소, 안달리아, 밀레도 등 지중해 연안 도시들과 니케아 등 흑해의 연안 도시들 그리고 구브로(사이프러스) 섬, 밧모 섬, 아라랏 산 등 터키 전체가 신약 성경의 무대이다. 수제자 베드로와 사도 요한 그리고 바울과 그의 동역자들이 그렇게 애쓰고 노력한 선교의 발자취들이다. 2천 년 전, 그들이 순교로서 이룬 사랑과 헌신의 자국들이 지금은 이렇게 묻히어진 채, 잊혀 가고 있었다. 인구 98%가 이슬람교도인 터키. 복음의 서진을 시작한 출발점임과 동시에 다시 돌아와야 할 "땅끝 터키". 성지는 회복되어야 한다.

십자군 전쟁으로도 이루지 못한 '성지 회복'. 9 · 11테러 이후, 아랍인의 적대감정 대상이 되어 버린 미국에만 맡길 수 없는 성지 회복. 이 성지 회복은 이제 오로지 우리에게 맡겨진 숙제가 된 것 같아서 어깨가 무겁다.

2002년 8월

친근하면서도 낯선 땅, 이스라엘

이집트 · 이스라엘 · 요르단
답사 기행문

너희가 건너가서 차지할 땅은 산과 골짜기가 있어서
하늘에서 내리는 비를 흡수하는 땅이요,
네 하나님 여호와께서 돌보아 주시는 땅이라,
연초부터 연말까지 네 하나님 여호와의 눈이
항상 그 위에 있느니라.

(신 11:11~12)

평생의 숙제, 이스라엘 성지 순례

주님이 걸었던 그 길을 나도 따라 걸으며, 주님이 바라보았던 그 광야를 나도 같이 보며, 주님이 사랑했던 그 모든 것을 나도 사랑할 수 있게 되기를, 나는 평생을 두고 꿈꾸며 기도해 왔다. 그래서일까?

주님이 성육신 하여 인간으로 사셨던 곳과 죽으셨던 길 '비아 돌로로사(Via Dolorosa)' 그리고 모세와 엘리야를 비롯하여, 내가 그리도 흠모해 마지않았던 이사야 등 수많은 하나님의 선지자들이 그토록 사랑했고, 또 눈물로 외치고 다녔던 그 숱한 도성들과 광야를, 내 나이 70이 된 오늘에 그 발자취를 찾아가며 따라 걷게 되었다. 이제 그 평생의 숙제를 우리 부부는 풀게 된 셈이다.

갑작스럽게 동행을 청했음에도 흔쾌히 응해 주신 우리 세광교회 이진형 집사님, 이홍자 권사님 내외분께 감사함을 전한다.

알렉산드리아에서 만난 마가 사도의 자취

부활 주일을 지낸 두 주 후인 2013년 4월 15일 월요일에 출국하여, 9박 10일이 지난 24일 수요일에 귀국하는 일정이다. '출애굽 경로'라 하여 많이 알려진 노정이다.

이집트(애굽)의 수도 카이로의 북쪽에는 옛 도시 알렉산드리아가 있는데, 여기가 이번 여행의 첫 기착지이며 출발점이다. 알렉산더 대왕이 세웠다는 이 도시는 신구약 중간 시기에 이미, 로마, 안디옥, 예루살렘과 더불어 지중해를 중심한 세계 4대 도시에 들 만큼 큰 도시로서, 이곳에서 그 유명한 구약성경이 히브리어에서 헬라어로 번역되는 '70인 역'이 탄생한 곳이다. 지금은 많이 쇄락하여, 옛 바닷속에서 유물·유적이 발굴되고 있다.

이곳에서 우리는 지금 보수공사를 하고 있는 '마가 기념교회'를 만난다. 마가를 비롯한 콥트 교회 역대 수장들의 이름을 기록한 현판과 예수님의 일대기가 그려진 벽화를 보게 된다. 마가가 어떻게 말년에 이곳까지 와서 복음을 전했으며, 또 순교를 했는지는 잘 알지 못하나, 뜻하지 않게도 한 사도가 살다 간 거룩한 흔적을 둘러보며 나는 또 한 번 생동하는 복음의 힘을 깨닫는다. 감사와 함께 목이 멘다.

세계에서 제일 큰 도시, 카이로

우리는 다시 세계에서 제일 큰 도시라는, 인구 1,700만의 카이로로 이동하여 올드 카이로 콥트 지역에 위치한 '예수 피난교회'를 찾는다. 신시가지와 달리 열악한 환경이 먼저 눈에 들어온다.

교회는 그리 크지 않고 아담했으나, 예수님 가족이 피난했었다는 동굴 위에 세워져서 옛 모습의 일부나마 전해 주고 있었다. 교회 지붕은 노아 방주를 본떴다고 하는데, 주변의 벽화는 예수님의 일생을 그려 놓았으며, 12개의 돌로 된 기둥 중에 다듬어지지 않은 기둥 하나는 12제자 중에서 가룟 유다를 지칭한단다. 잠시 잠깐의 피난길이었겠지만, 뜻하지 않게 하루 세 끼 끼니 걱정을 해야 했던 예수님의 부모 생각에 안쓰러움이 잠시 일기도 했다.

옆 골목을 돌아가면 '모세 기념회당'이 나오는데, 모세가 물에서 건져진 장소의 위에 세워졌다고도 하고, 모세가 출애굽에 앞서 기도한 곳이라고도 하며, 후에 얼마 안 되는 이곳의 유대인들이 모이는 비밀 회합처로 쓰였다고도 한다.

또 이웃하여 유태인 회당, 시나고그가 있다. 겉으로 보기에는 아랍 무슬림 회당처럼도 보이나 저들의 공격을 피하기 위한 방편인 듯하고, 조그마한 현판에 유태교 표시인 '다비드(다윗)의 별'이 선명하다.

콥트 교회를 비켜 가며

그러나 나는 사실, 이런 것들보다는 이집트에만 있는 콥트 교회를 방문하고 싶었다. 마가를 비롯한 숱한 사도들의 '피의 포교' 덕분에 사도시대 이후로 7세기의 이슬람 정복 때까지 가장 많고, 또 열성적인 기독교인들이 있었던 이집트 교회는 예수의 신성만을 인정하는 바람에 가톨릭과도 결별하고 독자적 교회인 이집트 정교회, 즉 콥트 교회로 남아 있단다.

지금은 10% 내외의 교도들만이 남아 '쓰레기 마을' 같은 곳에서 주위 무슬림의 처절한 박해와 핍박을 견디면서, 쓰레기를 주워서 어렵게 생활을 연명하여 가고 있다고 한다. 지금까지도 개종하지 않고 꿋꿋이 버텨 가고 있다는 저들을 지금 만나 보고 위로도 하며, 또 같이 교회에 들어가서 기도하고 싶은 마음마저 나에게는 있는데, 오늘은 예서 발길을 돌려야 한다니 미안하고 아쉽다.

지구촌에서 가장 오래도록 간직한 기독교 본래 신앙의 모습 중 하나와 접할 기회를 놓친 것 같았기 때문이다.

오랫동안 그림으로만 보아 온 피라미드

이튿날, 우리는 피라미드, 스핑크스와 마주하고 섰다. 우선, 멀리 사막의 한가운데가 아닌 카이로의 중심지 타흘린 광장에서 그리 멀지 않은 곳에 피라미드가 있음을 보니 의외였다.

내가 묵은 호텔에서 가깝기에 가이드 김 집사님의 성화에 일찍 서둘렀더니, 제일 먼저 도착하였다. 사진으로는 수 십 번도 더 보아 온 터이지만, 실제 본 피라미드는 참 반가우면서도 새삼스럽게 감탄사가 터져 나온다.

신석기 시대가 아닌가? 그리고 이 큰 돌들은 어디서? 또 어떻게? 게다가 40층 높이라니! 그것도 한둘이 아니고…. 얼마나 많은 사람이, 또 얼마나 많은 시간을! 저들은 오로지 이 일만 하다가 죽어 간 것은 아닐까? 왜 쓸데없는 이런 일을….

나는 많은 상념에 젖는다.

우리가 하루 묵은 Meridien Pyramid Hotel의 정원에서는 직접 피라미드를 볼 수 있었다.

피라미드와 스핑크스. 원래 스핑크스는 피라미드를 지키라고 세워 놓았다지만,
자기 한 몸 지키기도 그렇게 힘겨웠나 보다.

감추어져 있던 스핑크스

살아 있는 내가 누군가의 죽음 앞에 지금 서 있다. 과연 저 피라미드 속의 사람은 먼 훗날, 즉 자기 앞에 서 있는 오늘의 나 같은 사람을 상상이나 했겠는가? 저는 다시 살아날 날을 간절히 바라고 기다렸겠기에 하는 말이다.

스핑크스란 '공포의 아버지'란 뜻이라 한다. 길이 70m, 높이 20m. 무덤의 수호자로 서 있다. 그러나 그는 한때 모래 속에 감추어져 있었다고 하니 그 아무것도 수호하지 못했을 게다. 오히려 지금 쇠로 된 울타리가 그를 수호하고 있다. 그러나 우리는 그렇게 몹시도 보고 싶었던 이 불가사의한 건축물을 서둘러 떠나야 했다. 가는 곳마다 손 벌리며 쫓아오는 '원 달러'의 망령에서 빨리 도망가고 싶었기 때문이다. 각종 바가지요금과 자기 낙타를 사진만 찍어도 돈을 내놓으라는 터무니없는 손 벌림은 우리를 얼마나 지치게 하며, 노이로제에 들게 하는지? 저들의 조상은 찬란한 문화유산을 후손에게 물려주었건만, 저들은 그 유물의 줄을 잡고 구걸 아닌 구걸로 치부를 드러내고 있으니, 이 얼마나 안타까운 일인가?

시나이 반도로 들어서다

나일 강가에서 파피루스와 반갑게 만나고, 범선에 돛을 달아 강심에 다다라서, 준비한 도시락으로 점심을 먹는 기분 또한 가져 볼만한 경험이다. 이제 이집트를 벗어나 19세기가 낳은 또 하나의 놀라운 건축물, 수에즈 운하의 밑, 수에즈 터널을 통과하여 시나이 반도로 들어선다.

1967년에 '6일 전쟁'으로 인하여 이스라엘이 이집트로부터 빼앗았다가 1982년에 완전히 돌려주었다는 시나이 반도는, 온통 흙과 바위뿐이어서 햇볕을 피할 방법은 전혀 보이지 않고 물도 귀하디귀하다. 밤에는 너무 춥고 낮에는 너무 더워서, 꼭 불기둥, 구름기둥의 보호가 필연적일 수밖에 없음을 체험적으로 알게 한 그곳. 지금은 아무것도 찾아볼 수 없지만, 지하에는 많은 물과 석유가 매장되어 있어 뺏길 수 없는 자원의 보고라 한다.

물이 써서 먹지 못했다는 '마라'의 샘물이라는 곳에 내려 바닷가 옆에 자리한 우물을 들여다보고, 뒤편의 에셀 나무를 사진에 담는다. 과연 이곳을 모세와 장정 60만, 아니 여자와 아이들, 노인들까지 합하면 200만 명이 넘는 대군중이 다녀갔다는 것이 아닌가?

그러나 지금은 유목민 베드윈족의 기념품가게 몇 채만이, 그것도 옛것이 그대로 남아 있는 것이 아니라 관광객을 상대로 새로 생긴 판잣집이어서 쓸쓸함을 더한다.

의외로 반가운 시내 광야

왼편으로는 저 모래언덕 넘어 바란 광야, 신 광야가 자리하고 있다고 하며, 오른쪽으로는 홍해바다가 연이어 따라온다. 가도 가도 끝이 없는 모래와 바위 그리고 흙뿐인 광야이다. 눈을 감고 있다가 한참 만에 다시 보아도 같은 풍경이다. 너무 단단하여 벌레도 먹지 않는다는 조각목(싯딤나무)만이 듬성듬성 보이는 수르 광야를, 우리는 지금 차로 달린다.

이스라엘 백성이 40년을 서성거렸다는 황량하기 그지없는 이 광야가 왜 나에게는 이렇게 연민으로 다가오는지? 도저히 사람이 살 수 없을 것 같은 그곳의, 3500년 전에 모세가 백성을 인도하던 그 세월이, 지금에 이르러 정지된 것만 같은 이곳에, 나는 잠시 내려서 머물러 보고 싶다.

불기둥, 구름기둥이 보고 싶다. 만나와 메추라기까지 볼 수 있으면 더할 나위 없을 텐데….

시내 산 산장

컴컴한 밤하늘, 아무 볼 것 없는 그 길을 달리고 또 달려 한밤중에 시내 산에 다다른다. 멀리 시내 산 산장 호텔의 가로등에서 나오는 오렌지색 불빛이 정감 있게 다가온다.

시내 광야를 지나오는 동안 아직 긴장의 장막이 드리워져 있는 6군데의 검문소를 통과하면서, 그중 두 군데에서 이유 없이 한 시간 반씩 모두 3시간이 지체되었기에 새벽 1시가 되어서야 가까스로 도착한 것이다. 2시에는 시내산 등정이 시작되어야만 산 정상에서의 일출을 볼 수 있다기에, 서둘러 등산복으로 갈아입고 등정에 나선다.

아무도 타지 않는다고 몇 번씩 다짐을 주었건만, 낙타 몇 마리는 끈질기게 따라온다. 우리 중에 낙오자가 생기기를 기대하면서.

시내 산 정상에서의 일출

시내 산은 가 볼 만한 산이다. 산 전체가 바위만으로 형성되어 있어 웅장하기 이를 데 없는 높이 2,285m의 성산이다. 게다가 여명이 시작될 무렵에 어렴풋이 보이는 산 전체의 모습이라든가, 햇빛에 드러낸 바위들의 자태와 색깔은 불그스름한 것이 신비하기까지 하다. 과연 이곳은 하나님이 십계명과 함께 자신을 드러낸 곳이요, 모세는 신을 벗고 하나님과 대면해야 할 만큼 장엄하고 엄숙하며 또 경건하고 거룩하다 할 만한 장소이다.

우리가 꼭대기에 이르렀을 때에는 이미 해가 솟아오른 다음이라, 모두 동쪽을 향하여 기도하고 있었다. 나도 이곳에 서 있다는 사실에 잠시 전율 속에 빠져든다. 정상에 가서 서면, 10평 남짓한 '모세 기념 교회' 두 채가 층이 져서 서 있음을 보게 되는데, 소박하고 초라한 것이 오히려 친근하다.

시뻘겋고 환한 햇빛이 마치 하나님을 대한 듯, 그리도 반갑고 좋아서 내려가려는 발길을 자꾸 붙들어 매는데, 순례객의 수가 하도 많다 보니 오래 지체하기가 미안하여 할 수 없이 자리를 비켜 주었지만, 실은 경건치 못하고 속된 스스로가 부끄러워 일찍 자리를 뜰 수밖에 없는 자격지심의 이유가 더 컸다.

우리나라 사람만 일출을 좋아하는 것은 아닌지, 세계 각국으로부터 몰려온 저들 순례자들이 참 많기도 하다. 여기에 같이 서 있다는 사실만으로도, 나는 무척 고무되어 있다.

아아! 찬란한 그리고 감사한 아침이다.

시내 산 정상에서 만난 가게. 의외로 라면이 많이 팔리고 있었다.

성 캐드린 수도원

내려오는 길에 성 캐드린 수도원에 들른다. 등정을 시작한 지점에서 그리 멀지 않은 곳에 있으며, 로마의 초기 기독교 시절에 황제의 명을 거역하면서까지 신앙을 지켜 순교한 캐드린 소녀의 시신을 7세기에 이 산꼭대기에서 수습하여 안치하면서 그 이름이 '성 캐드린 수도원'이 되었다 한다. 수도원 전체가 본래의 모습 그대로 잘 보존되어 있는 것이란다.

아랍인들의 정복 때에도, 십자군 원정 때에도, 오스만 터키의 지배하에 들었을 때에도, 또 나폴레옹 치하에 있을 때에도 보호령이 떨어져서 화를 입지 않은 것으로 유명하단다. 그러나 이 수도원은 다음의 3가지로 더 유명하다.

그 첫 번째 이유는 모세가 하나님을 만날 때, 불이 붙은 것을 보았다는 떨기나무가 여기에 있다는 사실 때문이다. 이 나무는 다른 곳에서는 볼 수 없고, 또 이식을 하여도 살지 못한다고 한다.

둘째는 모세의 장인인 이드로의 우물이 여기 있다는 것이다. 뚜껑에 덮여 있다.

셋째는 시내 산 사본이 발견된 곳이요, 지금도 많은 기독교 문서와 기록들, 또 사본들이 보관되고 있다는 사실로 유명하다.

이 시내 산 사본은 세계 3대 성경사본 중의 하나로, 3세기경에 필사되어진 전 성경이 보존되었을 뿐 아니라, 그 보기 드문 신약 성경도 있으며, 또 번역본을 비롯하여 여러 관련문서까지 각종 종교 문서가 망라되어 있다 한다. 지금은 러시아에서 보관하다가 영국에 팔아 버려 대영박물관에서 보관 중이라 하며, 1975년에 새로운 사본이 건물 벽 수리 중에 또 발견되어 여기서 학자들이 극비리에 보존·연구 중에 있다고 한다. 우리가 겉만 잠시 훑어보고 나오는 사이, 주위에 다시 '원 달러' 호객 소리가 요란하게 채워진다.

다시 생각나는 책, 『떨기나무』

나는 몇 년 전, 손성원 집사님의 소개로 『떨기나무』라는 책을 읽은 적이 있다. 사우디아라비아의 왕세자 주치의였던 김승학 씨가 몇 년에 걸쳐 아라비아 땅을 답사한 끝에 저술한 책으로, 모세가 십계명을 받은 시내 산은 시나이 반도 안에 있지 않다는 것이 주 내용이다. 사우디아라비아 반도 서남쪽 끝, 미디안 광야에 있는 '라오즈' 산이 바로 그 시내 산이요 호렙 산이라는 것이며, 또한 이스라엘 백성이 건넜다는 홍해는 수에즈 만 가까이 있는 데가 아니고 아카바 만의 남쪽의 어느 한 곳이라는 것이다. 그리고 그는 여러 가지 이유와 증거들을 들이댄다.

나는 이 설에 수긍이 가며 타당하다는 생각이 든다. 그러나 이 주장이 옳다면, 지금까지의 학설과 성경 해석이 근본부터 흔들리게 되어 모두가 조심스러워 한다는 것이다. 그렇지만, 틀린 것은 바로잡아야 하지 않을까.

시내 산 등정을 마친 지금, 나에게 불현듯 그 『떨기나무』 책이 다시 생각나는 것이다.

경찰차의 호송 속에 우리는 서둘러 국경으로 이동한다. 누웨바에서 한국 식당 '한강'에 들러 오랜만에 깔끔한 한식으로 개운한 오후를 맞는다. 국경에서까지 한국인의 식당을 보면서 집요한 한국인의 저력을 새삼 실감한다.

이집트에서 이스라엘로

이집트의 국경 도시 타바에서 그 까다롭다는 이스라엘 입국 수속을 마치고, 오른쪽 먼 곳에 요르단의 아카바 시가 인접한 곳, 이스라엘의 세계적 휴양도시 에일랏에 들어섰다. 솔로몬 왕 때에 조선소가 있었고, 중계무역으로 부를 쌓았던 에시온 게벨이 그곳이다.

아카바 광야로 이어지는 이 땅은 같은 사막, 같은 광야의 연장인데, 이곳은 이집트의 그곳과는 전혀 다른 모습이다. 각종 나무와 풀, 농작물이 벌판을 가득 채우고 있고, 호텔을 비롯한 빌딩과 함께 온갖 해양스포츠가 가득한 별천지가 되어 있다. 나는 또 한 번 인간의 의지와 노력, 그리고 돈의 위력 앞에 씁쓸함을 삼킨다.

여기가 '젖과 꿀이 흐른다.'는 바로 그 땅인가?

유대 광야, 아카바 평원

인공의 오아시스인 에일랏을 뒤로하고, 계속 이어지는 광야를 달려, 유대 광야 헤브론 산지로 향한다. 왼편으로 보이는 언덕들을 넘으면 그 넓은 네게브 사막이 펼쳐져 있다고 하는데, 오른편의 저 멀리 보이는 곳에는 에돔 산지, 모압 산지가 길게 펼쳐져 따라온다. 그 사이를 아카바 평원이 황무지 되어, 여기 누워 있다.

　1년의 강우량이 200㎜를 넘지 않으면 광야요, 사막이라던가? 사람이 전혀 살 수 없을 것 같은 그곳에, 지금 이스라엘 정부는 군데군데 키브츠를 건설하여 작물을 재배하고 있었다. 갈릴리 물을 끌어오든가 홍해 물을 담수화하여 관개수로를 만들어 공급하여, 세계 제일의 낙농 국가를 건설한 것이다. 종려나무가 줄지어 서 있고, 비닐하우스가 군락을 이룬다.

로뎀 나무

　하나님이 '젖과 꿀이 흐르는 땅'이라 하면서 이스라엘 백성을 몰아서 넣어 주신 이곳 성서의 땅은 오늘도 여호와의 눈이 지켜봄이 있어서인지, 광야가 녹색의 땅으로 바뀌고 있었다. 이것이 저들을 향한 하나님의 뜻인가? 저들을 지키시는 하나님이 오늘도 살아 역사하시는 증거인가? 나는 잠시 경건해진다.

　유대 산지를 향한 길에서 가이드 목사님이 가리키는 로뎀 나무를 보면서, 나는 우리 교회의 지하에 있는 '로뎀' 카페를 생각한다. 나는 카페 입구의 그림처럼 로뎀 나무가 무척 큰 줄 알았다. 엘리야가 고개를 틀어박고 죽기를 기도했다는 그 로뎀 나무는 지금, 사람 키 정도밖에 되지 않는다. 내 실망이 더 크다. 그래서 사람은 알아야 한다. 보아야 한다.

축복인가? 저주인가? 사해바다

유대 땅에 들어서면서 지금 제일 먼저 만난 곳은 사해 바다이다. 저주의 성읍, 소돔과 고모라 성이 있었다던 자취는 여기 물 밑에 잠겼는지 찾을 길 없는데, 주변 여기저기에 산재한 공장들이 보인다. 사해 물을 이용하여서 희소 광물들을 생산하여 부를 축적하고 있다는 이 공장들을 보면서, 내게는 죽음의 바다가 아닌 축복의 현장을 목도하는 부러운 시선이 남는다. 하나님에게서는 저주마저도 시간이 지나면 축복이 되는가?

조금 가다가 다시 차에서 내려, 경고의 현장 '롯의 처, 소금 기둥'을 잠시 올려다보며 사진에 담는다. 정말 저 소금기둥이 사람이 변한 것인지는 알 수 없으나, 성경 말씀을 다시 떠올리게 하는 이 흔적에 기이한 생각이 든다.

이튿날 다시 수영복 차림이 되어 사해 물속으로 들어가 본다. 모든 사람이 하는 행동이기에 따라하는 것만은 아니다. 몸이 물 위에 뜬다는 이상한 체험을 해 보고 싶은 것이거나, 머드를 몸에 발라 보고 싶은 충동만이 물속에 들어간 이유의 전부는 아니다. 나는 하나님이 만드신 이 기이한 곳, 성서의 현장인 사해 바다 속에 몸 전체를 잠겨 보면서 내 온몸으로 부딪혀 보고 싶었던 것이다.

50년 만의 해후, 쿰란 동굴

이어서, 성서에는 언급이 없는 쿰란 동굴을 찾아 올라간다. 그리고 성경 사본이 발견·발굴된 현장을 목도한다.

AD 1세기 전후, 에세네파 사람들이 공동체를 구성하고 여기의

사해 바닷가에서는 여러 가지 기이한 체험들을 할 수 있었다.

동굴 속에 은거하며 살아갈 때에 만든 구약성경의 사본들이, 그로부터 대략 2천 년이 지난 1947년에 베드윈족의 한 목동에 의해 발견되면서 유명해진 역사의 현장이다. 20세기에 있은 최대의 고고학적 발굴이라 하며, 지금도 발굴이 이어지고 있다고 한다.

문득 내가 고등학교 2학년 때쯤(1960년경), 교회의 선생님이 『LIFE』잡지의 특집 기사, 사해 사본을 설명해 주면서, 잡지 표지에 적힌 성경 구절 "만약 너희들이 잠잠하면, 이 돌들이 소리 지르리라(눅 19:40)."를 읽어 주심이 생각났다.

그 당시 성경학자들이 일반 역사학자들에게 무엇인가 공격받으면서 제대로 대응하지 못하고 있다가 이곳의 사본이 발굴되면서 일거에 역전되었다는 설명이었으며, 나는 그때 많은 감동을 받은 적이 있었는데, 오늘 그 현장에 내가 왔다. 그리고 50년도 더 지난 그때의 그 일을 지금 생각한다. 얼마나 새삼스러운 방문이요, 해후인가?

저기 저 앞에 보이는 동굴이 제7동굴이란다. 멀리서 건너다보기만 해야 하는 것이 안타까울 뿐이다.

이스라엘의 숙명을 상징하는 마사다 요새

나는 다시 사해 서쪽의 마사다 요새를 케이블카로 오른다. 유대 광야의 산들과는 고립된, 높이 434m의 절벽 위, 길이 600m, 폭 250m의 요새이다. 수년 전 미국의 클린턴 대통령이 이스라엘을 방문했을 때, 이스라엘 정부는 다른 그 어떤 관광지보다 이곳을 미국의 대통령에게 보여 주고 싶어 했다고 한다.

주변의 15개국이나 되는 아랍 국가들에 둘러싸여 전쟁을 치렀으며, 지금도 치르고 있는 이스라엘로서는 이곳이 자기들의 절박한 생존 방식을 가장 웅변적으로 설명해 주는 현장이기 때문이리라.

이곳은 AD 70년, 자기네 수도 예루살렘이 로마의 디도장군에게 함락될 때, 저들을 피해 이곳까지 들어와 마지막 3년을 버티던 유태인 967명은 함락 전날, 전원 자결을 함으로써 항복을 거부하였던 역사를 간직한 곳이다. 이때 어린이 5명, 보모 2명은 후세를 향한 증인으로 남긴다. 1세기의 유대인 역사가 요세푸스의 발굴 기록이다.

지금도 신병 선서식이나 졸업식, 임관식 등 많은 군경행사가 이곳에서 행해진다고 하며, 오늘도 여전히 "No More Masada." 또는 "Masada Never Again."을 슬로건으로 외친단다.

헤롯에 의해 만들어졌다는 이 천혜의 요새. 식량과 식수가 인공적인 노력으로 저장되도록 정교하게 만들어진, 이 살기 위한 몸부림의 현장에서 나는 숙연해질 수밖에 없었다.

8천 년의 역사를 가진 성, 여리고

8천 년의 도시 역사를 갖고 있어, 가장 오래된 도시라고 일컬어지는 여리고 성에 들어선다. 그곳에는 삭개오의 뽕나무도 있으며, 엘리사의 샘물도 있다. 또 예수님이 40일 기도 후, 사탄의 시험을 받았다는 시험산과 여리고 전망대도 산 위에 있었다.

뽕나무는 사실 돌 무화과나무로서 수령은 미처 2천 년이 되어 보이지는 않아서 삭개오와는 상관이 없는 듯하고, '엘리사의 샘'이라는 개울에는 스틸 파이프가 지나고 있어 예스럽지가않아서 차라리 '보지 않았으면….' 하는 마음도 없지 않았으나, 성경의 사실을 애써 증명하려는 흔적을 보는 것 같아 안쓰러우면서도 한편 반갑다.

여기의 여리고 성은 여호수아가 가나안 땅을 정복할 때 첫 번째로 입성한 도시답게 그 커다란 도시 전체가 푸른빛으로 가득한 오아시스로 되어 있음이 인상에 남는다.

분리장벽에 둘러싸인 베들레헴, 요단강 서안

베들레헴은 6일 전쟁 때 요르단으로부터 빼앗은 '요단강 서안' 지역 안에 있다. 팔레스타인 자치구역으로 높이 7~8m 분리장벽이 쳐 있어, 이스라엘 지역과 구분이 되어 있음이 매우 안타깝다. 야곱이 사랑했던 부인 라헬의 무덤이 여기 지나는 길에 있고, 나오미의 자부로서 보아스와 결혼하여 훗날 다윗왕의 증조모가 된 룻이 여기 살았었으며, 따라서 여기 베들레헴이 다윗왕의 고향이 된다.

또한 '예수 탄생교회'가 이곳에 있다. 교회당 내의 중앙제대, 탄생 동굴, 부속 건물과 경당, 출입문 등의 소유권이 가톨릭과 희랍정교회와 아르마니안 교회가 나누어 가지고 있기에, 세 교회가 공동 관리하고 있는 셈이다.

이 교회는 콘스탄티누스 황제의 어머니 헬레나 황후가 세운 세 개의 교회 중 두 번째 교회이나 이후에 불에 타 버렸고(모자이크 벽화만이 일부 남아 있다.), 다시 유스티아누스에 의해 531년에 지어진 그대로 전하여지는 가장 오래된 교회이다.

614년 페르시아 군대의 입성 때는 벽화의 동방박사의 복장이 자기네 조상 복식이라고 하여 오히려 경배를 드리고 돌아갔고, 638년 회교군주 오마르의 입성 때는 동정녀 마리아가 자기네 경전 코란에 나온다고 하여 무사히 넘겼다는 것이다.

입구를 작게 개축하여 말을 타거나 서서는 못 들어오고, 고개를 숙여야만 들어올 수 있게 만든 '겸손의 문'으로 유명하다.

성 캐서린 교회와 제롬 동상

이 '예수탄생교회'에 이어 '성 캐서린 교회'가 있다. 매년 성탄절이 되면 크리스마스 미사를 전 세계에 생중계하는 교회이다.

이 교회의 지하에 있는 동굴에서 성 제롬(AD 340~420)이 '벌게이트 역'을 완성한다. 그때까지는 70인 역을 통한 헬라어로 성경을 읽어 왔으나, 라틴어가 통용어가 되고 히브리어에서 직접 번역할 필요성이 생겨, 당시 교황 다마수스의 명에 따라 번역을 행한다. 그는 교황의 사후에 베들레헴으로 와서 이 교회의 지하 동굴에서 금욕 생활을 하면서(부인도 두레박으로 음식을 지하에 공급하며 그의 금욕 생활을 도왔다 한다) 20년 만인 405년에 번역을 마쳤다. 이 성경이 이후에 로만 가톨릭의 공식 성경이 된다.

이 공로로 그는 가톨릭의 4대 교부 안에 들게 되고, 성 캐서린(카타리나) 교회의 안뜰에 돌로 만들어진 그의 조각상이 세워진다. '제롬'은 불어로 된 이름이고, 헬라어로는 '히에로니무스', 라틴어로는 '예로니모'이다.

예루살렘 성과 감람산

드디어 예루살렘 성에 입성하여 감람산 전망대에 오른다. 그리고 겟세마네 동산에 선다.

감람산은 예수님이 마지막 유월절을 보내신 후 찬송하며 나아간 산으로, 예루살렘 동쪽에 있다. 그리고 그 정상에 예수의 승천을 기념하는 '예수승천교회'가 있다.

예수님이 하늘로 올라가실 때에 발로 딛으셨던 돌 위에 교회를 지었으며, 처음에는 천장이 없었으나 이슬람의 관리 아래에 든 후에 돔을 만들어 천장을 닫았다 한다. 1년에 한 번, 승천일에만 예배를 허용한다고.

겟세마네 동산의 만국교회

예수님이 기도하러 오르셨던 감람산에는 원래 감람나무(올리브 나무)가 많이 있었는데, 예루살렘 함락 때 모두 베어버려 지금은 8주만이 있으며, 그중에는 수령이 2천 년이 넘는 것도 있다 하니, 예수님의 십자가를 기억하려나 모르겠다.

이 올리브 나무 정원을 지나면, '겟세마네 동산 교회'라고도 하는 '만국교회'가 있다. 입구에 자그맣게 세워져 있는 예수님이 엎드려 기도하는 모습의 동판이 예수님의 고뇌를 가늠케 한다.

겟세마네 교회 앞에 있는 수령 2,000년 된 감람나무(올리브나무)로,
'주님의 십자가'를 기억하려는지 모르겠다.

초대교회 때 세워졌던 교회는 그 후 여러 번 파괴와 건축이 반복되었고, 지금의 교회는 1924년에 '작은 선교회'(프란시스코회)에서 여러 나라(16개국)의 헌금으로 지었다는 의미에서 '만국교회'라는 이름이 붙여졌다고 한다. 지금 성지에 현존하는 여러 교회 가운데 몇 손가락 안에 꼽는 아름다운 교회라 한다.

'고뇌의 대성전'이라고도 하는 이 교회는 가톨릭에서 관리하고 있으며, 정면의 강단 앞에는 그때 예수님이 엎드려 기도했다는 넓은 돌이 아직 그대로 놓여 있다.

주기도문 교회에서 부른 찬송

예루살렘을 향하여 조금 내려온 곳에, 제자들에게 주기도문을 가르쳐 준 것을 기념하는 '주기도문 교회'가 있다. 정문에 라틴어로 "PATER NOSTER(우리 아버지)"라는 주기도문의 첫 말이 쓰여 있으며, 제자들에게 주기도문을 가르친 곳이라는 동굴도 이 교회 안에 있다.

콘스탄티누스 황제의 어머니 헬레나 황후가 이스라엘 땅에 지은 3개의 교회 중 하나이었으나 페르시아 침공 때 파괴되었으며, 그 후 여러 번에 걸쳐 개축되었고, 지금의 건물은 1874년 프랑스 투르 오베르뉴 백작 부인의 재정 지원을 받아 건축가 기예르메가 설계·건축하였다 한다.

담의 벽면에는 83개국의 주기도문이 아름답게 붙여져 있는데, 처음 한글로 된 가톨릭 주기도문이 있던 자리에 개신교 주기도문이

주기도문 교회
(우리나라의 주기도문은 개신교와 가톨릭에서 기증하여 두 곳에 있다.)

올려졌으며, 가톨릭 측의 항의로 가톨릭 주기도문은 다시 다른 곳에 붙여져서 한글 주기도문은 두 군데에 있게 됐다,

밖에서 기다리다가 교회 안으로 들어가서 자리에 앉아 사방을 둘러본다. 문득 가이드 이 목사님이 선창을 하여, 모두 따라 찬송을 부른다. JESUS 작사, MALOTTE 작곡의 주기도문 송이다. 오늘의 이 자리에 꼭 어울리는 찬양이기에 얼마나 반가웠는지? 그런데 갑자기 나는 목이 메어 앞 소절을 따라하지 못했다.

뒤에서 지켜보다가, 우리가 일어선 자리에 앉는 외국인들이 의미 있는 웃음을 던져 준다. 그리고 그들도 미사곡을 부른다.

눈물교회

가까운 곳에 '눈물교회'가 있다. 예수님이 예루살렘 도성을 바라보며 우신 것을 기념하여 세운 교회로서, 정문에 "예루살렘아, 예루살렘아, 암탉이 그 새끼를 날개 아래에 모음 같이, 내가 네 자녀를 모으려 한 일이 몇 번이더냐?" 하시며 우신 말씀에서의 그 '암탉'을 새겨 놓았으며, 교회당의 중앙 탑 네 귀퉁이에는 눈물을 형상화한 조각물이 매달려 있다.

이스라엘의 교회들

그 외에도 오고 가며 많은 교회당을 볼 수 있었는데, 대체적으로 그 이름을 보면 어떠한 교회인지를 짐작할 수가 있다. 앞에서 언급

한 예수 탄생교회, 예수 승천교회, 겟세마네 교회, 주기도문 교회, 눈물교회를 비롯하여, 나사렛의 수태고지교회와 요셉교회, 목자들판교회, 예수 피난교회, 가나의 혼인잔치 교회, 팔복 교회, 오병이어 교회, 베드로 통곡교회, 베드로의 수위권 양여교회, 최후의 만찬 기념교회, 성묘교회(무덤교회)와 안나 기념교회, 막달라 마리아 교회, 성 마가 교회, 모세 기념교회, 엘리야 기념교회, 만나교회, 다윗 무덤교회(가묘) 등 교회 이름만 들어도 대체로 그 교회의 성격이나 존재 이유와 우리에게 주는 교훈 등을 미루어 짐작할 수 있는 교회가 무수히 많다.

누구인가에 의해 이렇게 적소마다 교회가 세워져서 훗날 우리들을 다시 성경 속으로 안내하며, 예수님을 만나게 하거나, 그때의 그 사건 속으로 빠져들게 함은 얼마나 다행이며, 또 감사한 일인가? 그곳에 교회를 세우고 관리하며 보존하여 온 모든 이들이 참으로 고맙다.

기드론 골짜기

감람산에서 서쪽으로 계곡 너머 저편에 성전 산(모리아 산)이 있고, 그 사이를 기드론 골짜기가 지난다. 그리고 이 기드론 골짜기에는 유대인들의 무덤이 빼곡히 들어차 있다. 메시야가 올 때 부활하여, 같이 앞의 황금 문으로 들어가기를 소원하는 자들의 무덤들인 것이다.

예수님은 베다니 마을에서 이 기드론 골짜기를 지나 예루살렘 성에 입성했으며, 다시 이 골짜기를 지나 기도하러 겟세마네 동산으로 갔다가, 가룟 유다가 이끄는 자들에게 붙잡히어 또다시 여기 기드론 골짜기를 건너 성내의 빌라도 법정까지 끌려간 것이다.

울 줄 아는 베드로가 나는 좋다

시온 성 내의 아래쪽, 옛 가야바 대제사장의 집터가 있던 자리에 '베드로 통곡교회'가 있다. 그리고 베드로가 로마 병정과 함께 서서 여종에게 예수님을 모른다고 부인하는 장면의 조각상도 뜰에서 같이 볼 수 있다. 또 지붕 꼭대기 십자가 위에 금으로 만든 수탉 모양의 조각물이 얹혀 있다.

새벽닭 우는 소리를 듣고서, "네가 닭이 두 번 울기 전에, 세 번 나를 부인하리라." 하신 말씀이 생각나서 밖에 나와 통곡한 것을 기념하여 세운 교회로, 1888년 프랑스의 아숨쉬옹 수도회에서 집터를 발굴하고 그 터 위에 세웠으며, 그 내부가 가장 아름답다고 알려져 있는 교회이다. 지하에는 예수님이 간혔었다는 감옥의 흔적도 보인다.

우리는 여기에 들어가서도 찬송을 불렀다. 한국인이 가장 좋아한다는 〈Amazing Grace〉 찬송가 305장 "나 같은 죄인 살리신"이다.

"오오! 베드로 사도여! 그대만 지금 울고 있는 것이 아니라오. 나도 여기 울고 섰다오."

지금은 아랍인들의 가게가 꽉 들어찬 십자가의 마지막 언덕길, '돌로로사'
(비탄의 길, 슬픔의 길)를 걸으며, 우리는 조금도 슬퍼하지 않았다. 오히려 찬송하며 걸었다.

아아! Via Dolorosa

이제 우리는 예수님이 마지막 걸어 가셨던 길, 'Via Dolorosa', '슬픔의 길', '비탄의 길'로 들어선다. 예수님이 십자가를 지고 걸어가신, 최후의 800m에 이르는 길을 따라 걷는 것이다.

사형 선고를 받으신 후 십자가에 달리시고, 또 무덤에 장사되기까지의 고난의 길 중에서 특히 기억할 만한 14군데를 정하여 따라가면서 그 의미를 되새기고 같이 고난에 동참하려는 길이다. 동판이 붙어 있으나, 가이드의 안내와 설명 없이는 찾기가 쉽지 않다.

이 길에는 언제나 여행객들의 발길이 끊이지를 않지만, 특히 매주 금요일 오후가 되면 가톨릭에서 주도하는 순례자의 행렬이 이 좁은 길을 꽉 메우며 나아간다고 한다. 때로는 흐느끼며 기도하고, 때로는 무리지어 찬송을 부르면서….

우리도 가이드 목사님이 높이 치켜든 아이패드에서 울려나오는 찬송을 반주 삼아 다 같이 찬양을 부르며 나아간다. 결코 즐거울 수는 없는 길이지만, 우리는 절로 신이 났다. 찬송을 하는 발걸음이 가볍고도 가볍다.

비아 돌로로사 1지점부터 5지점까지

제1지점은 예수님에게 사형선고를 내린 빌라도 법정이다. 현재는 아랍학교가 있어서 들어갈 수는 없고, 빌라도가 자기는 죄가 없다며 손을 씻은 돌그릇도 옆에 있단다.

제2지점은 예수님이 십자가 형틀을 짊어지신 곳으로, 채찍질 교회와 선교교회가 한 건물에, 에코호모 교회와 왕의 놀이 장소가 다음 건물에 있는데, 이 네 장소를 다 이르는 것이다.

채찍질 교회는 천장에 가시관 모양의 문양이 있어 '가시관 교회'라고도 한다. 제단 주변의 3면은 색유리로 되어 있는데, 첫 번째 그림은 바라바가 놓임을 받고 좋아하는 그림이, 두 번째는 예수님이 채찍으로 맞으시는 장면이, 세 번째는 빌라도가 손을 씻는 장면이 모자이크되어 있다고 한다. 선고교회는 빌라도가 예수님에게 사형 언도를 하며, 무리들에게 예수님을 내어준 곳으로, 1868년에 봉헌되어 시온 수녀원에 소속되어 있다.

에코호모 교회는 빌라도가 군중들에게 예수를 내보이며 "에코 호모(보라, 이 사람이로다.)"라고 한 곳이요, '왕의 놀이'라고 불리는 곳은 로마 군인들이 쉬며 놀던 곳으로, 예수님을 손바닥으로 때리며 "유대인의 왕이여, 평안할 찌어다." 조롱하던 곳이란다.

제3지점은 십자가를 지신 예수님이 처음으로 쓰러지신 곳으로, 에코호모 교회에서 서쪽으로 내려오다가 남쪽으로 꺾어지는 모서리에 있으며, 출발 지점에서 150m 정도 되는 곳이다.

제4지점은 3지점에서 남쪽으로 10m 떨어진 곳으로, 예수님이 정신을 차리고 어머니 마리아를 만난 장소이다. 길가의 좁은 문 위에 만나는 장면이 부각되어 있다. 처음에 교회가 지어진 것은 7세기경인데, 지금의 교회는 1881년에 지어진 것이다.

제5지점은 구레네 사람 시몬이 예수님의 십자가를 골고다 언덕까지 대신 지고 간 곳으로 여기서부터 언덕이 시작되며, 현재 이곳에는 가톨릭에서 1995년에 세운 프란시스칸교회가 들어서 있다.

3·4·5지점은 예루살렘 성을 남북으로 통과하는 치즈 골짜기에 속하는 곳으로, 이 '십자가의 길' 중에 가장 낮은 곳에 위치하고 있다. 이곳뿐 아니라, 'Via Dolorosa' 전체가 아랍인들이 관리하는 구역이 되어 있어, 길 양편에 각종 가게들이 도열하고서 호객을 하며 장난을 치는 점원의 소리가 시끄럽다. 비탄의 표정이나 경건의 모습은 찾아볼 수 없는 것이, 그렇게도 마음이 언짢다.

비아 돌로로사 6지점부터 9지점까지

  제6지점은 5지점에서 골고다를 향한 언덕 30m 정도의 거리에 있는 그리스 정교회에 속한 수녀원이다. 열두 해 혈루증으로 앓다가 예수님의 옷깃에 손을 대고 나은, 베로니카라는 여인이 손수건으로 예수님의 얼굴을 닦아 드린 곳이며, 이 수건에는 그 후 예수님의 초상이 새겨졌다는 전설이 있다.

  제7지점은 예수님이 두 번째 쓰러지신 곳인데, 가톨릭에서 두 개의 교회를 세웠다.

  제8지점은 예수님을 따르는 여인들에게 "나를 위해 울지 말고, 너희와 너희 자녀들을 위해 울라." 위로의 말씀을 주신 곳으로, 벽에 라틴식 십자가와 희랍어로 "NIKA(예수님은 승리하셨다)."가 기록된 돌판이 있다.

  제9지점은 예수님이 세 번째 쓰러지신 장소로, 예수님 무덤교회의 바로 위에 있어 골고다의 정상과도 아주 가깝다. 지금은 이집트 정교회인 콥트 교회가 여기에 있다.

골고다 언덕의 성묘교회(무덤교회)

예수님께서 처형당하신 골고다 언덕, 지금 그곳에 '성묘교회'가 있다.

주후 135년, 하드리안 황제가 유대교와 기독교의 흔적을 말살하기 위하여 갈보리 언덕과 예수의 무덤에 '주피터를 위한 로마 신전'을 세웠었다. 326년에 헬레나 모후에 의하여 하드리안 신전은 철거되고 성묘교회가 세워졌으며, 그 후에도 여러 번 건축과 파괴를 거듭하다가 1149년에 십자군이 예루살렘을 정복한 후에 지금의 교회가 세워졌고, 지금까지도 그 주인이 여러 번 바뀌었으나 현재는 그리스 정교회와 가톨릭의 작은 형제회(프란치스코회) 그리고 아르메니안 교회가 공동 관리하고 있다.

성묘교회의 문 입구에서 돌 침상을 바라보며, 왼쪽 옆으로 돌아서면 계단이 있고, 몇 개의 계단을 오르면, 그곳이 골고다 정상이다. 성묘교회 안, 이 정상에 '십자가의 길(Via Dolorosa)' 10지점부터 14지점까지가 모여 있다.

비아 돌로로사의 10지점부터 마지막 14지점까지

제10지점은 군인들이 예수님을 못 박기 전에 옷을 벗긴 장소이며, 제11지점은 예수님이 그 끔찍한 십자가에 못 박히신 곳이다. 제12지점은 예수님이 십자가에서 운명하신 장소이며, 제13지점은 아리마대 요셉이 예수님의 시신을 십자가에서 내려놓은 지점이다. 11지점과 12지점의 중간인 이곳에서 예수님을 세마포로 쌌다. 그리고 제14지점은 아리마대 요셉이 자기의 무덤에 예수님을 장사지 낸 곳이다.

'Via Dolorosa'의 14지점 모두가 끝나는 지점인 여기, '성묘교회 (무덤교회)'는 성지 순례 길의 핵심이요, 가장 의미 있는 곳이다. 또 여러 교회와 종파가 같이 관리하며 가장 많은 비중을 두고 있는 성지 중의 성지라, 미사가 잠시도 끊이지를 안으며, 순례자들의 만 져 보고자 하는 욕망까지 더해져 복잡하기 이를 데 없다. 한 번 발 을 들여놓으면 저절로 떠밀려 나오게 된다. 예수님의 형상이나 그 림을 눈 속에 간직하려고 잠시 지체하려는 걸음도, 기도하기 위하 여 잠깐 서 있는 것조차 여의치 않다.

그래도 이렇게 순례자들이 많다는 것은 반가운 일이겠거니!

예루살렘에 남겨진 통곡의 벽

다시 다윗성 안으로 들어가, 안나 교회, 베데스다 연못과 '들의 백합화'라는 아네모네 꽃, 최후의 만찬 기념교회, 성령강림 기념교 회 등을 둘러보고, 예루살렘을 떠나기에 앞서 잠시 '통곡의 벽'을 두드린다.

이 '통곡의 벽'은 주전 20년에 개축한 헤롯의 제2성전 중에서, 로 마 장군 티투스가 예루살렘 성을 함락하고 성전을 허물 때 일부러 남겨 둔 서쪽 벽의 한 부분이다. 이 앞에서 유대인들은 '시오니즘' 으로 건설한 자기 나라의 현실과, 지금도 방랑하고 있는 '디아스포 라' 민족의 앞날을 통곡한다.

머리에 카파를 쓰고 상체를 앞뒤로 흔들며 기도하는 유태인들로 꽉 채워진 통곡의 벽

요르단으로부터 6일 전쟁 때에 빼앗은 이곳에 수천 명이 기도할 수 있도록 광장을 만들어 놓고, 전국(성경식으로 하면, '단에서부터 브엘세바까지')에서 또 전 세계에서 유태인들이 모여들어, 남자들은 카파를 머리에 쓰고 여자들은 어깨와 무릎을 가린 채 상체를 앞뒤로 흔들며 기도한다. 남녀가 따로 기도한다.

　우리들도 무슨 모자든 머리에 쓰면 들어갈 수 있고, 저들과 같이 기도할 수 있다. 기도 제목을 적은 쪽지를 돌 틈새에 찔러 넣기도 하는데, 토라를 머리에 얹고서 울면서 소리 내어 기도하는 저들의 모습이 나는 그렇게 좋을 수가 없다. 나는 저들을 좀 더 가까이서 보려고 곁에까지 다가갔으나, 곁눈질만 할 뿐 개의치 않는다. 사진기를 들이대도 모른 체한다. 저토록 열심히 기도하는 저들의 신앙심과 애국심과 단결력이 부럽기 그지없다.

　불현듯 이런 우스갯소리가 생각난다.
　어느 날, 독실한 유대교 신자가 하나님께 기도를 드렸다.
　"아, 글쎄 어떻게 하면 좋습니까? 하나님! 내가 애지중지 기른 내 아들이 요사이 갑자기 유대교에서 기독교로 개종을 했지 뭡니까? 어떻게 해야 합니까?"
　조금 있다가 하나님의 음성이 들려왔다.
　"네 아들만 그런 것이 아니다. 내 아들도 그랬단다."

이스라엘의 지형

성지 이스라엘의 땅은 그 넓이가 대략 우리나라 강원도 보다는 조금 크고, 지형은 대체적으로 우리나라처럼 동고서저(東高西低)형이며, 서쪽의 지중해 연안은 낮아서 여기에서만 평야를 볼 수 있다. 블레셋 평야, 샤론 평야, 악고 평야 등이 그것이다.

우리나라는 태백산맥으로부터 묘향산맥, 노령산맥, 광주산맥, 차령산맥 등 서쪽으로 뻗어 내린 산맥에 주목하는 것에 반하여, 이스라엘은 엘라 골짜기, 구브린 골짜기, 라기스 골짜기, 소렉 골짜기, 아얄론 골짜기 등 낮은 곳을 중심으로 활동했음을 읽을 수 있다.

한편, '젖과 꿀이 흐른다'는 이스라엘 땅의 대부분은 광야와 산지로 형성되어 있으나, 북쪽 갈릴리 지방과 그 서편의 에스드렐론 평원(이즈르엘 평야) 그리고 서쪽 지중해 해안 지방은 비도 많이 오고 산림과 초목이 무성한 곳도 쉽게 찾을 수 있어서, 여기가 이스라엘의 곡창지대(비옥한 초승달)가 됨을 알 수 있다. 진정 '젖과 꿀이 넘쳐흐르는 곳'이다.

지중해 연안 가이사라 성의 유적

서편의 지중해 해안에는 지금의 팔레스타인 지방(가자지구)인 블레셋 땅과 이스라엘의 수도인 텔아비브–야파(옛 욥바) 도시와 공업도시이자 항구도시인 하이파 시가 있지만, 우리는 가이샤라 시와 갈멜 산만 오르기로 한다.

옛날 로마가 관장했던 시에는 어김없이 야외 원형극장이 있는데, 이곳 가이샤라에도 원형극장이 잘 정비되어 있고, 지금도 각종 공연을 여기서 행하곤 한다고 한다. 1973년에 체계적인 발굴이 이루어졌을 당시 하나의 비문이 발굴되었는데, 그 비문에 "본디오 빌라도, 유대인의 수호자는 티베리운을 만들어 아우구스 황제에게 바친다."라고 기록된 것으로 보아, 빌라도가 이곳에서 국정을 행했다고 추정한다.

문을 나와 바닷가로 나가면 요란한 왕궁이 있었던 터를 발견할 수 있고, 다시 눈을 들어 멀리 보면 커다란 경기장이 있었던 흔적이 보인다. 그리고 멀리 들고나는 선박들을 감시했다는 성채, 스트라톤 전망대도 보인다.

가이샤라 옛 도시의 자취 속에서, 로마의 위용을 느끼며 다시 가던 길을 계속한다. 종일 비가 온다. 여기 4월에 내리는 '늦은 비'가 우리에게는 거추장스럽지만, 이곳 사람들은 많이 반가워하며 밖에 나가 비 맞기를 주저하지 않는다. 비에 갈급해하는 저들의 모습에서 절박함이 느껴진다.

갈멜 산의 엘리야

엘리야 선지를 만나러 갈멜 산에 올랐다. 갈멜 산은 길이 25㎞에 이르는 산맥으로, 최고봉은 552m로 수목이 울창하다.

갈멜은 '하나님의 포도원'이라는 뜻이며, 482m의 무흐리카 봉우리 위에 '엘리야 기념교회'가 있다. 아합 왕과 그가 아끼는 바알과 아세라의 선지자 850명과 대결하여 통쾌하게 이긴 사건을 배경으로, 1883년에 '갈멜회 순례자'들의 노력으로 세워진 교회이다.

갈멜 산 정상에서 만난 엘리야의 동상.
그는 발밑에 바알 선지의 목과 시신을 밟고 서 있다.

여기에 엘리야 선지의 석상이 있는데, 오른손에는 칼을 들고 발 밑에는 바알 선지의 목을 밟고 서 있는 모습이다. 그런데 나는 어쩐지 내가 그려 왔던 '불의 선지자' 엘리야의 모습과는 거리가 있는 것 같아 조금 어색하게 느껴졌다.

여기 전망대에서 바라보면, 저기 이스라엘 세 번째의 큰 도시라는 하이파 시가 손에 잡힐 듯 들어오고, 이곳에 선지학교도 있단다. 반대편으로 눈을 돌리면, 세 개의 산, 곧 다볼 산, 모래 샘, 길보아 산이 연이어 보이는데, 그중에서 가장 왼편, 사발을 엎어 놓은 것 같이 보이는 산이 다볼 산, 곧 변화 산이란다. 이 또한 반갑다.

다만, 바알과 아세라 우상의 선지자 850명을 끌고 가서 죽였다는 기손 강은 지금 저 밑에 보이지 않고, 그 자리에는 차가 다니는 도로만이 대신 누워 있음을 보게 되니, 2800여 년의 세월이 참으로 무상하다, 하겠다.

이스라엘의 중심도시 므깃도

갈멜 산의 동남쪽 끝자락, 이스르엘 평원의 남부에는 BC 4000년에 건설된 도시 므깃도가 있으며, 옛 웅장했던 그 모습은 지금도 계속하여 발굴 중에 있다. 남서쪽으로는 해변 길로 애굽(이집트)에 연결되고, 서북쪽으로는 악고를 거쳐 베니게(페니키아)에 이르게 되며, 동북 방향으로 나아가면 다메섹에 연결되어, 앗수르, 바벨론(메소포타미아)과 바사(페르시아)까지 가는 길이 되고, 동쪽으로는 요단 강을 건너 바산에 이르고, 또는 예루살렘을 거쳐 '왕의 대로'로 나아갈 수 있는 교통의 요충지이다.

따라서 이 므깃도를 둘러싼 각축이, 사사시대의 드보라 때를 비롯하여 현대의 1차 대전까지 끊이지를 않았으며, 북이스라엘의 요람 왕과 남 유다의 아하시아, 요시아를 포함한 많은 왕들이 이곳의 싸움에서 죽었다. 2005년에 '세계문화유산 지정 성경지구'로 선정된 이곳은 6000년의 세월에 20번 이상의 건설과 파괴를 거듭한 도시의 역사를 간직하고 있어, 그 흔적이 지층으로 남아 있다.

우리는 지하로 이어지는 통로를 통하여, 솔로몬 왕과 아합 왕 때 건설한 것으로 추정되는 곡물저장고, 물 저장소와 수로를 둘러볼 수 있었으며, 또 솔로몬 왕이 만들었다는 커다란 마구간과 돌 말구유도 볼 수 있었다. 그 외에도 발굴되고 있는 출토품들을 통하여 많은 이방신들과 우상들의 경연장 같은 모습을 볼 수 있었으니, 물질의 풍요는 죄의 만연을 뜻하는 것인 줄로 미루어 알겠다.

계시록 16장 16절에서는 이곳이 지구 최후의 결전장이 될 것을 예언하고 있다.

"세 영이 히브리어로 '아마겟돈'이라 하는 곳으로 왕들을 모으더라."

나사렛은 작은 도시가 아니다

다시 우리는 동쪽으로 버스를 달려, 나사렛이라는 동리에 이른다. '나사렛에서 무슨 선한 것이 나겠느냐?' 하면서 이 도시가 예전에는 보잘것없었다고 하였으나, 지금은 그렇게 작은 촌이 아니었다.

예수님은 유소년 시절을 이곳에서 보냈으며, 세례 요한으로부터 세례를 받으신 후 공생애를 시작하면서부터는 가버나움으로 이주하였다고 한다. 후에, 고향 나사렛 회당에서의 은혜로운 말씀에 모두가 놀라워하기는 했으나, 자기들이 잘 아는 요셉의 아들이라는 이유로 예수를 영접하지는 않았다. 이에 예수님은 "선지자가 고향에서 환영을 받은 자가 없다."고 하셨고, 저들은 나사렛 남쪽에 위치한 높이 397m의 '절벽 산'으로 그를 데려가 밀어 떨어뜨려서 죽이려고까지 했었다.

십자군 전쟁 이후, 1263년 트루크 군에 의해 완전 파괴된 이 마을은, 17세기에 프란시스코회파가 여기 들어오면서 겨우 사람이 살게 되었고 점차 그리스도교의 집단 거점이 된다. 오늘이 토요일로서 유대의 안식일인데도, 거의 그런 기분을 느끼지 못할 정도로, 이곳은 기독교화되어 있음을 볼 수 있었다. 대부분의 상점도 문을 열었고.

이제 우리는 이곳 이스라엘 성지에서 제일 큰 교회로 간다.

수태고지 교회와 마리아

'수태고지 교회'. 가브리엘 천사가 수태고지의 소식을 마리아에게 전하여 주었다는, 동굴 위에 세워진 이 교회는 가장 크고 아름다운 교회라 칭한다.

최초의 건축은 356년, 콘스탄티누스 황제의 모친 헬레나에 의해 건립되었었으나, 그 후 이교도들에 의해 여러 번 파괴되었고, 또 지진과 전쟁 등으로 몇 번 허물어졌었으나, 1969년에 지금의 교회가

가브리엘 천사가 마리아에게 나타났음을 기념하는 수태고지 교회 내부 벽화.
색동옷을 입은 예수님과 한복을 입은 마리아의 모습의 이색적이다.

완성되었다. 같은 터 위에 5번째 세워진 교회이다. 이탈리아의 건축가 무찌오에 의해 디자인되었는데, 그는 옛 교회의 잔재와 유적 등을 새로 짓는 교회에 보존·연결하려고 무척 노력하였다 한다.

교회의 전면 윗부분에 가브리엘 천사와 '아베 마리아(가브리엘이 그렇게 불렀다 한다)'가 부조되어 있고, 아랫부분에 마태·마가·누가·요한 4복음서의 저자가 부조되어 있다.

2층 내부의 벽에는 각 나라별로 '마리아와 예수님'의 그림이 그려져 있는데, 우리나라에서 기증한 그림으로 '한복을 입은 마리아와 색동옷을 입은 예수님'의 모습이 그려져 있다. 그리고 그 아래에 "평화의 모후여, 하례하나이다."라고 모자이크되어 있다. 나는 왜 그렇게 이 그림이 생소하고, 어색하게 느껴지는지? 나도 모르게 실소가 나왔다. 우리는 여기서도 교회에 들어갔을 때, 의자에 앉아 찬양을 드렸다. 새 찬송가 49장 〈주 하나님 지으신 모든 세계〉. 화음도 넣어 가면서 정갈하게, 정성껏.

일어나서 나오는 우리에게, 외국의 어느 노인이 속삭여 준다.

"Wonderful! Wonderful!"

요셉 교회

밖으로 나와서 주위를 둘러보는 우리에게 가이드 목사님이 웃으며 이야기를 들려준다.

"저기 지붕만 보이는 저 교회가 마리아의 남편을 기념하는 '요셉 교회'로, 목수 일을 하던 그 일터 위에 세워졌다고 합니다."

그러니까 마리아 교회와 요셉 교회는 이웃하여 있는 것이다.

나사렛에서 동북쪽으로 6㎞ 떨어져 있는 곳에 '가나'라는 도시가 있다. 예수님께서 첫 번째의 이적을 베푸신 장소다. 여기에 있는 '혼인잔치 기념교회'에 가서 정결의식에 썼던, 그래서 물이 포도주가 되게 하신 그 이적에 사용되었다던 돌 항아리 중 하나가 커다란 유리 상자 속에 보관되어 있는 것을 볼 수 있었다.

드디어 갈릴리 호수에

저녁이 되어 이제 우리는 갈릴리 호수로 향한다. 므깃도에서 멎었던 비가 다시 오기 시작한다. 수초 너머로 보이는 갈릴리 호수는 고요하기 그지없는데, 비까지 오고 있어서 그런지 내가 처음 대하는 갈릴리는 어둠에 잠기면서 몽환적으로까지 보인다. 비가 와서 더 좋다.

"자, 이제 요단강을 건넙니다. 하나, 둘, 셋, 폴짝! 건넜습니다."

차창 밖을 내다보니, 폭이 10m도 채 되지 않아 보이는 도랑 같은, 방금 우리가 건넌 작은 내가 요단강이란다. 미리 말을 듣고 짐작하던 터라 실망은 비켜섰고, 도리어 안쓰럽게 여겨진다. 지금은 갈릴리의 물을 옆에 있는 언덕으로 끌어올려 관개 수로를 통하여 전국으로 흘려보내기 시작하면서 더욱 그 수량이 줄었다 한다.

이스라엘은 전 국토를 대략 남북으로 3등분하여, 제일 위에 있는 지역, 지중해 연안의 악고 평야로부터 이즈르엘 평원과 갈릴리 호수까지를 갈릴리 지역이라 하며, 가운데 지방을 사마리아 지역이라 하고, 아래의 지역을 유대 지방이라 한다. 갈릴리에서 유대 지방을 갈 때면 사마리아 땅을 통과하는 것이 가깝지만, 이방인과의 혼혈이 된 동족이 싫다 하여 상종하지 않으려고 요단강을 넘어 다녔다. 갈릴리 지역은 후에 그 범위가 점차 축소되어 호수 근방만을 지칭하기도 한다.

대협곡, 요단강

여기 성지 이스라엘 땅의 가장 큰 특징은 요단강의 특수성이다. 북쪽의 헬몬 산에서 눈 녹은 물은 땅속으로 스며들어 흐르다가, 단 지방과 베드로가 신앙 고백을 한 가이샤라 빌립보 지방에 이르러, 헐몬 스트림(바니아스), 단 스트림, 스닐 스트림(하스바니), 3군데에서 커다란 샘이 되어 솟아올라 요단강의 발원이 된다.

훌레 호수(지금은 거의 없어짐)를 지나 갈릴리 호수에 이르는 강이 상부 요단강이 되고, 갈릴리 호수를 지나 다시 하부 요단강으로 사해에까지 다다른다. 이 요단 협곡은 다시 아라바 계곡을 지나 홍해에 이르고, 멀리 아프리카 에티오피아를 지나 탄자니아까지 연결되는, 지구에서 가장 긴 대협곡이 된다.

이 협곡은 상당히 깊어서 갈릴리 호수의 물 표면의 높이가 해수의 −200m이고, 사해는 −400m나 된다. 따라서 요단강은 경사도가 급하고 물살이 빨라, 배가 다닐 수 없는 세계에서 몇 안 되는 강 중 하나에 속한다. 반면에 양 옆의 산지는 높은 곳이 800m~1,000m나 되는 곳도 있어서 이쪽 산에서 저쪽 산까지 까마

귀 한 번 날갯짓에 날아갈 정도의 거리인 곳도 있지만, 그래서 '사울 왕과 다윗의 대화'에서처럼 서로 말을 주고받을 수 있지만, 쫓아가서 잡을 수는 없는 곳이다. 1,000m를 내려갔다가 다시 저쪽 산 1,000m를 오르는 것이 쉽지 않기 때문이다.

지구촌을 대표할 만한 성서의 땅, 이스라엘

우리나라 강원도만큼이나 작은 이스라엘 땅의 두 번째의 특징은 기후가 헬몬 산 밑의 한대에서부터 온대, 아열대, 열대의 다양한 기후를 다 볼 수 있다는 것이다. 그래서 이곳에 서식하는 동물이나 식물의 종류가 굉장히 다양하다.

아프리카에서나 볼 수 있는 사자, 전갈이 있는가 하면, 추운 지방에 있는 곰이나, 산양도 만날 수 있다. 또한 사막지방에서나 접하게 되는 싯딤 나무, 에셀 나무와 덤불이 있고, 또 북쪽에는 위로 쭉쭉 뻗은 백향목이나 여러 가지의 과목도 볼 수 있다. 이것은 이 땅이 온 인류 구원 역사의 주 무대가 될 자격을 충분히 갖추었다는 뜻이며, 지구의 모든 자연과 환경을 대표하기에 전혀 부족함이 없음을 의미한다.

북유럽과 아프리카를 오가는 철새들도 바다 위를 오래 나는 것을 싫어하는 습성 때문에 모든 철새가 통과하는 길목이 바로 이 시나이 반도와 이스라엘 땅이 된다는 것이다. 그래서 이 땅이 성경의 땅이 되는 것이다.

또 하나, 이 이스라엘 땅은 유럽·아시아·아프리카 3대륙이 만나는 지점이다. 함족, 셈족, 야벳족이 뻗어 나가는 기점이 되기에 충분한 곳이다. 그래서 우리 하나님은 이 땅을 성지로 택했고, 인류 구원 역사를 여기를 통하여 친히 각색·연출하고 계시는 것이다.

나의 이번 여행이 이 땅에 대한 하나님의 뜻을 찾아가며, 우리들을 향한 하나님의 사랑을 마음속에 구체적으로 그리고 체험적으로 담는 또 하나의 계기가 된 줄로 믿는다.

그토록 사모해 마지않던 갈릴리 호숫가에서

날이 진 후, 갈릴리 호숫가, 유대인들의 기브츠에서 직접 경영하는 한 호텔에 짐을 풀었다. 그러니까, 여기는 데가볼리 지역에 해당하는가 보다.

비는 내리는데 그 옛날 풍랑이 일기도 했던 갈릴리 호수는 지금 고요하다. 긴네롯 바다, 게네사렛 호수, 디베랴 바다 등 여러 가지 이름으로 불렸던 이 호수는 예수님 활동 초기의 주 무대였으며, 대부분의 제자들이 여기서 택하여졌고 많은 이적을 베푸셨던 낯익은 장소이다. '이방의 갈릴리'라고 푸대접을 받기도 했지만, 이 근처에서 산상 수훈도 말씀하셨고 오병이어의 기적도 베푸셨다.

아아! 드디어 나도 여기 갈릴리 지방에 왔으며, 지금 이 호숫가에 섰다. 날은 어둡지만 수초가 무성한 저기 저 호수가 많이 반갑고 정겨운데, 지정해 준 호텔의 방으로 들어가니 하룻밤만 머물다 가기에는 너무 아까운 생각이 든다. 우리나라 콘도처럼 없는 것 없

데가볼리 지방에서 가버나움으로 가는 선상에서 드린 주일예배.
저들이 우리들을 배려해서 게양한 태극기가 인상적이다.

이 다 갖춰 놓았는데, 꽃같이 예쁘고 그림같이 아름답다.

나는 여기서, 이룰 수 없는 꿈 하나를 더한다. "훗날, 애들을 데리고, 꼭 다시 한 번 더 온다."는….

갈릴리 호수에서 나도 배를 타고

이튿날인 오늘은 주일날이다. 몸은 피곤해도 침구 속에만 그대로 박혀 있을 수는 없다. 도저히 그럴 수는 없다. 일찍 밖에 나와 호숫가에 섰더니, 모두들 나왔다. 호수 물에 손을 담구기도 하고, 조약돌을 줍기도 하고….

서둘러 조반을 먹고(기브츠의 야채와 음식은 이미 유기농 수준은 넘어서 있는 듯하다) 준비된 배에 오른다. 이제는 우리도 갈릴리 바다를 건너, 건너편의 가버나움으로 향한다. 우리들이 탔다고 태극기를 게양하고 애국가를 들려주는 저들 유대인의 상술이 고맙다.

배에서 선상 예배를 드린다. 말씀은 요한복음 21장. "갈릴리에서 다시 만난 제자들". 동행하신 목사님들 중에서 말씀과 기도가 있었지만, 구태여 말씀이 아니어도 우리는 지금 충분히 은혜 속에 있다.

가버나움에서 찾은 베드로의 자취

예수님 제2의 고향이라는 가버나움에 내려 우리는 '팔복 교회'로 오른다. 여기가 예수님이 산상 수훈을 말씀하셨다는 그 들판이다. 지금도 어디선가 말씀이 들려오는 듯하다. 이곳 팔복교회는 교회의 캘린더마다 빠지지 않고 등장하는 낯익은 모습이다.

다시 우리는 '베드로 장모의 집터'로 향해, 그 위에 세워진 유리로 된 현대식 교회를 본다. 발굴된 옛 집터 그 위에 그대로 유리를 덮어 놓아서 잘 들여다볼 수 있었다.

여기서 새삼 알 수 있었던 것은 베드로가 쉽게 얘기하는 대로 그렇게 무식하지도, 그렇게 가난하지도 않았다는 사실이다. 배와 하인을 둔 그의 아버지의 집과 같이 처갓집도 상당히 부유했던 것 같았고, 회당이 가까이 있어서 성경 지식도 상당히 높일 수 있었던 것 같았다. 또 그는 신심이 깊었고 인정도 많았으며, 인간적인, 너무나 인간적인 사람이었다는 사실을 보며, 나는 그가 수제자로 전혀 손색이 없었다고 생각한다.

베드로가 신앙 고백을 한 가이사랴 빌립보

북쪽에 있는 가이샤라 빌립보 지방. '베드로의 신앙 고백'의 탄생지를 찾아든다. 위에서 요단강을 언급할 때 말한 파니아스 신전이 있던 자리다. 요단강의 근원이 된, 바니아스, 단, 하스바니의 세 샘이 솟아나는 이 지역은 산림이 울창하고 아름다웠으며 생기와 활력이 넘치는 곳이다.

많은 물이 모여 흐르기 시작한다. 요단강의 발원지다. 가나안 시대 때부터 바알 신이 있어 왔으며, 헬레니즘 시대에 판 신(숲, 삼림신)을 섬겨 '파니아스'라 불렀으나, 아랍인들이 'P' 발음을 못하여 '바니아스'로 바뀌었고, 현재도 연못 뒤쪽에는 많은 동굴이 있으며 그 안에서 옛 신전 터도 많이 볼 수 있다.

기원전 19년, 로마 황제 아우구스티누스는 헤롯 대왕에게 이곳을 하사하였고, 헤롯은 커다란 흰 대리석 신전을 지어 바쳤다. 아들 빌립은 이곳에 도시를 재건하여 가이사라 뒤에 자기 이름까지 더하여 '가이사라 빌립보'라고 명명했다.

이 이방 신과 우상의 터전 한가운데에서, 주님은 제자들에게 "나를 누구라 하느냐?"라고 물으셨고, 베드로는 "주는 그리스도시오, 살아 계신 하나님의 아들이시니이다."라는 멋진 신앙 고백을 한 것이다. 진정 이곳 신앙 고백의 터전 위에는 커다란 교회 하나쯤 있을 법도 하건만, 한참 성하던 기독도들은 7세기 이슬람교가 들어온 이후 사라졌다 하며, 지금은 옛 신전을 발굴하는 천막만 즐비한 것이 못내 아쉽다.

6일 전쟁의 전리품, 골란고원

이어 골란 고원을 오른다. 여기에 올라 보면, 여기가 왜 중요한 곳인지를 알 수 있다. 제3차 중동 전쟁, 일명 '6일 전쟁'으로 인하여 시리아로부터 이곳을 뺏은 이스라엘이 시리아에게 왜 한사코 이곳을 돌려주려 하지 않는지, 그 이유를 알 것 같다.

'바산의 암소들아' 할 만큼 목축이 성하고, 사과를 비롯한 과일의 재배가 많고, 각종 농작물을 흡족히 거둬들일 만큼 소출이 큰 곳이다. 무엇보다 갈릴리 호수를 조망할 수 있는 이곳은 요단강의 물줄기마저 관리할 수 있어 전략적 요충지로서의 가치가 충분한 곳이다. 시리아로 봐서는 빼앗긴 이 땅이 무척 아까운 땅이리라.

안타깝게도 날이 흐려 헬몬 산은 조망할 수 없었다.

벳새다에서 만난 베드로 고기

다시 갈릴리의 벳새다로 내려와, 점심식사를 하려 식당에 들른다. 갈릴리 호숫가에 자리 잡은 이 식당은 꽤나 알려진 유명한 식당인가 보다.

호수 위에 자리한 야외 식당부터 실내의 안쪽까지 손님이 꽉 들어찼다. 외곽은 서양 사람들의 차지이고, 한국 사람을 비롯한 동양인들은 식당 안쪽을 차지했다. '슈라키'라는 납작하고 둥근 빵과 각종 야채 그리고 밥까지 뷔페식으로 잔뜩 담아들고서 자리에 와서 앉는다. 그러나 식사가 끝나도 모두 움직이지 않는다. 중요한 식사가 아직 남았기 때문이다. '베드로 고기', 빠트릴 수 없는 오늘의 주 메뉴다. 우리나라 붕어 비슷하기도 하고, 도미 비슷하기도 하다. 월척 크기는 됨직한 고기 한 마리씩 기름에 튀겨져서, 감자, 시금치와 곁들여 나온다. 맛은 별로이나 그 수와 양에 놀랐다. 아무리 양식을 하여 공급해도 그렇지, 500명도 더 될 듯한 이 인원에게 일시에 공급을 하다니! 그것도 매일.

2000년 전, 부활하신 예수님이 실의에 빠져 다시 갈릴리로 돌아와서 그물질하는 베드로를 비롯한 8명의 제자에게 찾아와, "배 오른편에 던져라. 그리하면, 많이 잡으리라." 하시면서, 153마리의 많은 고기를 잡게 하셨다는 바로 그 고기. 일명 '베드로 고기'를 이렇게 많이 내오다니….

벳새다의 한 식탁에서 만난 베드로 고기.
베드로는 그렇게도 잡기 힘들어했는데, 그 무한한 공급이 오히려 이상하다.

나는 2000년 전 그때, "와서 조반을 먹으라.", "지금 잡은 생선을 좀 가져오라." 하신 예수님의 식사 초대가 왠지 무색하고 어쩐지 조롱을 받은 것 같아서 많이 서운하다.

이스라엘에서 요르단으로

이제 우리 일행은 국경도시 벳산을 통과하여 요르단으로 넘어간다. 입출국 수속은 까다롭지 않으나 통관 심사로 사람을 서서 기다리게 하고, 또 버스를 기다리는 긴 시간이 사람을 지치게 한다. 선후진국이 예서 갈린다.

요르단 나라의 좁은 길을 요단강을 곁에 두고 나란히 남쪽으로 달린다. 사이에 강 하나를 두고 이리도 풍경이 다르단 말인가? 흙이나 돌, 나무와 풀 등을 비롯한 자연환경은 이스라엘이나 이곳 요르단이나 다를 것이 없건만, 그 안에 우거하는 사람이나 관리하는 사람은 많이 다르다. 차창 밖으로 보이는 사람들이나 집은 우리나라 1970년대를 연상케 하는데, 그래도 저들에게서 찾게 되는 웃음이나 아이들의 장난은 우리들의 지친 마음을 편안케 한다.

오늘의 얍복강

수도 암만을 향하여 달리던 차는 한곳에 이르러서, 우리들 보고 내리란다.

"여기가 야곱이 천사와 씨름을 한 얍복 강입니다."

가이드 목사님이 가리키는 이곳은 도랑이다. 규모도 작고 수량도 형편없는데다 더럽기가 그지없다. 어디다 발을 디뎌야 할지, 한참씩 망설여진다.

그래도 저 밑, 하류 쪽은 넓은 데도 있고, 모래 터도 있겠지! 위안해 본다. 암몬, 모압 족속이 살고 있다는 이 나라, 요르단의 서울 암만에 우리의 여장을 푼다.

거꾸로 내려가는 왕의 대로

다음 날. 오늘은 이번 성지순례의 마지막 날이다. 요르단의 남쪽, 페트라를 향해 그 옛날의 '왕의 대로'를 따라 내려간다. 옛날 모세는 홍해의 아카바 만에 위치한 에시온게벨에서 출발하여 북쪽으로 모압을 통과하고, 거기서 시혼왕의 아모리 땅을 지나 암몬 왕국의 변경과 접하고, 바산 왕 옥의 왕국을 거쳐 아람 수리아의 다메섹까지 이르는 이 길, '왕의 대로'를 따라 올라왔으나, 지금 우리는 약대가 아닌 버스를 타고 거꾸로 내려간다.

바벨론이나 앗수르 지방으로부터 애굽에 이르는 주요 통상로로서 그 통행세가 막대했다고 하는 이 길은, 지금 별로 크거나 넓지도 않고, 평탄하지도 않고 울퉁불퉁하다.

이슬람에서 만난 기독교 도시와 마다바 지도

암몬을 떠나 얼마 되지 않아, 사해의 동쪽에 위치하고, 암만에서 30㎞ 거리에 있는, 인구 5만 명의 도시 '마다바(또는 미다바)'를 찾아든다.

"모압은 느보와 메드바를 위하여 통곡하는도다(사 15:2)."

구약 성서, 이사야서에는 메드바로 등장하며, 4500년 전부터 사람이 살았고 모압국에 속하였다가 아모리 왕국이 점령하여, 모세가 '왕의 대로' 통행을 간청하였을 때는 불허할 뿐 아니라 대적하였다가 시혼 왕과 바산 왕이 모세에게 전멸당하였고, 후에 루우벤 지파에게 분배되었다.

한때 기독인들이 가장 많았던 이 도시, 마다바는 7세기 중반 대지진으로 폐허가 되어 1000년 이상 잊혀 오다가, 남쪽의 성지 카락(KARAK)에서 2천 명의 기독인이 집단으로 이주를 하는 바람에 재건되었다.

당시 이곳을 지배하던 오스만 터키가 옛 교회 터를 발굴한 자리에만 교회를 짓게 하면서 많은 교회가 발굴·복원되었다. 그중 가장 유명한 곳이 성 조지 교회이다. 1896년에 건립된 '성 조지(St. George) 교회'는 교회의 바닥 앞쪽에 '마다바 지도'가 있는 것으로 유명하다. 유스티아누스 황제(527~565) 때 만든 것으로 추정되는 이 지도에는 고대 중동 지역의 예루살렘을 비롯한 성지와 주요 도시, 도로 등이 모자이크 돌로 그려져 있다.

가로 16m, 세로 6m 크기의 대형 지도로 지금은 3분의 2가 훼손되고 10평 정도 남아 있는데, 중동 지방에서 가장 오래된 지도이다. 게다가 상당히 정확하여 이 지도를 근거로 고고학적 발굴 작업이 무수히 이루어지고 있다고 한다.

쿰란 동굴에 비견할 만한 고고학적 발굴이라고까지 평가하는 이 지도를 뜻하지 않은 곳에서 보게 되는 이 즐거움 또한 크지 않은가? 그러나 그보다도 이렇게 절대적 권위의 이슬람 국가에서, 기독교도들이 가득하고 십자가와 교회가 즐비한 기독교의 도시를 발견한 즐거움 또한 작지 않다.

모세가 마지막 섰던 느보 산에 나도 서다

요르단의 성도 마다바에서 10㎞ 앞에 모세가 마지막으로 올랐다는 '느보 산'이 있다. 그리고 그곳에 '모세기념교회'가 있다. 더구나 모세의 무덤 위에 세워졌다 한다.

성경 신명기 마지막 장에서는 "여호와 하나님이 모세를 여리고 성 맞은편 비스가 산에 세우시고, 요단강 넘어 아브라함 후손에게 주리라 하신 땅, 전부를 보여 주시며, '네 눈으로 보기는 하여도, 그리로 건너가지는 못하리라.' 하시므로, 거기서 죽어 모압 땅 골짜기에 장사되었고, 오늘까지 그의 묻힌 곳을 아는 자가 없다." 하셨거늘, 여기가 모세의 무덤이 있던 자리라니….

4세기에 첫 번째 기념 성당이 세워지고, 대성당과 제의방, 세례당, 장례당, 소성당이 지어졌던 것을 1933년부터 1976년까지 프란체스카 수도원에서 발굴한 바 있다. 1963년 새 건물을 짓기로 결정하고, 지금은 건축·수리 중에 있다. 세계로부터 헌금이 모아지면 그만큼 진척을 보이는데 벌써 몇 십 년째 짓고 있으며, 옛 모습의 사진과 유물, 모형, 모자이크 그림 등은 박물관을 임시로 만들어 천막 속에서 전시 중이다.

이 교회로 오르는 중간에 '성인상'이 세워져 있는데, 2000년도에 교황 요한 바오로 2세가 이곳에 방문한 것을 기념해 세웠다고 한

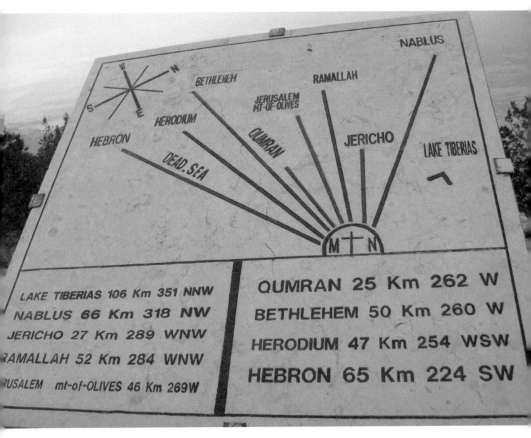

느보 산에서 이스라엘의 사해 바다를 향하여 서면, 이 이정표가 보인다.
모세도 예전에 이곳에서 같은 곳을 바라보았을까?

다. 교회의 앞 정원에 나가면, '놋뱀 십자가'가 세워져 있으며, 이는 이태리 조각가 지오바니의 작품으로, 두 구원의 상징인 놋 뱀과 십자가를 묘하게 복합해 만든 것이다.

또 그 앞의 멀리 요단강 너머를 조망할 수 있는 지점에, 유대 땅의 지형 사진이 화살표와 함께 이정표로 세워져 있다. 이스라엘 200여 만 회중을 이끌고 여기까지 달려와 걸음을 멈춘 모세는 저 멀리 보이는 가나안 복지를 내다보며, 그 또한 얼마나 들어가고 싶어 했을까? 여호와께서 대면하여 아시던 자, 모세에게 동정심이 어린다.

아르논 계곡을 향한 나의 애정

다시 페트라를 향해 나아가는 중에 모압 들녘과 아르논 계곡을 만난다. 모압 들녘, 이곳은 나오미가 흉년을 피해 와 있던 곳이다. 고도가 해발 700~800m는 될 듯하고, 그리고 끝이 보이지 않을 만큼 너른데, 단지 물이 없다. 물만 있으면 곡창지대가 될 수 있을 것 같은 모습에, 안타깝기 짝이 없다. 지금은 양 떼들을 먹일 풀조차 보이지 않는다.

아르논 계곡. 나는 차에서 내려 가이드 목사님이 일러 주는 계곡을 내려다보는 내내 벌린 입을 다물지 못했다. 얼마나 웅장하고, 깊은지 그리고 아름다운지. 미국의 그랜드 캐니언과 견주어도 손색이 없을 듯싶다. 아마도 나에게는 이 땅을 향한 애정이 밑바닥에 도사리고 있나 보다.

내 작은 카메라로 담아내지 못하는 이 풍광의 땅에도, 언젠가는 햇빛이 찾아들 때가 있기를 기도한다.

드디어 동경해 마지않던 페트라 협곡에 들어서다

페트라로 들어선다. 내 평생에 그렇게 한 번 보고 싶어 했던 곳이다. 영국의 어느 시인은 이곳을 "영원의 절반만큼 오래된, 장밋빛 붉은 도시 페트라"라고 표현했다 한다.

스티븐 스필버그가 만든 영화 〈인디아나 존스〉의 촬영지로 많이 알려진 이곳은 '최후의 성전'에서 잃어버린 성배를 찾아 들어가는 장면에 등장해 그려지고 있다.

기원전 7세기부터 기원후 6세기까지 살다가 지구상에서 사라진 유목민 나바티아인들이 이 산악도시를 건설했다지만, 문자가 없는 족속이기에 기록이 없어서 저들에 대하여 알려진 것이 별로 없단다. 그래서 이 도시가 더욱 미스터리가 되는가 보다. 따라서 나는 이 도시를 더 보고 싶어 했고.

1812년 스위스의 탐험가 요한 부르크하르크에 의해 알려진 이 도시는 2000년 가까운 세월 동안 바위계곡 속에 숨어 있었다. 자기네들을 남의 척도로 재단하는 다른 문명이 싫어서 꼭꼭 숨어 있었던 모양이다.

마치 타임머신을 타고 고대 속으로 들어가는 것 같은 착각 속에 도시의 입구에 다다르면, 양옆으로 높이 100~200m에 이르는 커다란 바위가 벽처럼 늘어선 틈새로, 폭 2~5m의 좁은 협곡이 1.2

페트라로 들어서는 길, 시크의 마지막 지점. 저기 끝에 '알 카즈네'가 보이기 시작한다.

km나 이어진다. 가끔 관광객을 실은 말마차가 요란하게 소리 내어 달리면, 그 소리는 더욱 공명이 되어서 호기심과 흥분, 설렘으로 가득한 우리들을 한 번 더 주눅 들게 하는데, 그 좁은 길, 시크의 끝에는 알 카즈네(Al–Khazneh–Treausury)가 보인다. 바위의 틈새로 조금씩 맛 뵈기로 보이던 알 카즈네를 비롯한 바위 속의 건물들, 시설물들, 광장들.

막상 그 앞에 서면, 누구나 그 앞에 서면 그 높이에 압도되고, 그 섬세함에 경탄하며, 그 신비함에 젖어들고, 그 색상에 매료된다. 이 알 카즈네, 일명 보물창고의 앞에서 좌우로 넓게 트인 광장 길을 따라 더 들어간다. 왕궁, 왕의 무덤, 원형극장, 수도원, 신전, 일반 무덤 등의 용도로 추정되는 바위굴들이 도시를 만들었다. 커다란 바위를 속으로 파들어 가면서 쪼고 다듬어 기둥과 공간을 만들고, 또 부속 방들도 만들었다. 그 건축술과 정성이 놀랍다.

초기 단순하고 투박스러운 나바티안 고유의 건축 양식부터 이집트, 메소포타미아 건축 양식을 거쳐, 세련되고 건축미가 넘치는 그리스, 로마식의 건축 양식까지 볼 수 있다. 수도원으로 추정되는 건물에서는 몇 개의 십자가 문양이 발견되었는데, 아마도 4세기 비잔틴 시대 이후의 것으로 추정한다.

기원후 6세기에 발생한 지진으로 폐허가 되었다 하는데 지금은 5분의 1 정도만이 다시 발굴되었다 하며, 1985년에 세계문화유산으로 지정된 이 옛 도시는 지금 세계 7대 불가사의 중의 한 곳으로 꼽히며 점점 관광객이 늘어나는 추세라 한다.

페트라의 감추어져서 잠자던 도시가 깨어나고,
그 신비하고 불가사의한 건축물들이 20세기가 되어서야 그 모습을 드러내기 시작했다.
그러나 지금은 그 옛 주인 에돔 족속도, 나바티아 인들도 여기 아니 보인다.

페트라에서 찾을 수 없었던 에돔 족속

성경에서는 에돔의 수도 셀라가 이곳이라고 알려져 있다. 그러니까 모세가 이곳을 지날 때인 기원전 1400년경에는 이 건축물들이 생기기 한참 전이었으며, 이 근처에는 무리바 샘을 비롯한 모세와 관련된 유적이 많다. '무사와디'라고 하는 '모세의 계곡'은 원래 페트라로 들어가는 길을 지칭하였으나, 지금은 페트라 입구에 형성된, 오직 페트라만을 위해 있는 그 마을을 가리키는 것으로 바뀌었다.

모세의 샘은 근처에 몇 군데 더 있다. 모세가 에돔 족속에게 '왕의 대로' 통행을 허락받지 못하고 우회하여 페트라 안쪽에 있는 호르 산에 올랐을 때 제사장 아론이 죽었고, 그 아론의 무덤이 페트라 호르 산 정상에 있다 한다. 에돔 족속은 후에 나바티아인 속에 동화되었으며, 오바댜 선지의 예언처럼 지금은 찾아볼 수 없이 되어 버렸다.

페트라에 입성한 후 2시간 남짓 만에 떠나야 하는 일정이라, 흥분되고 얼떨떨한 기분에 갇혀 있어서 좀 더 높은 곳에서 조망하지도 못했고 조금 더 깊이 들어가 보지 못한 채 물러나야 하니, 입장료가 아깝다는 생각마저 든다. 이틀은 있어야 제대로 볼 수 있을 것 같아, 미련이 많이 남는다.

귀국길

두바이를 향한 비행기와 인천으로의 귀국길에서 순례 여행의 일정을 정리해 본다. 짧지 않은 여행길이었지만, 미처 소화하지 못한 일정이 앙금처럼 남는다. 그러면서도, 나와 같이해 주신 우리 주님께 한없는 감사를 드린다.

왜냐하면, 이곳 성지 이스라엘 땅을 찾아 들어갈 수 있는 사람은 결코 돈이 많은 사람이 아니란다. 시간이 많다고 들어갈 수 있는 곳도 아니란다. 그 땅을 가고 싶어 하는 욕망만으로 찾아지는 곳도 아니란다. 그곳은 이것들 외에도 하나님께서 초대한 사람만이 갈 수 있는 곳이란다. 하나님께 다시 한 번 감사한다.

이스라엘에서 느낀 것, 4가지

인류 구원 역사의 주 무대이며, 예수님과 제자들의 발자취가 깃든 곳. 성지 이스라엘을 방문하면서 느끼는 것은 그곳의 자연환경이 방문 전에 마음속에 그리며 머리에서 상상하던 것과는 많은 차이가 있었다는 사실이다.

첫째, 이스라엘 땅은 내가 성경을 읽으며 그려 왔던 다정하고 아기자기한 지경이기보다는 훨씬 더 황량하고 삭막하였다. 모세만큼이나 친숙하게 여겼던 시내 산을 비롯하여 바란 광야, 신 광야가 있는 40년 광야인 시나이 반도는 물론이고, 유대 광야와 헤브론 산지 그리고 요단 강 건너편 모압 들녘까지 황량하기 그지없어서, 이곳에 어떻게 그 유구한 인류 구원의 역사와 주님의 사역이 자리할 수 있었는지 의문이 들었다.

세례요한이 광야에서 메뚜기와 석청을 먹었다 하지만, 풀이 있어야 메뚜기도 있고, 꽃이 있어야 꿀도 모을 수 있는 것 아닌가? 황무한 그 땅을 한참이나 내려다보았다. 두 눈에는 눈물이 고였다.

둘째, 이스라엘 그곳에는 지금 예수님이 없다는 사실이다. 물론, 예수님이 고향 땅에서 대접받지 못했고, 또 저를 인정하려 들지 않았다는 사실은 익히 알고 있었으나, 저들 유태인들에 의해 이리도 철저히 무시되며 배척되고 있을 줄은 미처 몰랐다. 저들은 이 예수로 인해 관광객을 모으며 돈을 벌고 있으면서도 말이다.

반대로, 이슬람교의 위세와 영향이 대단했다. 솔로몬 성전, 헤롯 성전이 있던 자리는 이제 황금빛 찬란한 돔이 상징하듯 이슬람 성전이 차지하고 있었고, 지금은 한쪽에 '통곡의 벽'만 남아 있다. 그래서 통곡이다.

셋째, 우리가 둘러본 성지와 유적은 본래의 모습과는 상당히 거리가 멀어져 있다는 사실에 유의하고 놀란다. 'Via Dolorosa'를 비롯하여, 대부분의 유적과 기념교회들이 형식은 있으나 내용이 빠지지 않았는지 우려된다. 너무 인위적으로 왜곡되어 있어서 오도된 현장을 보는 데 그치지 않았는지 걱정된다.

예를 들면, 원래의 동굴 위에 다시 교회를 지음으로 인해 본래 가졌던 모습을 가리어 버리는 것이다. 그나마 옛 흔적을 찾아내려 애쓰고 가꾸며 보존하려는 노력이 한편으로는 가상하다.

넷째, 이스라엘 유대 땅에는 성경에는 기록이 없으나, 성경의 땅들보다 더 성경적인 유적지가 많이 있었다는 사실이다. 쿰란 동굴을 비롯하여, 마사다 요새, 페트라 협곡 등이 바로 그 곳이다.

새 포도주는 새 부대이어야 하듯, 새 시대에는 새 유적이 더 감동적일 수 있다. 성지가 바뀐다는 것은 그곳이 살아 있다는 증거일

수도 있다. 새로운 전설과 간증이 더하여지는 그곳에, 우리의 감동
과 감사도 따라가지 않겠는가?

나를 여기 불러 주신 약속의 하나님

하나님이 항상 돌보시며 여호와의 눈이 지금도 지켜보고 계시다
는 그곳 성지 이스라엘, 성서의 땅들은 우리에게 얼마나 친숙한가?

4복음서를 비롯한 신구약에 등장하는 지명들은 마치 옆 동네인
것처럼 우리 귀에 익숙하고, 성경에 등장한 인물들은 오늘 아침에
도 만나 본 옆집 사람들처럼 눈에 선하게 그려지는데, 막상 내가
다녀온 그곳은 그리고 내가 만난 사람들은 많이 서먹서먹했고 어색
했다. 생각보다 낯설었다. 나 혼자만 일방적으로 친숙했었던 때문
이었는지 모르겠다.

그래도 성지 이스라엘은 누구나 가 보아야 할 곳이요, 우리가 애
써 증언해야 할 곳이다. 그리고 하나님이 함께하시고 친히 역사하
여 주셨던 자취들과, 예수님이 걸으셨던 흔적들은 그 일부나마 지
워지지 않은 채 지금까지 용케도 남아 있음을 감사해야 한다.

만약 우리가 예수님을 찬양하고 증거 하는 이 일에 게을리한다면
그 유적지의 돌들이 소리 질러 자기를 변호할 것이라고, 주님은 일
찍이 경고하신 바 있다. 그래서 더욱 그 땅에 가야 한다.

성지 순례는 '노후 위로 관광'이나, '은퇴 기념행사'의 하나로 치
부되어서는 안 된다. 나 자신과 내 신앙의 깊이를 위해서 일찍 다

녀올수록 좋다. 그리고 오늘도 세계 각지에서 그곳을 찾고 있는 수 많은 순례자, 신앙의 사람들을 만나 볼 필요가 있다.

내 평생에 선하심과 인자하심이 정녕 나를 따르리니,
내가 여호와의 집에 영원히 거하리로다.

(시 23:6)

2013년 6월

몽골,
그곳이 가고 싶다

몽골로의 여행을 다시 욕심내면서

세월이 7월로 바뀌었다. 문득 지난 3월에 몽골로 해외선교여행을 다녀오기로 했다가, 일단 접었던 일이 생각난다. 그때에 우리 장로성가단은 7월 '나담축제'가 끝나는 날인 7월 13일에 몽골에 들어가기로 정하였었는데, 참가 인원이 너무 적어서 취소되었던 것이다. 몽골의 독립기념일인 7월 11일부터 13일까지의 거국적인 행사인 나담축제의 기간이 다가오면서, 다시 몽골의 수도 울란바토르에서의 찬양 계획이 생각나며 아쉬움이 살아난다.

아아! 몽골의 초원. 그 광활한 땅! 700여 년 전, 최대의 세계대국을 건설한 '칭기즈칸'의 고향, 그 대지 안으로 들어가는 줄 알았는데, 그 꿈을 일단 접어야 했다. 아! 다시 그곳에 가고 싶어진다.

몇 년 전, TV 프로 중에서 〈미녀들의 수다〉를 시청하던 중에 여러 나라의 미녀들 중에서 한 몽골 아가씨가 한 말이 생각난다.

"내가 몽골에 있을 때에는 눈이 아주 좋았는데, 여기 한국에 나와서 생활하다 보니, 지금은 눈이 나빠져서 시력이 2.0밖에 안 됩니다."

"아니, 눈이 나빠져서 시력이 2.0이면, 몽골에 있을 때는 시력이 얼마였습니까?"

사회자는 묻지 않을 수가 없었다.

"그때는 내 시력이 7.0이었습니다."

사회자뿐 아니라 모두가 놀란 나머지 벌어진 입을 다물지 못했다. 그녀가 이어서 말하기를, 자기뿐만이 아니라 몽골에 사는 이

매년 7월이면 몽골의 울란바토르의 대운동장에서는 나담 축제가 열린다.
거국적으로 모여서 씨름과 말 타기, 활쏘기 등의 대회가 열리는 것이다.

는 모두가 그렇다고 한다. 공기가 맑고 공해도 없는데다가 눈을 혹사할 일도 별로 없고, 또 평소에 넓은 들에서 양이나 염소, 소, 말, 낙타 등을 치면서 말을 타고 유목생활을 하다 보니, 항상 멀리 보기를 훈련하게 되어서 그런 것 같다고 했다. 그래서 몽골에는 안경을 낀 사람이 별로 없단다.

나도 그곳, 몽골에 들어가 보고 싶었는데, 뒤로 미루게 되었다.

나는 원래 몽골에 대해서 잘 알지 못한다. 또 관심도 별로 없었다. 그러던 중, 지난 2월 마지막 수요일의 연습 후 임원회 시간에 단장님으로부터 "금년의 해외 선교 여행은 '몽골'로 가기로 합니다."라는 선언이 있었고, 그 후에 몽골에 대하여 탐문하던 중, 우리 교회 담임 목사님에게서 "며칠 후, '몽골 울란바토르 문화진흥원'의 이사회가 있으니, 같이 가십시다."라는 권유와 함께 이사회에 옵서버로 참여하게 되었다. 이것이 몽골로의 여행을 기획하며 참여하게 된 계기이다.

해외 행사 담당 부단장이신 장덕희 장로와 함께 광장동에 위치한 외교통상부 등록 사단법인인 '몽골 문화원'(약칭)을 찾아갔다. 그곳에서 '나섬(나눔과 섬김)공동체' 대표이신 유해근 목사님과 인사를 나누고 이사장도 소개받았으며, 재한국 몽골인의 몽골학교를 비롯한 여러 시설도 둘러보았다.

우리를 반갑게 맞아 주신 유 목사님은 금년 몽골로의 방문 계획을 8월 3일에서 7월 13로 우리 일정에 맞추어 바꾸면서까지 우리와 동행하기로 했다. 또한 몽골 정부, 여행사 등과의 협의도 속히 진행하여 우리의 여행 계획에 차질이 생기지 않도록 도와주셨을 뿐만 아니라, 우리의 연습 장소에까지 오시는 등 모든 관심과 열성을 보여 주셨다.

그러나 이 모든 계획이 여행 참여 인원의 과소로 인한 우리의 잘못 때문에 계획 자체를 없던 것으로 하였으니, 유 목사님과 '나섬공동체'에 얼마나 미안하게 되었는지 모르겠다.

몽골이란 이름은 '용감한'이라는 뜻의 부족 이름에서 유래하였다고 하며, 정식 명칭은 '몽골리아'이다. 평균 해발 고도가 1,600m에 이르는 고원 국가로 광활한 초원과 고비 사막이 주요 국토를 이루고 있어, 산악 지형이 많은 우리나라와는 전혀 다른 느낌이라 한다. 그래서 더 가 보고 싶은 곳이기도 했는데….

우리나라 한반도의 7배가 넘는 넓은 땅을 가진 몽골은 남쪽으로는 내몽고의 중국과 연해 있고, 동쪽으로는 중국의 만주지방, 북쪽으로는 러시아의 시베리아와 맞닿아 있다. 바이칼 호수도 그리 멀지 않은 곳에 있다. 또 서쪽으로는 중앙아시아의 카자흐스탄과 국경을 접하고 있는 내륙 국가이다. 카자흐스탄 밑으로는 우즈베키스탄, 투르크메니스탄, 아프가니스탄, 파키스탄 등 '스탄'의 나라, 이슬람국가들이 자리한다.

몽골의 국교는 라마교이다. 50%가 라마교 교인이고, 기독교가 이제 막 퍼져 가고 있으며, 국민 대다수가 샤머니즘에 매여 있다. 그래서 우리가 더 갈 필요가 있기도 했다.

또한 몽골은 10월부터 4월까지가 겨울이고, 한겨울에는 외기 온도가 섭씨 영하 40도에서 영하 50도 밑이 될 때도 있다고 하니 대단한 추위이다. 한여름에는 벌판에 30~40도의 기온이 형성되기도 한다 하니, 실로 70~80도의 온도 차 속에서 모든 동식물이 살아가는 것이다.

또한 7월과 8월 두 달만 푸른 초원이 형성된다고 하며, 따라서 이 두 달 동안에 몽골을 찾는 세계의 관광객이 모두 몰린단다. 우리도 그 속에 끼어 함께하기를 바랐었다.

몽골로의 여행을 계획하면서부터 몽골에 대하여 여러 가지를 알아보기 시작했다. 인터넷을 통하여 몽골의 정보를 수집하며, '나섬 공동체'로부터의 조언도 들었다.

몽골은 우리나라에 비하여 7배나 되는 큰 땅을 가졌지만, 인구는 우리나라 남북한의 20분의 1도 채 안 되는 3백만 명 정도이다. 그 절반의 사람들이 수도 울란바토르에 몰려 생활하고 있다. 우리나라 사람 약 3천 명 정도가 이곳에서 활동하며 그중에 선교사가 약 3백 명 정도라니, 우리나라가 선교의 공을 얼마나 들이는지 알 만하다. 북한 사람은 약 70명 정도가 노무자로 외화벌이에 종사한단다.

저들에게 우리 성가단이 같이 부를 만한 몽골의 민요나 동요를 소개해 달라고 했더니, 복음성가가 제일 많이 알려진 노래라고 전해주기에 많이 의외이면서도 한편으로는 많이 반가웠다. 그렇기에 더욱 우리 성가단이 방문하여 우리의 찬양을 들려주었어야 하지 않았을까? 남성 합창의 진수를, 찬송가와 성가가 주는 감동과 은혜를, 저들에게 전해주어야 하지 않았을까? 아쉬움이 진하게 남는다.

'칭기즈칸(成吉思汗)'. 우리가 몽골을 말할 때면 칭기즈칸 (원이름은 테무진)을 빼놓을 수가 없다. 그래서 우리는 더더욱 그 칭기즈칸과 그 후예들을 만나기를 원했었다.

1995년 워싱턴포스트지가, 또 1997년 뉴욕타임스지가 "밀레니엄 히어로"를 선정 · 발표하였는데, 여기에 '칭기즈칸'이 선정되었다. 과거 천 년의 인류 역사에서 가장 위대한 인물로 선정하면서, 두 매체는 인터넷이 발명되기 700년 전에 이미 네트워크로 세계를 경영했다는 것에 주목했다. 1백만 명으로 1억 명을 지배하여 '해가 지지 않는 제국'을 건설했으며, 이것은 수백 년간을 이어 왔다.
"말 없는 남자는 날개 없는 새와 같다."
"성을 쌓는 자 망하고, 길을 여는 자 흥한다."
"텡헤르(하늘)" "켕게르(나)" "가자르(땅)"

저들은 말을 타고 하루 1,600㎞를 달려 동쪽으로는 우리나라부터 서쪽 끝에는 키에프를 지나 독일과 헝가리까지 진격하여 세계 역사에서 가장 큰 대국을 건설하였는데, 단순히 정복하고 굴종시키는 데 끝난 것이 아니라 대항자는 진멸하였으나 순응자는 관용을 베풀어 적재적소에 중용하고 품었다는 데 저들의 성공 비결이 있었다 한다. 그리하여 '5만 출병, 10만 귀환'이라는 공식을 만들어 냈던 것이다.
강인한 군인, 현명한 지도자, 따뜻한 군주. 이것은 칭기즈칸을 설명하는 단어들이다. 그에 대한 믿음 하나로, 몽골 유목민들은 감히 겁도 없이 사막을 가로지르고 눈보라를 헤치며 산을 넘고 강을

몽골 하면 빠트릴 수 없는 것이 칭기즈칸(테무진)이다.
전 국민이 추앙하는 그의 동상 높이는 40m나 된다.

건너 광활한 몽고제국을 건설하였다는 것이다.

그보다도 우리는 유목민으로 소지품의 간소화를 이룩하였으며, 정보 수집에 능란하고 속도를 중시한 그의 기동력, 서로 접속하고 소통하는 공동체를 만들어 순리를 좇고 비전을 제시하며 길을 만들어 프로 마니아를 키우면서도 성공에 연연하지 않은 자세 등을 칭기즈칸에게서 배워야 한다.

"관용과 포용하고, 처벌과 입맞춤하라."

"리더는 세계 속에서 태어나지만, 세계 밖에서 만들어진다."

칭기즈칸을 알아 가면서 배운 말들이다.

몽골이 아닌 몽고(蒙古)는 우리에게 어떤 나라인가? "솔롱 고스(무지개 뜨는 나라)." 몽골인들은 지금도 한국을 이렇게 부른다고 한다. 그러나 우리에게는 몽고가 그렇게 반갑지만은 않다.

'몽고' 하면 '몽고반점'이나 '몽고 간장' 등이 생각나지만, 좀 더 깊이 들어가 보면 '강화도', '남한산성'과 함께 '삼전도 강화 조약'이라는 단어가 생각난다. 1637년, 인조 15년에 몽고의 청나라가 우리나라를 쳐들어온 '병자호란'의 발발로, 몽고에게 치욕을 당한 우리의 역사가 있기 때문이다.

그뿐만 아니라, '삼별초', '팔만대장경' 등의 단어들도 고려 고종 때에 몽고의 원나라로부터 침략을 받아, 이후 100년간 조공을 바치는 부마국(사위의 나라)의 치욕을 당한 후에 생겨난 역사적 산물이다. 이때 206,800명의 남녀가 몽고 병사에게 끌려갔다고 하니, 몽고가 우리에게 고울 수만은 없다. 그래서 우리는 몽고인들을 '오랑캐'라 부른다.

그러나 지금은 상황이 바뀌어 우리가 몽골을 품으려 한다. 울란 바토르 시에 한국인이 세운 학교가 19개나 된다고 하며, 약 3천 명의 한인들이 학교, 지하수 개발, 건설, 무역, 요식업, 호텔, 병원 등을 운영하고 있단다. 또한 몽고도 '한류'의 전파 지역에서 예외가 아니어서, 무려 93%의 사람들이 한국 드라마를 보았다는 통계도 있단다. 〈대장금〉, 〈모래시계〉 같은 드라마는 60%가 넘는 시청률을 보인 적도 있고, 〈야인시대〉의 김두한을 흉내 낸 청년들이 거리에 무수했다 한다.

지금 울란바토르 시내에는 '서울의 거리'도 있으며, '서울정'의 정자도 세워져 있단다. 또 우리는 잘 모르나, 의사 '이태준 선생'의 기념 공원이 있어, 몽골의 은인으로 떠받들어지고 있다고 한다. 웬만한 대학생과는 한국말로 간단한 대화도 가능하다고 한다. 한국어가 제2외국어이기 때문이다.

또 한국의 선교사들은 지금 그곳에 얼마나 많이 들어가서 활동하고 있는가? 중앙아시아, 러시아와 중국의 열강 사이에서 유목문화의 전통을 고스란히 간직한 나라인 몽골은 1921년 구소련에 이어 세계에서 두 번째로 공산 사회주의를 국가이념으로 택하고 세운 국가로, 그 후 70년 동안 모든 종교가 인정되지 않는 나라였다.

1990년 12월 14일 구소련이 무너진 뒤 시장 경제체제가 들어섰고, 민주화 이후 1991년부터 본격적인 선교가 시작되었다. 현대 몽골 기독교 선교의 역사는 20년밖에 되지 않았지만, 몽골의 기독교 역사는 천 년이 넘는다. 동아시아에 기독교가 최초로 들어온 것은 7세기 중엽 중국 당태종 재위 시에 전래된 '경교'(네스토리우스교)이며, 몽고에도 9세기 초에 경교가 들어오게 되었고 몽골제국이 등장하기 전까지 자연스럽게 퍼져나갔다.

13세기 초에 대몽골제국을 건설한 칭기즈칸은 모든 종교에 관용적이었다고 한다. 로마 교황과 프랑스 필립 왕이 보낸 수도사 루브룩과 특사 카르파니가 남긴 글에 의하면, 수도 하라호름에 이미 기독교도가 존재한다고 되어 있다. 불교, 이슬람교, 기독교, 샤머니즘 등 여러 종교의 사당이 공존했다는 것이다.

제국이 무너진 후 몽골 초원은 중국의 지배를 받게 되었고, 15세기 후반 라마불교가 들어오면서 1921년 공산화가 될 때까지 450년간 몽골은 라마불교의 영향 하에 놓이게 되었지만, 1990년 이후 개방화되면서 복음의 문이 열리고 기독교 부흥이 다시 일어난다. 몽골에서 활동하는 비영리단체 80% 이상이 기독교 관련 단체란다.

몽골 기독교 선교는 초창기(1991~1995), 발전기(1996~2000), 성숙기(2001~현재)의 3단계로 나눌 수 있는데, 초창기에는 성서공회의 성서 번역, 연합신학교 설립, 종교법의 제정 공포 등이 있었고, 발전기에 들어서서 미국 선교사들의 이글 TV가 개국되고 성서가 출판되며, 성숙기에는 몽골복음주의협회가 만들어지고 목사가 배출되기 시작한다.

그중 발전기 때에 들어서면서 한국선교사가 이 땅에 입국하여 선교의 주도적 역할을 담당하기 시작하였고, 몽골의 기독교는 한국화되어 간다. 『내려놓음』의 저자 이용규 선교사와 우리 성가단의 동료였던 김석환 선교사도 이때에 몽골로 빨려 들어갔다.

현재는 400여 교회, 4만여 명의 신도가 몽골에 있다.

몽골은 가 볼 만한 나라이다. 그러나 "나사렛에서 무슨 선한 것이…." 하는 마음으로 접근해서는 안 된다고 생각한다.

우선 몽골인은 지구상에서 가장 우리와 닮은 족속이고, 그들이 제일 한국인을 좋아하며, 제일 한국을 닮고 싶어 한다.

또 몽골에는 우리가 둘러보아야 할 것들이 많다. 우리나라와 전혀 다른 자연과 환경, 유목민의 문화, 음식, 생활이 있다. 저들의 민속공연도 관람하며, 독립 영웅 수흐바르트 광장에 서 보기도 하고, 자이승 전망대에도 올라 보려 했다. 또 울란바타르 대학도 방문하여 젊은이들을 만나려 했다. 보기에는 하찮은 것 같아도 음미해 볼 만한 것들이다.

또한 우리가 몽골에서 보고 싶었던 것 중에는 입국하려던 날 끝나 버린 나담 축제가 있다. 너무 복잡하고 관광객이 많을 것 같아 이날은 피했지만, 이 '나담축제'에서 볼 수 있는 몽골 씨름, 활쏘기, 말타기는 지금의 몽골국이 아니면 볼 수 없는 몽골의 자부심이요, 자랑이다. 일부는 유네스코 문화유산에 등재되어 있다.

그러나 몽골에서 보아야 할 것은 이뿐만이 아니다. 하나님이 아브라함을 이끌어 밖에 세우고, "하늘의 별을 세어 보아라. 네 자손이 이와 같으리라." 하신 그 별들을 우리는 지금 한국에서 보기 힘들어졌으나, 그곳 몽골에는 있다.

울란바토르에서 동북쪽으로 75㎞ 떨어진 곳에 유네스코 자연유산인 테를지 국립공원이 있는데, 이곳에서는 하늘에서 쏟아져 내리는 별을 볼 수 있다. 이것 한 가지만 보아도 여행의 본전은 찾았다고 할 수 있단다. 이 테를지에서의 승마 체험, 전통 게르에서의 숙박, 전통 양고기 '헤르헉'의 시식, 마유차 식음 등 우리를 기다리는 이색 체험거리들이 즐비하다.

몽골은 참으로 가 볼 만한 나라이다. 더구나 금번 가기로 계획했을 때는 몽골정부가 공식 초청까지 하였고, 부시장까지 면담토록 일정에 포함되어 있지 않았는가?

울란바토르 대학과 한인 교회인 '복된 우리들 교회'에서 찬양을 부르도록 계획하지 않았는가? 공회당을 빌려 저들 1,000여 명의 이방인을 모아 놓은 자리에서 찬양과 동요, 민요, 성가들을 불러서 들려준다는 것은 얼마나 가슴 벅찬 일인가?

내가 알고, 믿고, 은혜 받은 하나님을 소개하는 일을 하나님은 또 얼마나 기뻐하실까?

4박 5일의 일정으로 몽골을 이해하려 하는 것은 무리이다. 몽골의 자연만 본다 하여도 고비 사막을 트레킹하는 데에도 이틀은 더 필요하고, 서북쪽의 청정 호수 홉스골에서도 이틀은 유하여야 할 것이고, 우리 민족의 시원이라는 바이칼 호수를 방문하는 일에도 이틀은 더 소비하여야 한단다.

그렇게까지는 못하고 울란바토르에서만 4박 5일을 머물다 온다 하더라도, 있는 그대로 저들을 이해하며 우리의 것을 나누려는 마음과 몽골을 품으려는 자세가 더 중요하다고 생각한다.

우리 중에는 그곳에 감으로써 더 얻는 것이 아무것도 없다 하여도, 몇 년 씩이나 매년 몽골을 찾는 사람들이 있다는 것에 유의할 필요가 있다. 비록 보잘것없을 것 같은 그 땅에는 우리들을 끌어당기는 묘한 매력 같은 것이 있기 때문이란다. 박물관 같은 나라요, 13세기에서 멈춘 나라인 것 같은 몽골. 중국과 러시아 사이에 끼여, 가려진 대륙의 고도인 그 몽골을 껴안으려는 사람들이 있다는 것에 우리의 마음을 열어야 한다.

다시 한 번 몽골을 향한 문이 열리기를 소망하며, 그때에는 더 많은 사람이 이에 동참하게 되기를 기도한다.

더구나 여행을 접은 후의 아쉬운 마음을 달래 주듯이, 하나님은 우리에게 만주 '조선족 자치구'인 연변 시와 22년 역사의 과기대(과학기술대학)의 방문과 백두산 등정의 기회를 주셨다. 우리는 지금, 〈주 하나님 지으신 모든 세계〉 찬양을 연습한다.

또 한 번, 참여 인원의 과소로 인하여 계획 자체가 없었던 것으로

되어서는 안 된다. 우리는 부름을 받은 곳에 뛰어들려고 항상 준비
하고 기다리는 사람들이기 때문이다.

2014년 7월

연변에서 부른 찬송

백두산과 연변 과기대를
방문한 기록

백두산

白, 白頭, 白頭山.

하얀 화산재, 부석을 머리에 이고 있어 白頭라는 백두산.

우리 한민족의 단군신화에 나오는 환인의 아들 환웅이 세상에 내려와, 신시를 건설했다는 태백산이 바로 백두산이다. 온 민족이 흠모하는 영산(靈山)으로, 아주 오래전부터, 그러니까 우리가 태어나기 훨씬 전부터 우리들의 마음속에 있어 온 산이다.

"동해물과 백두산이 마르고 닳도록…" 하면서 함께 애국가를 부를 때마다 언제나 입버릇처럼 되뇌는, 해발 2,750m 나 되는 전 국민의 산이다.

그리고 비록 처음 가 보는 곳이지만, 또 가긴 갔었어도 그렇게 여러 번 가 본 곳은 아니지만, 어렸을 때의 이발관에서부터 보아 온 그림이나 사진처럼 무수히 보아온 풍광이기에, 백두산 16개의 2,500m 가 넘는 봉우리들과 그 가운데에 들어선 천지는 마치 동네 뒷산이나 앞마을 저수지만큼이나 우리에게 친숙하다. 이제 그 백두산을 우리가 간다.

추석 때의 해외 나들이

우리 '서울장로성가단'이 이번에 백두산을 포함하여 만주의 '조선족 자치구'인 연변 일대와 과기대를 방문하고, 또 찬양하기 위하여 한국을 떠난 것은 2014년 9월 4일, 추석 연휴가 시작되기 이틀 전인 목요일이다. 그리고 우리는 추석 다음 날인 9일 화요일에 귀국하는 5박 6일의 일정으로 여행길에 올랐다.

이제는 우리 모두 할아버지 할머니가 되어 아들, 손자의 귀성을 받을 나이이지만, 또다시 추석날 외국에 나간다. 한민족이면 누구나 고향을 찾고 가족과 친지를 만나며 산소도 둘러보는 민족의 명절인 중추가절에 우리는 거꾸로 고국과 가족을 떠나 만주 땅, 낯선 벌판과 산하에서 우리의 한가위를 맞을 각오를 한 것이다.

　추석 때의 해외 나들이가 이번이 처음은 아니다. 우리 '서울장로성가단'이 해외 선교 여행을 할 때는 대개가 추석 연휴를 끼고 해외로 나갔었다. 그것이 혼잡한데다 비행기 표를 다량으로 구입하기도 쉽지는 않지만, 아무래도 직장 생활을 하는 단원 모두가 동행하기 위해서는 연휴 때가 그래도 일정을 맞추기에 조금 더 나은 이점이 있기 때문이다.

　제일 첫 번째 해외여행인 1993년 일본의 나고야·오사카·고베를 다녀올 때도 추석 전날 출발하였었고, 2003년 스위스·독일·프랑스 등 유럽 순회 연주 때도 추석을 이국에서 보낸 후 추석 다음 날에야 귀국하였으며, 2005년 동유럽 연주 때도 추석 전날에 모스크바 한인교회에서 찬양을 하여, "오늘 좋은 도전과 격려를 받았습니다. 추석 선물 잊지 않겠습니다." 하는 감사 인사를 들었었다.
　2008년 캐나다 연주 때도 추석 전날에 귀국을 하였고, 2010년 일본 유쿠하시 방문 때는 후쿠오카 교회 성도들이 차려 주는 추석 음식상을 받고, 찬양을 했던 기억이 난다. 또 2012년 필리핀 연주는 추석이 이틀 지난 후, 개천절 연휴에 다녀왔었다.

백두산 천지. 우리는 이렇게 맑고 밝은 백두산과 천지 보기를 얼마나 많이 기도했던가?

이렇게 우리 '서울장로성가단'은 민족의 명절인 추석을 낯선 이국의 땅에서 맞으며, 비록 송편과 부침개는 없었어도 찬양을 들려준다는 자부심에 조금도 섭섭해 하지 않았던 기억이 있다. 이제는 추석 명절 때 외국 땅의 동포들을 찾아 고국의 찬송을 들려주는 일에 점점 이골이 나 간다. 제법 익숙해 있다.

적은 인원

이번에 선교 여행을 같이한 단원은 모두 28명이시며, 부인되신 권사님이 12명이시다. 거기에 지휘자 김 장로님과 반주자가 동행하여 모두 42명이 같이 여행길에 올랐다.

반주자 이정미 선생은 몸이 무거운 관계로 동행치 못하고, 대신 연세대 4학년 재학 중인 김지민 군이 그 자리를 메워 주었다. 우리와는 두 번째 대면이 되어 낯설지는 않았지만, 같이 여행을 한다는 것이 거북스러울 수 있는 자리이나, 성심을 다하여 자기의 자리와 순서를 가려 주어 귀여움을 독차지하였으며, 또 호흡을 잘 맞추어 주었음이 많이 고맙다.

우리가 떠나기 전에 이미 짐작한 것처럼, 28인이 부르는 찬양은 90명이 넘는 전 인원이 부를 때에 비하면 많이 빈약하다. 음량도 작았지만, 파트별 밸런스에 차이가 생기는 것이 더 큰 문제였다. 우리 성가단을 한껏 기대하며 기다리고 있었을 연변의 성도들에게 많이 미안했다. 그리고 지휘자 김성균 장로님께도 무척이나 미안했다.

그러나 그보다도, 같이 동행하고 싶은 마음은 굴뚝같았으나 여러 가지 여건으로 동행하지 못하여 마음만 아프게 된 다른 단원들에게 미안한 마음이 더 간절했다.

우리가 찾아가는 땅

중국에는 북경을 비롯한 4개의 직할시와 22개의 성(省) 그리고 5개의 자치구가 있다. 22개의 성 중에 동북 방면에 있는 랴오닝(遼寧)성, 지린(吉林)성, 헤이룽장(黑龍江)성, 등 3성을 '동북 3성'이라 하며, 우리는 대체로 이곳을 '만주'라 한다. 만주는 고조선 때부터 우리 민족의 삶의 터전이 되어 왔으나, 특히 고구려, 발해 때에는 만주 땅이 우리의 영토 안에 많은 부분이 포함되어 있었기에, 지금도 '만주' 하면, 반은 우리 땅이기나 한 것처럼 괜히 친근하다.

그중에 지린 성의 연변지방은 30개의 지방 자치주 중의 하나인 '조선족자치주'가 있어, 아직 우리말과 글을 쓰는 조선 사람들이 모여 산다. 여기를 예전에는 '간도'라 불렀으며, 마치 옆 동네이기나 한 것처럼 일본인들의 칼날을 피하여 쉽게 넘어갔었는데, 아무 때나 어렵지 않게 돌아올 줄 알았던 세월이 너무 많이 흘러 이제는 돌아오지 못한 채 중국인, 조선족이 되어 버렸다. 중국과 우리 남한 사이에 북한이 끼어 있기에 더욱 그러하다.

원래 만주는 미국의 남부 지방, 동유럽의 우크라이나 지방과 함께 세계 3대 곡창지대 안에 들었다. 하루 종일 기차를 타고 달려도 교량 하나, 터널 하나 만나기 어려운 평원의 연속이다. 지평선이 끝이 없는 벌판, 검은 흙이다. 그러나 이 땅을 본격적으로 개간한

옛 발해의 유적지 궁성지(동경 터) 앞에서의 단체 사진

것은 조선족이 이주한 이후이고, 우리 민족이 만주 땅에 들어가 벼 재배를 시작했으며, 또 여기서 나는 쌀이 지금까지도 품질 좋기로 으뜸이란다. 하여간, 우리 민족의 근면성과 억척스러움 그리고 적응하며 사는 힘은 알아주어야 한단다.

오늘 우리는 이곳, '작은 한국'이라는 옛 간도지방, 연변에 살고 있는 동포들을 만나러 가며, 저들에게 찬송을 통하여 복음을 전하려 한다. 이곳에 세계적인 학교가 있으며, 지금 우리를 기다리고 있다.

목단강

출발 당일, 날이 아직 어두운 이른 아침에 인천 공항에 모인 우리는 출국 수속을 마친 후, 오전 8시 45분에 KAL기편으로 출국하였다. 그리고는 두 시간 후에 만주의 헤이룽장성(黑龍江省) 목단강 국제공항에 도착하였다.

목단강이라는 시가 만주에 있음은 이번에 처음 알았을 만큼 생소한 곳이지만, 연길 시보다 3배는 큰 도시로 여기에도 조선족이 많이 모여 산다고 한다. 국제공항은 많이 열악하고 초라한 모습이다.

중국 발음으로는 무단이나 한자를 그대로 발음하니 목단(牧丹)이 된다. 그리고 강의 이름이 곧 시의 이름이 된다. 그런데, 여기가 옛 발해의 도읍지, 동묘산, 육정산에서 그리 멀지 않은 곳이란다. 그리고 보면, 여기가 바로 우리의 선조들이 뛰놀며 호령하던 그 산야이다.

무주공산일 것 같은 저 들판을 가득 메운 것은 온통 옥수수이고, 가끔 콩이나 다른 작물이 보인다. 그래도 광활한 언덕을 몇 개 넘으면 마을도 나오고 인가도 보이니, 이 땅에도 주인이 있고 여기의 작물에도 임자가 있나 보다. '발해 때부터 있던 저 너른 벌이 우리들의 것이었으면….' 하고 상상만 하다가 접는다.

우리의 나라, 발해(渤海)

서기 698년, 고구려의 멸망 후에 유민 가운데 대조영이 나타나 고구려의 유민들과 말갈족을 거느리고 당(唐)군의 추격을 뿌리치면서 동만주로 들어와서 이곳, 6개의 봉우리라는 육정산 근처에 성을 쌓고 나라를 세워 '진국(震國)'이라 했다. 후의 발해국이다.

당은 발해의 건국이 기정사실화되고 요하유역을 중심한 만주에 대한 영향력을 행사할 수 없게 되자, 705년 발해의 건국을 인정하고, 高왕 대조영을 발해군왕에 봉한다. 이어 무(武)왕, 문(文)왕을 거치면서 대국의 기틀을 가다듬었고, 성(成)왕, 강(康)왕, 정(定)왕, 희(僖)왕, 간(簡)왕을 거쳐 선(宣)왕 때에 이르러, 헤이룽 강(아무르 강) 하류 지역과 요동지방까지 아우르면서, 옛 고구려 영토를 거의 회복하여 대국으로 성장하였다.

5경(京) 15부(府) 62주(州)의 지방제도가 완비되자 당은 발해를 '해동성국(海東盛國)'이라고까지 불렀고, 이후 발해국은 229년간 지속하다가 요나라 태조 야율아보기에게 멸망케 되었으니, 아깝고도 아깝다.

다시 그 유민은 여러 차례에 걸쳐 고려로 망명하였으니, 발해는 고구려, 고려와 함께 진정한 우리 선조들의 나라임이 분명하다. 그러나 중국은 '동북공정'의 일환으로 이 발해의 역사는 물론 고구려사까지를 중국사에 편입하고 있으며, 만주에 대한 기득권을 주장한다. 영토를 차지하더니 유적까지 차지하고, 유적을 자기 것으로 만들더니 역사까지 자기들의 것으로 바꾸어 버리고 있다.

그러나 아무리 그리하여도, 고구려, 고려가 우리의 역사이듯이 발해도 우리의 역사이며, 이 땅 만주에 대해서도 우리의 주장이 있어야 하지 않을까?

발해의 유적

우리는 옛 발해국의 유적 중 하나인 궁성지(宮城址) 터 위에 섰다. 여기가 발해의 5경 중 동경에 해당한다.

네모반듯한 터는 어딘가 자연스럽지 않은데, 60개나 되는 주춧돌로서 궁성의 크기를 짐작케 할 뿐 기둥도 지붕도 말끔히 치워지고 없으니, 궁성의 옛 주인도, 그 후손도 다 어디로 갔는지 보이지 않고, 기약 없이 관광객 되어 찾아온 여기의 낯선 후손들만이 허전함과 서글픔을 길게 토한다.

이쪽 궁성지 터와 저쪽 유적 사이에 펼쳐진 수천 평의 밭에 줄맞춰 피어난 백일홍은 또 무슨 조화인가? 유적에 비해 그렇게 낯설 수가 없다. 후에 용정에서 만나 본 중경이 있던 자리에 세워진 또 하나의 유적도 생뚱맞다. 대개의 발해 유적들이 그러하여, 보존이 제대로 된 것이 별로 없다.

여기의 궁성지 터, 옛 발해의 지울 수 없고 감출 수 없는 유적 앞에 서서 중국의 것으로 덧씌워져 가는 유적들의 모습을 보며, 안타까움과 아쉬움을 지울 수가 없다. 대조영이 발해를 세운 육정산이 예서 멀지 않다는데, 나는 미처 알아보지 못한다.

백두산을 오르는 길

이틀 후에 연변 과기대에서의 행사가 예정되어 있는 터라 내일 하루 동안에 백두산 등정을 마쳐야 하겠기에, 또 다른 목단강 주변과 발해 유적의 관광은 뒤로 미루고 백두산을 등정키 위하여 서둘러 이도백하로 향한다. 이도백하는 두 갈래의 맑은 물이란 뜻으로, 백두산 등정을 향한 북파코스 시발점이다.

백두산은 동서남북 네 방향에서 다 오를 수 있는데, 육당 최남선은 "삼지연을 거쳐 남동사면으로 오르는 것이 가장 최선이다."라고 가르쳐 주었지만, 지금의 우리로서는 남쪽이나 동쪽 방면은 북한의 땅이기에 이용할 수가 없고, 이곳 중국에서는 북쪽과 서쪽에서만 오를 수 있다. 이른바 북파코스, 서파코스이다. 여기에 요 근래 남파코스가 새로이 개발되었단다.

남파코스

남파코스를 이용하면 아직 훼손되지 않은 순수한 자연의 경관을 볼 수 있다고 한다. 탄화목 유적도 만나게 되고, '36호 경계비'도 볼 수 있다. 그러나 무엇보다도 볼만한 압록강의 발원지라고 하는 '압록강 대협곡'을 만나게 되는데, 서파코스에서 보게 되는 '금강 대협곡'보다 더 깊고 넓다고 한다. 그 옛날 백두가 끓어올라 그 농염이 하늘을 덮을 무렵, 거대한 땅의 불덩이들이 흘러갈 때 생긴 '불의 길'이라 한다. 산은 높고 골은 깊으니, 심산유곡(深山幽谷)이라할까? 그러나 여기의 산과 골은 심산유곡의 정도를 훨씬 넘어서 있다고 할 수 있으려니. 보고 싶은 마음 간절한데, 70 나이가 다음 기회를 기약할 수 있게 할지 모르겠다.

서파코스

서파코스는 좀 더 확 트인 천지의 광경을 볼 수 있는 이점이 있다. 그러나 이곳은 1,400여 개의 계단을 걸어서 40분 가까이 올라가야 한다. 4만 원의 비용을 추가로 지불할 각오이면, 2인 가마를이용하여 오를 수도 있단다.

돌아오는 길에 동양의 그랜드 캐니언이라고 하는 '금강 대협곡'을볼 수 있는데, 용암의 분출로 흘러내리면서 생긴 V자 형태의 협곡이다. 폭이 200m가 되고, 길이가 70㎞에 이른다고 하니, 참으로장관이라 하겠다. 이 코스의 아래쪽에서는 이끼가 깔린 울창한 숲길을, 위쪽에서는 야생화 군락지를 볼 수 있는 것도 또 다른 즐거움 중에 하나일 게다.

또 정상에서는 조중 경계를 구분하는 '37호 경계비'도 볼 수 있는데, 백두산 천지와 천지를 둘러싼 16개의 봉우리와 함께 산 전체를둘로 나누어 45%는 북한이, 55%는 중국이 영유권을 주장하도록조약(1962년, 조중변계조약)이 맺어져 있단다. 16봉우리 중 6개가 북한쪽에, 7개가 중국 쪽에, 3개가 중간 지점에 있단다.

간도 지방이 우리 땅임을 입증하는 '백두산정계비'는 조금 아래에 있었으나, 지금은 어찌 된 일인지 볼 수 없고 그 흔적만 북한이 지키고 있단다. 백두산이 신령한 산으로 숭배의 대상은 되었으나, 영토의 개념은 희박하여 이조 초기까지만 하여도 백두산은 영토밖에 있었다고 하나, 숙종·효종 이후 고종 때까지 북벌정책 속에 만주 땅에 대한 영유권 주장이 간혹 있었으니, 선각자의 노력이 얼마나 가상한가?

구한말, 한반도를 둘러싼 복잡한 국제 정세 속에서 나라 하나도 온전히 지키기에 힘겨워했으니 만주를 지키려는 노력은 모두 허사가 되고, 지금은 빼앗긴 땅, 남의 영토가 되었다. 그러한 중에도 백두산의 반만이라도 지켜 냈음을 다행으로 여겨야 할까? 내 생전에 다시 서파코스로 백두산을 등정하는 날이 오기나 할지 모르겠다.

서파코스는 백두산 서쪽의 쑹장하(松江河)에서 출발한다.

북파코스와 백두산 그리고 천지

우리는 오늘 북파코스를 이용하여 백두산 천지로 오른다. 북파코스는 백두산을 오르는 세 코스 중에 제일 먼저 개발된 곳으로 인프라가 잘 갖추어져 있으며, 환경 보호와 관리 문제로 관광 사무소에서 제공하는 사륜구동 지프차를 이용하여야 하는데, 운전이 난폭하기 이를 데 없다.

좌우로 흔들리는 지프차에서 30분쯤 시달리다가 내리니, 백두산 정상에서 400m 밑이다. 다시 나무 계단을 이용하여 가파른 길을 서둘러 오르면, 숨이 찰 즈음에 시야가 탁 트인다. 바로 이 순간을 맞으려고, 숱한 기다림과 소망과 인내의 시간을 보낸 것이리라.

아아! 물결마저 잔잔하고, 비취색보다 더 파랗고 에메랄드빛보다 더 진한 천지가, 그 넓은 호수가 바로 눈 아래 펼쳐져 있다. 하늘이 푸르고, 천지물이 파라니, 내 마음 또한 푸르고 파랗다.

이 풍광을 구김 없이 제대로 보기가 쉽지 않다 하여, 얼마나 조바심과 초조함 속에 이렇게 맑고 파란 천지 볼 수 있기를 기도하며 기다렸던가? 눈앞에 펼쳐진 지금의 이 백두산 천지를 내려다보고 있는 내 눈이 황홀하다 못해 오히려 황송하여, 나는 차라리 눈을 감는다. 천지를 둘러싼 장군봉을 비롯한 16개의 봉우리들도 손에 잡힐 듯 선명하게 다가선다. 그 흔하던 구름들은 저기 산 밑에서 맴돌고, 간혹 부는 바람만이 넋 잃고 선 나를 일깨우고 지나가니, 나는 이렇게 17년 만에 이 백두산에 다시 선 것이다.

서파코스로 올라서 다시 천지를 옆에 끼고 보면서 쭉 돌아 여기의 북파코스로 올 수도 있다는데, 이 산행에는 9시간 걸린다고 하니, 조금만 젊었어도 한번 도전해 보는 건데….

아아! 나는 너무 쉽게 백두산과 천지를 보았다.

장백 폭포

백두산과 천지 물을 가슴에 간직하면서 내려와, 주차장에서 다시 버스로 갈아타고 장백폭포로 오른다. 버스에서 내려 길 따라 계단 따라 걸으면 여울진 개울물 소리가 먼저 반기더니, 드디어 저기 높이 68m의 폭포가 보인다. 우리나라에서 제일 높은 폭포인데, 지금은 중국의 것이다.

장백 폭포 전경. 예전에는 폭포 아래까지 갈 수 있었다.

폭포의 옆을 지나 다시 계단과 철책을 따라 오르면, 천지의 달문까지 이르러 천지 물에 손을 담글 수도 있는데, 지금은 무너진 길을 보수하고 있어 바라보기만 하다가 돌아선다. 예전에는 폭포 아주 가까이 그 밑에까지 가서 폭포 물 떨어지는 소리를 귀에 담고 폭포에서 튀기는 폭포물방울도 몸에 받을 수 있었는데, 지금은 예서 멀리 눈으로만 즐겨야 한다. 아쉬움이 저기 폭포만큼이나 뒤에 남는데…. 여기 이 물은 뒤에 송화강으로 흘러든단다.

내려오는 길에 보글보글 끓어오르는 온천에서 익힌 삶은 계란을 하나씩 맛보는데, 이 또한 특이한 맛이다. 계란이 속에서부터 익어, 노른자는 굳어 있는데, 흰자는 반숙이다. 그 맛이 너무 좋아 자꾸 미련만 남는다.

문득 느낀 것은 관광객 대부분이 한국 사람이요, 중국인이 다수 끼어 있고 일본인도 한둘 보이지만, 서양인은 한 사람도 볼 수 없다는 것이다. 이 백두산이 서양의 어느 관광지보다 못해서가 아닐 것이다. 덜 알려져 있고, 찾아오는 교통이 불편하기 때문일 것이다. 그러나 그보다도 우리 한국인들이 유난히 많은 것은 백두산에 대한 애정과 동경과 염원이 남다르기 때문일 것이다.

이 백두산은 우리들의 것이다. 즐기는 자의 것이다. 이도백하를 뒤로하고, 십수 년 전 경남 거제시와 자매결연을 한 용정으로 간다.

선구자

일송정 푸른 솔은 늙어 늙어 갔어도
한줄기 해란강은 천년 두고 흐른다
지난날 강가에서 말달리던 선구자
지금은 어느 곳에 거친 꿈이 깊었나

용두레 우물가에 밤새 소리 들릴 때
뜻깊은 용문교에 달빛 고이 비친다
이역 하늘 바라보며 활을 쏘던 선구자
지금은 어느 곳에 거친 꿈이 깊었나

용주사 저녁종이 비암산에 울릴 때
사나이 굳은 마음 깊이 새겨 두었네
조국을 찾겠노라 맹세하던 선구자
지금은 어느 곳에 거친 꿈이 깊었나

우리 장로성가단이 공연이 있을 때마다 빼어 놓지 않고 즐겨 부르는 우리의 가곡이다. 오늘은 저 멀리 비암산과 일송정을 바라만 보고 그 옆을 비켜 간다. 비수기인 지금, 중국의 국가 주석인 시진핑의 명에 따라 그 진입로를 보수 중이라 오를 수가 없기 때문이다.

이 노랫말 중에 비암산, 해란강, 용두레 우물, 용문교 등은 지금도 용정시와 그 인근에 남아 있어서 옛 모습의 일부나마 짐작케 하지만, 용주사와 저녁 종은 지금 소실되어 복원 중에 있고, 이름마저 반가운 일송정은 다시 지어서 예스럽지 않을뿐더러 정자처럼 생겼다던 푸른 솔은 이 나무까지 미워한 일본 놈들의 등쌀에 견디지 못하고 스러져 없어진 지 오래란다. 뜻있는 사람들의 몇 번에 걸친 이식이 있었으나, 오늘도 뿌리 내리기를 힘들어하는 듯, 수색(樹色)이 안 좋다 한다.

원래 이 〈선구자〉 곡은 윤해영이 〈용정의 노래〉라고 시를 쓴 후, 목단강에 있는 21세의 어린 나이의 조두남을 찾아가 작곡을 부탁한 것이라고 한다. 조두남은 용정을 잘 알지 못한다고 완곡히 사양했으나, 윤해영은 용정을 장황히 설명하며 작곡을 종용하고 돌아갔다. 후에 조두남은 시어 중에 있는 '눈물 젖은 보따리'를 '활을 쏘던 선구자'로, '흘러 흘러온 신세'를 '맹세하던 선구자' 등으로 고치고, 곡명도 〈선구자〉로 바꾼다. 용정시가 사람이 살지 않던 벌판이었으나, 광복군들의 본거지가 되고 독립투사, 선구자들의 무대가 되면서 이 〈선구자〉 곡도 우리 민족 사이에 애창되었고, 오늘날 우리에게 이르렀다. 우리 민족의 정체성을 일깨우는 노래로 아주 제격이어서, 우리는 이 곡을 항상 주머니 속에 넣고 다닌다.

몇 년 전, 일본 유쿠하시에 가서 이 노래를 부를 때 '여기에 담긴 우리들의 다듬어지지 않은 거친 꿈을, 또 일본에 와서 이 노래를 우리가 소리 높여 부르는 이유를 과연 너희가 이해할 수 있겠는가?' 하면서 독도의 울분을 속으로, 속으로만 토로하면서 부른 적이 있다.

윤동주

죽는 날까지 하늘을 우러러

한 점 부끄럼이 없기를

잎새에 이는 바람에도

나는 괴로워했다

별을 노래하는 마음으로

모든 죽어 가는 것을 사랑해야지

그리고 나에게 주어진 길을

걸어가야겠다

오늘 밤에도 별이 바람에 스치운다

여기 용정시가 고향인, 민족시인 윤동주의 〈서시〉이다. 이 얼마나 아름다운 시인가? 이 얼마나 우리의 옷깃을 여미게 만드는 시인가?

윤동주는 만 27세의 젊다 못해 어린 나이(1917. 12. 30~1945. 2. 16)에 일본의 후쿠오카 감옥에서 옥사한 항일 지식인으로, 서정 시인이며 독실한 기독인이다. 간도 이민 3세로 여기 용정시에서 아버지가 장로인 기독교 가정에서 태어나, 후에 연희전문학교를 나오고 잠시 교편을 잡기도 했으나, 일본에 유학하여 도시샤(同志社) 대학에 재학 중 항일 운동을 했다는 죄목으로 1943년에 투옥되어 75여 편의 시와 30편에 가까운 글을 남기고 한창 나이에 옥중 요절한 천

재 시인이다. 일본국 생체실험의 희생자라는 소문도 있으나 확인
된 바는 없고, 민족의 광복을 6개월 앞두고 스러져 갔으니, 나라의
자산을 이렇게 또 하나 잃었음에 통곡한다.

오늘 여기 윤동주가 태어난 생가도 가 보고 그가 다니던 대성중
학교도 들어가 보며, 또 해설사로부터 설명과 함께 안내를 받으면
서도 아깝고 안타깝다는 생각만 더할 뿐, 허전함을 달래지는 못한
다. 오히려 끓어오르는 일본에 대한 적개심만 확인한다.

아울러 생가도 시멘트로 다시 짓고 방명록도 만들어 기부금을 챙
기는 중국 당국이, 우리의 천재 시인을 이용하는 것이 저들의 본심
이 아니기를 바랄 뿐, 씁쓸함만 다시 씹는다. 생가 앞, 돌로 된 팻
말에 굳이 "중국 조선족 애국시인"이라고, 중국인으로 표기한 것을
보았기 때문이다. 저는 모든 시를 한글로만 썼는데도 말이다.

오늘도 몇 안 남은 별이 바람에 스치운다.

국경 도시, 도문

압록강과 두만강을 사이에 두고 마주 보는 국경 도시는 5군데가
되는데, 단둥(丹東)과 평북 신의주, 지안(集安)과 자강도의 만포,
창바이(長白)와 양강도의 혜산진시, 훈춘과 함북 원정리 그리고 이
곳의 투먼(圖們)과 함북 남양시가 서로 마주 보고 있다.

연결하는 다리의 한가운데로 국경선이 지나는데, 분명한 표시가
있어서 우리 동족은 누구나 이곳에 서서 저쪽을 바라볼 때면 통일
을 생각지 않을 수가 없다. 인기척 하나 없는 저 나라가 그렇게 불

쌍하고 속상할 수가 없다. 강 하나를 사이에 두고 양쪽의 땅이 분명히 달라서, 저쪽 북한의 땅은 속살을 모두 드러낸 민둥산이지만 부끄러워할 줄 모르는 것 같아, 내가 오히려 부끄럽다. 김정구 선생의 〈눈물 젖은 두만강〉 노랫말과는 달리, '두만강 푸른 물'은 지금 누런 물이 되었고, '노 젓는 뱃사공'은 여기 보이지 않는다.

연변 조선족 자치구

연변은 원래 일본제국주의 시대에 일본의 수탈 행위가 미치지 못하던 영토 밖의 땅, 북간도이다. 그리고 연길 시는 그 중심이다. 일본 식민지 시대에 일본의 마수를 피해, 이곳 만주에 들어와 새로운 보금자리를 일구며 조국의 광복을 위해 헌신하고, 또 광복군을 돕던 우리 선조들의 후손이 바로 오늘 이곳의 조선족이다.

그리고 조금 더 멀리 러시아의 연해주와 사할린 쪽으로 건너갔다가 반미치광이 살인마 스탈린에게 내몰려 중앙아시아와 그 서쪽 동유럽으로 쫓기며 퍼져 간 이들이, 또 우리의 동포 고려인들이다.

약소국가, 약소민족으로 몰리면서도 살아남기 위해 낯설고 외딴 곳, 이국의 땅들에서 어렵게 삶을 이어 온 조선족과 고려인들이 대를 이어 가면서 끝까지 버티어, 오늘날 조국의 영광을 보며 자기들의 존재를 서서히 드러내기 시작했다.

중국 정부의 소수민족 우대정책에 따라 여기 만주의 연변에서도 1952년 9월 3일에 '연변조선민족 자치구'가 만들어져, 우리 민족이 우리의 말을 하고 우리의 글로 간판을 달고 우리의 고유 음식과 관습을 뽐내어 왔으며, 지금은 조국과의 소통까지 즐긴다. 우리 성가

과기대 교정 안의 사랑주의 탑 앞에 둘러선 우리 일행.
설명에 열중하신 김진경 총장님의 모습이 중앙에 보인다.

단이 이곳 연길 공항으로 직접 오지 못하고 목단강 공항으로 우회해야 할 정도로, 이 추석 연휴에 고향을 찾는 재한국 조선족 동포들이 많아 모든 항공 노선이 꽉 채워질 만큼, 고국과의 왕래가 잦다.

이제 우리 장로성가단은 늦었지만, 오늘에라도 이곳을 찾아 하나님의 찬양을 가지고 우리가 하나가 되며, 저들의 기구한 삶을 위로하고, 우리의 만남을 축하하려 한다. 하나님이 오늘의 만남을 오래 전부터 준비하고 계셨다고 믿는다.

다만 여기가 종교를 인정하지 않는 사회주의 국가라, 드러내 놓고 하나님, 기독교를 표현하지 못하여 교회를 '집단'으로 예배를 '세미나'로, 찬양을 '음악회'로 표기하며, 또 내놓고 널리 홍보하지 못하였음이 안타깝기 그지없다. 우리는 어줍지 않게 '장로 선생'들이 되었다.

연변과학기술대학

서울에서 비행기로 한 시간 반, 지척의 거리에 있는 이곳 연변이요, 또 우리에게는 그토록 가깝고 살갑게 느껴지는 연변과학기술대학이지만, 우리는 많은 우여곡절 끝에 북한 땅을 피해 뼁 돌아서 어렵게 이곳에 왔으며, 여기에 섰다. 지금 여기의 과기대 간호학부 강당의 무대에 서니, 여느 교회 초청 때에 느껴 보지 못한 감동과 설렘이 우리를 온통 감싸 돈다. 새삼 하나님의 인도하심에 감사한다.

이곳 연변에 세워진 과학기술대학은 처음부터 하나님이 세운 대학이며, 남한의 교회들이 후원하여 만든 학교이다. 1989년 8월, 미

과기대 본관 앞에서의 기념사진. 정문 위에 환영 현수막이 보인다.

국 시민권자인 김진경 박사에 의해 대학설립추진위원회가 만들어지고, 곽선희 목사, 옥한음 목사 등 한국 교회들에 의해 후원회가 결성되면서 세워졌다.

1992년 9월에 개교를 하였으니, 우리가 찾아간 금년 9월에는 개교 22주년이 된다. 현재는 8개 학부, 2,500여 명의 학생들이 세계에서 온 360여 명의 자비량 교직원들 보살핌 속에서 학교생활을 이어 가고 있다. 모두가 기숙사 생활을 하며 컴퓨터를 배우고 자본주의를 훈련받는데, 그 많은 운영 경비는 한국을 비롯한 미국, 유럽 등 13개국의 후원자들이 부담하고 있다니, 하나님이 직접 운영하시는 것이나 진배없는 것 같다. 이제 여기서 배출된 인재들이 중국 사회는 물론 세계무대에서 활동을 시작했으니, 세상도 조금 달라지지 않겠는가? 왜냐하면 저들은 알게 모르게 하나님을 배우며, 주님이 주신 사랑으로 무장하였을 것이기 때문이다.

수련회 마지막 날의 잠깐 동안, 이곳 무대 위에서 저들을 만나 보는 우리들은 '서울장로성가단'의 일원으로서의 책무가 막중함을 절절히 느낀다. 우리는 비록 적은 인원이 왔지만, 모든 단원이 참가했을 때 못지않은 감동과 은혜를 전해 주려 눈물겨운 노력을 한다. '서울장로성가단'의 이름에 누가 되지 않게 하려고 무던히도 많은 애를 썼다.

하나님! 저들과 함께하시고, 또 우리와 함께하소서!

평양과학기술대학

나는 이곳에 오기 전에, 2014년 7월 7일자 조선일보에 게재된 「평양과학기술대학 '김진경 총장'과의 대담」 기사를 읽은 적이 있다. 경남 의령 출신으로 6·25때 학도병으로 참전하여, 어떤 죽을 고비에서 "하나님 나를 살려 주시면 적국인 중국과 북한을 위하여 헌신하겠습니다."라고 한 서원이 계기가 되어 훗날 만주에 들어가 자기의 전 재산도 투자해 연변과학기술대학을 설립하였다 한다.

김일성과의 교분이 두터워 북한을 자유롭게 드나들었지만, 1994년 김일성이 죽은 후 1998년에 평양에서 '북한체제전복음모죄'로 체포되고 30일 만에 사형을 통보받는다. 북한 당국이 유서를 쓰라기에, 먼저 연변과기대 앞으로 '나의 장례를 치르지 마라', 아내에게 '너무 슬퍼하지 마라', 미국 정부에 '북한에 정치적으로 보복하지 마라', 북한 당국 앞으로 '나의 시신은 의대 병원에 기증해 달라.'는 4통의 유서를 전했다 한다.

시신 기증에 감동을 받았는지, 미국이 손을 썼는지, 김 총장은 42일 만에 풀려나 연변으로 돌아왔고, 다시 29개월이 지나서 북에서 보낸 자들을 따라 평양에 들어가 김정일을 만났으며, 김정일은 이 자리에서 "연변에서처럼 과학기술대학을 세워 달라."고 요청한다. 이것이 평양에 과학기술대학이 세워지게 된 계기이다.

남한 정부의 기금 10억 원과 남한 교회들의 후원금 440억 원 등 450억 원으로 시작했다. 2001년 대학건립 기본계획서가 체결되고, 2002년 착공식이 있은 후, 2008년 12월에 평양과기대 17개 동의 완공을 보며, 2009년 북측 인사와 함께 공동 총장에 취임하고 개교한다. 금년 들어 5월 의학부 건물 착공식과 함께 제1회 학부 및 대학원 졸업식을 가졌다.

이러한 그의 행적에 대해, '북한만 이롭게 하는 결과'라고, '사이버 테러리스트들만 양성한다.'고, 많은 의심의 눈초리가 있음을 알고 있지만, 그는 당당히 말한다. "사람을 변화시킬 수 있는 것은 교육과 신앙밖에 없다. 여기의 졸업생이 정부의 요처와 사회 각처에서 자리 잡고 일할 날, 그날을 그려 보라."고….

김 총장은 김정일이 죽기 석 달 전, 외국인으로는 처음으로 '평양명예시민증'을 직접 받는다. 조순 시장이 서울시장일 때, '서울명예시민증'도 받았다. 여기에 중국 정부로부터도 '중국공민증'을 받았기에, 자기는 미국·중국·남한·북한으로부터 아무 때나 비자 없이 출입국이 자유롭단다. 자기 혼자만 통일이 이루어졌다며 웃는다.

머지않은 장래에 우리 성가단도 평양에 들어가 여기 연변에서처럼, 찬양을 부를 수 있었으면 좋겠다. 그렇게 되면, 우리 성가단은 전원이 버스 두세 대에 나누어 타고, 개성을 지나 서울–평양대로를 휘젓고 달려갈 터인데…, 날아갈 터인데….

하나님은 언제나 꿈을 먼저 주시었다. 그리고 기도와 응답 또한 주신다.

연변에서 부른 찬송

연변에서의 연주는 3회에 걸쳐 열렸다. 토요일 저녁에 열린 과기대 수련회 마지막 시간의 찬양, 주일 대예배 때의 특별 찬양 그리고 주일 저녁에 시내에 있는 연길교회에서의 찬양이 그것이다.

연주 때, 우리는 검은 바지, 검은 구두 위에 하얀 로만 칼라형의 와이셔츠 단복을 입었다. 이번 연주를 위해 새로 준비한 옷으로, 4분의 부단장들이 공동 부담하여 선물한 것이다. 여자 권사님들께도 남색 블라우스를 공동 준비해 주었다. 감사한다.

과기대에서의 연주

첫 번째의 연주를 위하여 6일 토요일 오후 3시, 우리는 여기 연변 과기대의 간호학부의 강당에 도착하여 연습도 하였고, 이곳에서의 교수 식당에서 김진경 총장을 비롯한 관계자들과 같이 식사도 하였다. 그리고 김 총장과 일일이 인사를 나누고 격의 없는 긴 대담을 가졌다. 우리 장로들을 참으로 좋아하였으며, 반가이 맞아 주었다.

저녁 7시. 평촌의 '새중앙교회' 청년들이 30분에 걸쳐 펼친 뮤지컬 〈워쉽〉 공연을 먼저 관람한 후에, 우리는 강당 무대에 3줄로 도열했다. 우리 인원이 너무 적다는 자격지심이 그리고 미안함이 잠시 들기도 했으나, 우리는 백전노장들이다. 10년 혹은 20년을 무대에 서 오지 않았는가? 우리는 너무 당당히, 너무 힘차게, 그리고 즐기면서 찬양을 했고, 청중 또한 쉽게 동화되어 주었다.

연주곡은 〈주께 영광을 돌리세〉, 〈주님의 택함이었소〉, 〈선구자〉, 〈O Sole mio〉, 〈경복궁 타령〉, 〈내 영혼이 은총 입어〉, 〈내 주를 가까이하려 함은〉, 〈믿는 사람들은 군병〉의 여덟 곡으로 채워졌으며, 앙코르 곡으로 다 함께 〈모리화〉를 중국어로 불렀고, 마지막으로 우리의 부인 권사님들과 또 모든 성도들과 같이, 앞 스크린에 비춰진 악보를 보면서 우리 김성균 장로님이 최근에 작사·작곡한 〈우리 가운데〉를 율동과 함께 4부로 합창했다.

짐짓 앙코르는 없을 것 같이 시치미를 떼더니, 앙코르 요청에 맞추어 일제히 뒷주머니에서 준비한 〈모리화〉 악보를 꺼내드는 모습이 그렇게 웃음을 자아냈는지, 한참을 웃는다. 모두가 은혜 속에 잠겼고, 모두가 기뻐했고, 모두가 감사했다. 하나님은 이렇게 이곳 만주에서도 일하고 계셨다. 우리들은 이곳을 참 잘 왔다.

어느 외국인 교수들이 끝나고 나오는 우리들의 손을 잡으며, "Wonderful! Wonderful!" 또는 "감사합니다."를 연호해 주었다.

주일 예배

이튿날, 추석 전날인 주일 아침이다. 과기대 안, 버스에서 내려 과수원 길을 따라 한 10여 분 쯤 걸으니, 채플실이 나온다. 채플실은 놀랍게도, 일본인들이 사형수들의 사형을 집행한 후에 화장 처리를 한 화장터 위에 세워져 있다. 화장터의 높은 굴뚝과 그 밑에 그 건물을 이용해 지어진 예배당은 묘한 인연과 함께 '죽음과 삶'이라는 극적인 대조를 보여 준다.

주일 예배는 한국어와 영어로 동시에 진행되었다. 나는 이것만으로도 충분히 은혜가 되는데, 순서 중에 일부는 외국인 교수가 감당했다. 또 우리처럼 잠시 들러 오늘의 예배에 동참한 외부인과 단체도 10팀을 넘는다 한다. 나는 여기서도 쉬지 않고 일하시는 하나님의 역사를 읽는다.

설교 전에 우리 '서울장로성가단'이 먼저 찬양을 드렸다. 〈주께 영광을 돌리세〉와 〈주님의 택함이었소〉의 두 곡을 연주했다. 이 자리에 섰다는 자체가 얼마나 감사한 일인가?

예배가 진행되어 가는 중에, 나는 불현듯 하나님에 대한 두려움이 들었다. 하나님은 이렇게 도처에서 세상을 흔들고 계시는데, 나는 무엇을 하고 있었는가? 저들은 이렇게 여건이 좋지 않아도 열심과 정성을 다하여 예배드리고 있는데, 나는 너무 타성에 젖어 습관적으로 기도와 찬양을 드리고 있지는 않았는가?

문득 김 총장님이 어제 들려준 말이 생각났다.

"'선한 사마리아인의 비유'에서, 예수님은 강도를 책망한 적이 한 번도 없다. 오히려 예수님은 제사장과 레위인들을 책망했다. 여러분 장로들은 제사장들이니, 책망받지 않도록 주의하여야 한다."

책망받지 않도록…. 예배드리는 2시간 내내 이어폰을 귀에 끼고, 열심히 설교 듣는 외국인들을 보고, 나는 또 한 번 얼굴을 들지 못했다. 예배 후에, 우리는 화장터 높은 굴뚝을 배경으로 단체 사진을 찍고 식당으로 향했다. 수백 명이 동시에 식사를 할 수 있도록 넓은 그곳에서는 우리 돈 1,300원 안팎의 가격표가 붙어 있는 다양한 메뉴의 식사를 교수와 학생, 직원들에게 제공하고 있었다.

이어서 우리는 김 총장님의 안내로 학교를 둘러보면서 자연스레 총장님 방으로 향했다. 김 총장님은 스스로 외롭다고 하면서 우리를 놓아 줄 생각을 않는다. 특유의 세일즈를 우리에게 행하신 후, 친필 사인을 하신 자신에 관한 저서 『Loveism(사랑주의)』한 권 씩을 받아들고서야, 우리는 겨우 교정을 벗어날 수 있었다.

과기대 간호학부 강당에서의 무대 위에 선 우리 일행들의 연주 모습

연길교회

주일 저녁에는 '연길교회'에 가서 예배를 드렸다. 연길 교회는 연길시내의 중심가에 있을뿐더러, 예배당 건물도 크고 교인 수도 많아 3,000명이 넘는단다. 모든 하는 것이 한국 교회를 연상케 한다. 그러나 어딘가 낯설다. 여기의 회중은 조선족뿐만이 아니고, 한족도 많이 있으나 모두가 조선말을 안단다.

오후 5시, 때 이른 식사를 하고 연길 교회를 찾아 리허설을 하기 위하여 무대 앞에 도열해 본다. 막상 무대에 서니, 교회 안은 넓고 높은데 피아노, 마이크 등이 합창을 하기에는 전혀 적합지 않다. 교회 주보에는 순서에도, 광고에도, 우리 연주에 대한 소개 한 줄 없다.

우리는 몸이 피곤하기에 앞서, 마음이 먼저 피곤해 버렸다. 나중에 들은 이야기지만, 지휘자 김 장로님은 요새말로 '멘붕'(멘탈 붕괴), 그 자체였던 것 같다. 게다가 찬양하는 곡이 4곡 이내이어야 하며, 8시 15분, 버스들이 떠나기 전에 예배가 모두 끝나야 한단다. 우리가 초대를 받았다는 것 자체가 의심되는 상황이다.

'김성균 장로님이 지휘봉을 꺾으실까?' 걱정했더니, 오히려 우리를 위로하시고 든다. 성가대실 의자에 두러 누워, 몸과 마음을 추수린 후, 7시 예배에 참석한다. 우리들의 순서 앞의 설교는 왜 그렇게 긴지? 앞의 순서는 왜 그렇게 많은지? 앞의 워쉽 순서도 30분을 다 채운다. 우리가 강단 앞에 섰을 때에는 10분도 채 안 남았다. 겨우겨우 두 곡을 찬양하고 나니, 바로 축도이다.

그리고 장내의 불이 꺼진다. 배웅하는 이도 하나 없다.

그래도 감사해야 한다

앙앙불락(怏怏不樂), 내가 유쾌할 수 없는 심경이었으니, 단장님을 위시하여 이 연주를 준비하고 집행하신 모든 운영집행부의 장로 선생(?)들 심경은 어떠하였을까? 그러나 다음 날, 김성균 장로님을 위시한 여러 장로님들로부터 일의 진행을 설명 듣고 상황을 알고 난 후에, 나는 오히려 회개를 해야 했다.

여기는 사회주의 국가이다. 종교 행위가 사전에 신고되고 승인된 것 외에는 진행하기가 전혀 불가능한 곳이다. 더구나 타 지방도 아닌 외국인이 참여하는 집회는 결코 허용할 수 없는 체제이다. 이 교회의 담임 목사님은 교회 설립 때, 이러한 문제로 공안 당국의 제재를 받아 실명까지 되지 않았는가? 그 형님은 한쪽 팔을 잃고….

이제 우리 성가단을 초청은 하였으나, 드러내 놓고 일을 만들 수는 없었던 것이다. 오히려 오늘의 상황만 가지고도 저는 이미 목숨을 건, 순교의 각오를 한 것이다.

그런데 나는 나의 입장에서 이를 보았으며, 평가와 기대를 한 것이다. 또 칭찬을 듣기 좋아하는 이기심이 남의 처지와 형편도 모른 채 불평불만만 늘어놓은 것 같아, 많이 부끄러워졌다. 나는 너무 오만했다.

예배가 끝난 후, 앞을 못 보고, 또 몸도 불편하신 류두봉 담임목사님은 주차장 저 끝, 우리가 있는 버스에까지 와서 인사하려고 서둘렀으나, 결국은 우리에게 인사하는 것을 포기한 채 말로 전해 줄 것을 당부하고 돌아갔다 한다.

'아무것도 모르는 회중이 장로들 모두가 착석할 때까지, 그렇게

부인 권사님들과 같이한 율동 찬양('우리 가운데')

오랫동안 박수를 친 적은 없었다.'고. '저들은 속 깊은 곳으로부터 충심으로의 박수를 한 것이다. 이것만은 알아 달라.'면서….

우리는 두 곡이나마 이곳에서 찬양을 할 수 있었음에 감사해야 한다. 이 연길교회에서의 찬양을 하나님은 이미 준비하고 계셨음에 감사해야 한다.

기독교는 반전이다

기독교는 반전(反轉)의 종교이다. 아브라함, 야곱의 생애가 그렇고, 요셉, 다니엘 총리의 인생도 그러했다. 모세도, 다윗도 반전의 일생을 살았으며, 12사도와 사도 바울의 평생이 그러하지 않은가? 그러나 무엇보다 우리들 자신의 중생(重生)을 체험한 신앙생활이 그렇지 아니한가?

우리는 이번의 여행에서 너무 많은 반전을 목도했다. 하나님이 일구시는 지극히 당연한 일의 결말을 우리의 신앙이, 우리의 예상이 쫓아가지 못한 때문이라 여긴다. 하나님이 주시는 매일의 반전 속에서 나는 새로운 세계를 보았다. 감사, 또 감사한다.

백두산 등정도 일종의 반전이었지만, 과기대에서의 찬양은 내 인생의 커다란 전환점이 되어 주었고, 연길교회에서의 경험은 내 생각과 신앙의 변곡점이 되기에 충분했다. 무엇보다 쉬지 않고, 또 세계 도처에서 역사하시는 하나님을 또 한 번 체험했음에 감읍한다. 우리는 너무 쉽게, 너무 편하게 예수 믿나 보다. 반전을 욕심내어 본다.

여행을 마치며

이 여행을 위하여 수고하신 모든 분들께 감사한다. 먼저, 이번 여행의 단초가 되어주신 과기대 김병진 교수님께 감사한다. 또 우리 여행을 끝까지 동행하시며, 성공적인 여행이 되도록 애써 주신 서울사무소 이재상 실장님에게도 감사한다. 또한 과기대에서의 공연이 잘 마무리되도록 끝까지 함께하신 부총장 이상훈 박사 내외분께 감사를 드린다. 연길교회와의 연결도 감사하며, 그 소개에 대한 책임으로 끝까지 조바심 속에서 지켜보신 마음고생에 위로의 뜻을 전한다.

또한 여행의 성공을 위하여 수고를 마다 않으신, 우리 성가단의 단장님 이하 모든 임원님들께 고마움을 표한다. 특히, 장덕희 부단장과 신현수 총무 장로님께 심심한 위로의 뜻을 전한다. 수고의 덕분에 나는 편하게 다녀올 수 있어서 한편으로는 미안하다. 다음부터는 좀 더 많은 여행의 동참자가 있기를 간절히 바라며, 아울러 이 여행에 부인 권사님들의 동행이 우리에게 큰 힘이 되었음을 간과해서는 안 될 줄 안다. 동참하신 모든 장로 선생(?)들께도 고마움을 전한다.

2017년은 '서울장로성가단' 창단 30주년이 되는 해다. 30주년을 맞으면서 해외로의 선교 찬양을 한 번 정도 더 다녀올 것이다. 아마도 이때는 큰 나라, 기념이 될 만한 좋은 나라가 그 대상이 되기 쉽다. 그러나 그곳은 여기처럼 하나님이 보내시는 곳, 우리를 기다리고 있는 곳이었으면 좋겠다.

이후에 우리가 가서 찬양을 부를 만한 국가는 이제 몇 아니 남았다. 중남미가 아니면, 이슬람 국가들만이 남았다. 특별한 각오를 해야 하는 '땅끝'이다. 그때에는 단원 모두가 참여하는 획기적인 방안이 강구되어야 할 것이고, 아울러 우리의 식구들, 부인 권사님들도 모두 동참해야 할 것이다.

뜻이 있으면 기도가 있고, 기도가 있으면 응답이 있는 법이다.

2014년 9월

부러운 문화유산, 우리도 있잖은가?

파리와 로마를 중심한
문화유산 답사기

파리는 불타고 있는가?

1944년 6월 6일, 세계 제2차 대전 때 연합군의 노르망디 상륙작전이 성공을 거두면서, 파리로의 입성이 눈앞에 다가온 8월 23일에 점령군의 히틀러가 마지막으로 파리에서의 퇴각을 명령한다.

"센 강 다리들을 모두 폭파하고, 파리의 중요 건물들과 나폴레옹의 유해가 안치된 앵발리드 기념관을 비롯한 노트르담 대성당, 베르사유 궁전, 루브르 박물관 등 유적들을 모두 파괴하며, 파리를 전부 불태워라."

이러한 히틀러의 최후 명령을 받은 나치독일의 파리점령군 사령관 '디트리히 폰 콜티츠' 중장은 밤을 새워 고민을 한 후, 이튿날 "나는 히틀러의 배신자가 될지언정, 인류의 죄인이 될 수는 없다." 라고 말하면서, 1944년 8월 25일 17,000명의 부하와 함께 그냥 연합군에 항복한다. 이때 콜티츠를 향한 전화기 속에서 계속하여 울려나오는 히틀러의 광기어린 목소리.

"지금 파리는 불타고 있는가?"

콜티츠 군정장관의 "그렇다."라는 거짓 보고와 함께 그냥 항복함으로써 지금의 파리가 지켜질 수가 있었기에, 1966년 여름에 그가 바덴바덴에서 죽어 무덤에 묻혔을 때에는 콜티츠에게 감사를 표하려는 수많은 남녀 파리지앵과 파리지엔느들의 추모 행렬이 끝없이 이어지면서 그의 무덤에 꽃을 갖다 바쳤다 한다. 그리하여 우리는 오늘과 같은 예술의 도시, 문화의 도시, 파리를 다시 볼 수가 있게 됐다는 것이다.

〈파리는 불타고 있는가?〉 1966년 르네 클레망 감독에 의해 만들

어진 영화의 내용이었으나, 앞에 기록한 상황은 픽션(지어 낸 이야기)
이 아니라 여긴다.

우리는 그 파리와 이태리의 여러 곳을 보기 위하여 파리의 샤를
드골 공항에 내리면서, 2015년 4월 15일부터 23일까지 9일간의 여
행 일정을 시작한 것이다. 여행은 언제 어디를 어떠한 방법으로 여
행할 것인가도 중요하고, 요령 있으며 친절하고 박학한 가이드를
만나는 것도 중요하지만, 여행 동료를 잘 만나는 것도 보다 중요하
다. 나는 이번 여행에도 대구에 사시는 손성원 집사님, 이화자 집
사님 내외와 같이 여행하게 되어서, 여행의 품위와 만족도를 한껏
높일 수 있었다. 이 손 교수 부부와는 2년 전, 발칸 반도 9개국 여
행 때도 동행한 바 있다.

걷고 싶은 샹젤리제 거리

시의 면적이 105㎢로 서울의 6분의 1밖에 되지 않는다는 파리는,
될 수 있는 한 옛 모습을 그대로 간직하려 애써 중세와 현대가 공존
하는, 결코 겸손하지 않은 도시이다. 옛것들을 아끼고 보존하기 위
함 때문인지 샹젤리제 거리를 제외한 대개의 도로는 4차선을 넘지
못하며, 따라서 모든 길은 일방통행이다. 좁은 골목길을 지나며 조
금 전에 지난 길을 잠시 후에 반대 방향으로 다시 지난다. 우리가
탄 버스는 에펠 탑을 하루에도 몇 번이나 지나갔는지 모른다.

그러나 샹젤리제 거리는 다르다. 동쪽 콩코르드 광장 오벨리스
크에서 서쪽 샤를 드골 광장 에투알 개선문까지의 약 2㎞에 이르는
이 거리는 10차선의 차도가 쭉 뻗어 있어 보기에도 시원하고 좋다.

차도보다 더 넓은 인도가 마음에 들어, 몇 번이고 다시 걷고 싶은 거리이다. 루이뷔통, 샤넬, 구찌, 베르사체 등 명품의 가게들이 있어서 더욱 그렇다.

파리풍의 호텔, 레스토랑, 카페, 극장, 영화관, 상점들과 대통령의 관저인 엘리제궁, 전시장, 길 양편의 고급 의상실 등이 늘어선 모습은 나에게는 어울리지 않아 나를 이렇게 주눅이 들게 하지만, 나는 이 거리에 잠시 서 본 것만으로도 다행이라 여기며 감사한다.

낯익은 플라타너스 나무와 오랜만에 보는 마로니에 가로수가 정답지만, 직각으로 가지치기를 한 마로니에 나무는 내 눈에 이국적이어서, 이 또한 좋다.

파리의 중심, 개선문

이 샹젤리제 거리의 서쪽 끝에 개선문이 있다. 1806년 나폴레옹 황제의 명에 의하여 만들어졌는데, 로마의 콘스탄티누스의 개선문을 본떠서 장 샬그랭과 장 아르망레몽에 의해 설계되었다. 많은 우여곡절 끝에 나폴레옹이 죽은 후인 1836년에야 완공되어, 이 문을 통해 개선하기를 그렇게도 원했던 보나파르트 나폴레옹은 세인트헬레나 유배지에서 유해가 되어 돌아온 후인 1840년에야 이 문을 장례 행렬로 통과할 수 있었다 한다.

과연 이 개선문은 에펠탑과 함께 가장 파리를 대표할 만한 조형물임에 틀림없다. 우선 웅장한 규모와 섬세한 조각과 장식물, 역사상 128번에 이르는 전쟁을 통한 장군들 558인의 녹명, 바닥에 설치

방사선 모양으로 뻗은 도로의 중심에 있는 개선문

된 무명용사들의 묘와 오늘도 꺼지지 않고 타오르고 있는 불꽃 그리고 50m 높이의 전망대에 올라서 보게 되는 풍광 등은 압권이다.

이 개선문을 중심으로 12방향으로 뻗은 별 모양의 방사선 도로는 이 문이 얼마나 중요한 위치에 있는지를 설명하기에 충분하다.

콩코르드 광장과 오벨리스크

샹젤리제 거리의 동쪽, 튈르리 공원과의 사이에 파리에서 가장 큰 콩코르드 광장이 있다. 원래 '루이 15세 광장'이었으나, 프랑스 대혁명 후에 그 기마상이 철거되고, 루이 16세와 왕비 마리 앙투아네트를 비롯한 천여 명의 사람들이 단두대에 의해 여기서 처형된 후에, 1795년에 '화합'이라는 뜻의 '콩코르드 광장'으로 개명되고, 1833년에 높이 23m인 지금의 오벨리스크가 세워졌다 한다.

이 오벨리스크는 이집트 룩소르 신전에 있던 것(BC 1260년 제작)으로, 이집트 총독이자 군사령관 무함마드 알리가 샤를 5세에게 헌납하였다는 것이다. 이음새가 없이 한 덩어리의 화강암으로 만들어졌으며, 기둥면에는 아직도 이집트 상형문자가 새겨져 있는데, 이를 운송하는 데에만 4년이 걸렸다 한다.

이러한 오벨리스크는 파리에서도 여러 군데서 더 볼 수 있으며, 그 외에도 로마의 베드로광장이나 런던, 워싱턴 DC에서도 볼 수 있고, 또 터키 이스탄불에도 옮겨져 있단다. 나는 어쩐지, 이 탑 앞에서 약소국에 대한 연민의 정을 느끼게 된다.

프랑스의 자랑 루브르 박물관

튈르리 공원 뒤, 리볼리 가에는 프랑스가 자랑하는 루브르 박물관이 있다. 소장품의 수와 질 면에서, 뉴욕의 메트로폴리탄, 런던의 대영박물관과 더불어 세계 3대 박물관 중 하나라 한다. 12세기 필립 II세가 지은 루브르궁을 개조하여 전시하였으며, 센 강변과 함께 세계유산으로 지목되어 있다.

16세기 초, 프랑소와 I세가 다빈치의 〈모나리자〉를 비롯하여 티치아노 작품 12점, 이태리 거장들의 작품, 고대 조각 작품을 수집한 것이 이 박물관의 시작이며, 루이 13세 때 약 200점, 루이 14세를 거쳐 18세기 초에 약 2,500점을 소장하면서 박물관의 면모를 갖췄다 한다. 나폴레옹 시절에는 고고학자들을 대동하고 출정하여 패전국으로부터 약취해 온 미술품이 무수하였으나, 이는 워털루전투 패배 후에 상당수를 돌려주었다 한다. 현재는 8개 부문으로 나누어져 약 40만 점의 작품을 소장하고 있단다.

로마 · 그리스의 고대 미술품, 건축물, 조각품 등을 비롯하여, 메소포타미아 예술품, 모자이크, 청동제품, 장신구, 도자기, 상아제품, 유리도자기, 직물, 금제품 및 그리스와 러시아의 성상을 포함하여, 초기 그리스도교와 비잔틴, 콥트 시대의 예술 작품 등 모든 장르의 예술품들이 총망라되어 있다. 또 이탈리아 르네상스 시대 화가, 바로크시대의 프랑스, 네덜란드 화가들의 걸작과 인상파 때까지 유럽 모든 시대를 대표하는 작품들이 모여 있다.

사실 얼마나 부러운 전시장이요, 박물관인가? 패전국으로부터 약취해 오거나, 억지 기증받은 작품들 그 자체보다도, 예술품을 볼

세계 3대 박물관 중의 하나인 파리의 루브르 박물관 내부

줄 아는 저들의 안목과 이것들을 수집하는 그 열정, 그리고 그것들을 사랑하고 아끼고 소장 · 전시하는 저들의 식견과 지혜가 한없이 부러운 것이다.

더 사랑받는 오르세 미술관

여기에서 더 나아가 저들은 오르세 미술관을 또 가지고 있지 않은가? 프랑스 대혁명 200주년을 맞아 파리의 센 강 좌안에 위치한 오를레앙 철도가 건설한 철도역이자 호텔을 리모델링하여, 1986년에 미술관으로 다시 태어나게 한 것이다. 여기는 1848년부터 1914년까지의 작품만을 모아 놓은 곳으로, 그 이전 것은 루브르 박물관에, 이후 것은 퐁피두센터에 있다고 한다.

이곳에 전시된 작품은 고전주의, 사실주의, 인상주의, 후기인상파, 신인상주의, 아카데미즘의 회화가 다수 포함되어 있다. 우리 눈에 익은 밀레의 〈이삭줍기〉와 〈만종〉을 비롯하여, 세계인과 가장 친숙한 화가 빈센트 반 고흐와 폴 고갱, 마네, 모네, 르누아르, 세잔, 드가 등 후기인상파의 작품을 볼 수 있으며, 20세기 초의 마티스, 보나르의 그림도 만나 볼 수 있다. 그뿐만 아니라, 로댕의 〈지옥의 문〉이라는 조각품도 만날 수 있다.

이곳에 입장하려고 길게 줄을 서서 기다리는 모습을 보면서, 루브르 박물관보다 더 사랑받는 곳임을 알게 한다. 그러나 나는 이곳을 곁에서만 볼 뿐, 들어가 보지 못했다. 나는 고흐와 르누아르를 비롯한 후기 인상파 화가들의 그림을 그렇게도 좋아하고, 또 보고 싶어 했는데, 패키지여행이 주는 한계가 너무나 안타깝다. 하긴 우리나라 국립 중앙 박물관에서 오르세 미술관의 소장품을 출장 전시할 때도 게으름을 피우다 가 보지 못했으니, 변명의 여지는 없다.

권력의 상징인 베르사유 궁전

파리에서 남서쪽으로 22㎞가량 떨어진 곳에 프랑스 부르봉 왕조가 건설한 바로크 양식의 베르사유 궁전이 있으며, 태양왕 루이 14세의 강력한 권력을 상징하는 대건축물로 유명하다. 1624년에 처음 건설된 이후로 루이 13세와 14세에 의하여 수차례 확장공사를 하였으며, 1682년에 루이 14세는 아예 이곳으로 거처를 옮긴다.

화려하고 웅장하기로 이름이 난 궁전이고, 2층 중앙에는 유명한 '거울의 방'이 있는데, 정원을 향하여 17개의 창이 있으며 반대편에 17개의 대형 거울이 있어 아름답기 그지없다. 이 거울의 방은 슬픈 역사도 안고 있으니, 1783년에 미국독립 혁명 후의 조약이 여기서 체결되었고, 독일제국도 여기서 선언되며, 빌헬름 Ⅰ세가 즉위식을 한 검은 역사도 이곳이 안고 있다. 또 1919년에는 제1차 세계대전 후의 평화조약이 조인된 곳이기도 하다. 이른바 베르사유 조약이다.

이 거울의 방 북쪽에 '전쟁의 방'이 있고, 남쪽에는 '평화의 방'이 있으며, 여기의 베르사유 궁전은 프랑스 대혁명의 원인을 제공한 곳이기도 하다. 1979년 유네스코의 세계문화유산으로 지정된 베르사유 궁전은 정원이 더 아름답고 유명하여, 다른 많은 나라 궁전 정원의 롤 모델이 되기도 했다.

파리의 상징, 에펠탑

프랑스를 대표할 만한 건축물은 단연 에펠탑이다. 우리나라의 빵집, 파리바게트 현판마다 그려진 그 탑이다. 파리 시내 어디서나 쉽게 보이는 격자 구조의 철탑으로, 높이 324m(81층 높이)에 이른다. 매년 수백만 명의 유료 관람객을 모으는 이 탑은 건축자인 철골 기술자 '귀스타브 에펠'의 이름에서 유래한다.

1889년 혁명 100주년을 기념한 세계박람회의 출입관문으로 마르스 광장에 세워졌으나, 많은 사람들이 파리의 미관을 해친다고 반대하여 철거될 위기도 겪었다. 반대론자 중의 한 사람인 모파상은 항상 에펠탑 2층 식당에서 식사하면서, "여기가 에펠탑이 안 보이는 유일한 장소이기 때문이다."라고 말했다고 한다.

그러나 철거도 쉽지 않을뿐더러, TV 안테나 등 통신용으로서의 용도도 높아서 철거를 미루다 보니, 점차 파리 사람들뿐 아니라 세계인의 사랑을 받는 건축물이 되어 간 것이다.

파리는 유네스코가 '지평선의 도시'라고 묘사할 정도로, 낮은 스카이라인을 지키고 있다. 7층이 넘는 건물이 거의 없으며, 몽파르나스, 라데팡스 등 일부 건물만이 시민들의 눈총을 받고 있을 뿐이다. 180m 높이의 타워 트라이앵글의 신축도 시민들의 저항에 부딪혀 취소될지 모른단다. 따라서 에펠탑은 파리의 상징처럼 된, 단연 돋보이는 건축물이다.

야간에 조명이 비추어진 에펠탑은 참으로 아름다워, 가히 환상적이라고 할 만하다. 나는 이 구조물 자체보다도 이를 기획하는 저

에펠탑의 야경이 참으로 아름답다. 관광의 중심지답다.

들의 상상력과 창의력이 부럽다. 역사는 몇 안 되는 선각자의 꿈과 도전이 만들어 가는 것 같다.

몽마르트 언덕

에펠탑의 전망대에 올라서 사면을 둘러보면, 파리 시내를 좌안 우안으로 가르며 흐르는 센 강을 비롯하여, 파리가 한눈에 들어온다. 아무것도 거칠 것이 없는 평평한 파리시 가운데에서 저기 멀리에 약간 도톰한 지형이 보이며, 함께 하얀 건물 사크레쾨르 대성당도 보인다. 성당 자체로도 아름답고 유명하지만, 이곳에서 펼쳐지는 파리의 전망과 계단에 앉아 담소하는 연인들 또한 아름답다.

파리 인들이 좋아하는 몽마르트 언덕이다. 언덕 높은 곳에 데르트르 광장이 있고, 각종 로드 숍과 카페들이 즐비하다. 광장 중심의 레스토랑 주위에는 예술가, 무명 화가들이 빈틈없이 자리 잡고 앉아서 그림을 팔거나 초상화를 그려 준다. 한때는 근대미술의 발달을 촉진한 화가들이 살았던 지역으로, 인상파 · 상징파 · 입체파의 발상지이기도 하다. 성 도니와 2명의 제자가 순교한 곳이어서 '순교자의 언덕'이라 불리기도 하는데, 밑에는 오늘날 환락가가 조성되어 있다. 그 유명한 캉캉 춤의 카바레 '물랑루즈'도 여기 있다.

북아프리카에서 넘어온 흑인들과 발칸반도에서 원정 나온 집시들도 많아 늘 조심스러운 곳이기도 하지만, 노천카페에 앉아 차를 마시는, 나이 들어도 고운 노인들이 많이 정겹다.

센 강의 유람선

SBS 드라마 중에 박신양 · 김정은 주연의 〈파리의 연인〉이 11년 전쯤에 인기리에 방영된 적이 있어, 파리는 우리에게 더 친숙하여 진 곳이기도 하다.

인터넷에 떠도는 말 중에 "20세가 된 딸과 여행하기에는 뉴욕이 좋고, 어린 자녀들과 여행하기에는 하와이가 좋으나, 부부가 여행 하기에는 파리가 좋다."는 말이 있다. 나이가 들었지만, 우리 부부 가 이제라도 파리를 찾을 수 있음에 한없이 감사한다.

손성원 집사님 내외와 함께, 젊은이들 사이에 끼어 파리의 바토 뮤스, 유람선에 올라 센 강을 오르내린 경험은 참으로 잊을 수 없 다. 나이가 조금만 더 젊었어도 배낭을 멘 자유여행에 한번 도전해 볼 텐데, 지금은 손쉬운 패키지여행이라 아쉬움이 많이 남는다.

퐁네프다리, 예술의 다리, 임마누엘 III세 다리들의 밑을 지나면 서, 좀 더 시간을 두고 즐기지 못한 것이 못내 서운하다. 특히 시테 섬을 지나면서 야경 속의 노트르담 사원의 쌍둥이 탑을 올려다볼 때에는 유람선을 세우지 못한 것이 많은 유감으로 남았다. 참으로 아름다운 풍경이었다.

우리가 지닌 문화

리용 역에서 기차로 파리를 떠나면서, 또 창밖의 파리에 눈길을 주면서 많은 것을 생각하게 하는 파리 여정이다. 천여 년의 역사를 가진 파리를 하루와 반나절만 둘러보고서 말로 표한다는 것은 무례 요, 오만임에 틀림없다. 처음에는 손이나 눈에 안 잡히더니, 시간을 두고 또 파리를 자꾸 스쳐 지나면서 받은 충격이 점점 구체화되어 가기에 여기에 몇 자 적어 보았다. 파리를 왜 예술의 도시, 문화의 도시, 낭만의 도시라 하는지 조금은 알 듯하다.

그러나 우리에게도 우리 고유의 문화가 있잖은가? 비록 크고 거대하진 못해도, 웅장하거나 현란하지는 못해도, 서투른 몸짓, 질박한 색채, 왜소한 격조 속에 우리의 멋과 맛이 녹아 있지 않은가? 우리는 거북선이나 한글, 이조실록 같은 소박하면서도 지적인 산물을 만들었고, 청자, 백자 같은 은근하며 *끈끈한* 예술품을 가꾸어 왔다.

거기에다가 21세기가 되면서, 글로벌 세계에 알려지기 시작한 우리 고유의 문화가 있다. 김치, 비빔밥, 불고기 등 세계인의 건강을 일러 준 우리의 음식, 선이 아름답고 색깔이 고운 우리의 한복, 아리랑부터 K팝으로 이어지는 우리의 가락, 아시아를 넘어 중동과 유럽, 멀리 아프리카와 남미까지 울리고 웃긴 우리의 드라마, 태권도를 비롯한 우리의 스포츠.

2002년 한국 월드컵에서 Art Socker라는 프랑스 축구가 본선에 오르지 못했을 때에도, 우리의 축구는 단숨에 세계 4강에까지 치고 올라가지 않았는가? 우리는 마음만 먹으면 못할 것이 없다. 이제 우리는 우리의 문화, 한류를 선보이고 보급하기 시작했다. 우리의 자존심이다.

또한 오늘의 우리는 이 시점에서의 우리의 숙제와, 우리가 나아가야 할 지향점을 잘 알며 심각하게 받아들이고 있다. 북아프리카의 유색 인종이나 발칸 반도에서 날아온 집시들이 도둑이요 소매치

기라고 변명만 할 것이 아니라, 저들까지 파리가 껴안아야 할 문화요 숙제인 것처럼, 우리도 아직 남은 반쪽 북한 우리나라의 한 부분임을 부인하지 않는다.

북한 땅의 굶주린 동포도 결국은 우리가 먹여 살려내야 한다는 것, 이 또한 우리들이 가진 숙명임을, 우리밖에 책임질 사람이 없음을 내 땅의 모든 이들은 잘 알고 있다. 남한 땅 반쪽으로도 세계 10위권을 넘나들었다면, 이후에 남북한이 통일되어 합쳐졌을 때에는 그 위력이 오죽하겠는가? 파리 못지않은 우리의 문화를 이제 다시 시작하련다.

'조국이 외국의 침공을 받았다면, 달려가 싸울 것인가?'라는 물음에 우리 한국의 젊은이가 가장 많이 "예"라고 대답했다는 어느 통계는 아전인수 격인 것만은 아니라 믿는다.

인터라켄, 융프라우

파리 리용 역에서 초고속 열차 TGV를 타고 스위스 로잔에 도착한 우리는 다시 인터라켄으로 이동하여 스위스 전통식 '퐁뒤'로 저녁 식사를 한다. 퐁뒤는 화이트 와인, 갈릭, 치즈를 녹여 뜨겁게 데운 소스에 빵 등을 찍어 먹는 요리로, 10여 년 전 스위스 레만 호에 갔을 때 맛있게 먹었던 추억의 요리이다. 기대를 안고 퐁뒤를 맞았으나, 추억 속에서 꺼내지 말 것을 그랬나 보다. 실망이 크다.

시계와 칼 등 명품들을 파는 가게 몇 곳을 눈동냥 한 후에 열차로 벵겐 지역으로 이동하여 아름다운 산, 눈 속에서 1박을 한 후, 이튿날 톱니바퀴 산악 열차로 융프라우에 등정한다. 내가 융프라우에 올라 만년설을 밟아 볼 수 있는 것은 아돌프 구에르 젤러 덕분이다.

'철도의 왕'이라 불리던 그는 알프스를 산책하던 중에 아이거와 묀히의 암벽을 뚫고 융프라우 정상까지 톱니바퀴 철도를 놓을 구상을 한 후에, 관광의 꿈을 가진 국민들의 거국적 동의를 얻어 건설에 착수한다. 7년이면 될 줄 알았던 공사는 16년이 걸려서야 완공한다.

공사 시작 후 3년이 지나, 시공자 젤러는 타계를 하는 바람에 완공을 보지는 못했지만, 덕분에 나는 오늘 융프라우 정상에 서게 되었다. 역시 역사는 꿈을 가진 자가 이루어 간다. 이 산악열차의 건설에 관하여는 융프라우에서 만나는 얼음동굴에 지도와 함께 자세한 개요가 설명·전시되어 있다.

젤러가 아니면 내가 어떻게 해발 3,454m의 융프라우에 오를 수 있었을까? 밖에는 눈이 내려서 아무것도 볼 수 없었지만, 나는 해치를 열고 밖에 나가 알프스의 눈을 밟아 볼 수는 있었다. 그리고 멀리서나마 알레치 빙하를 볼 수도 있었다. 여기가 유럽의 지붕 아닌가?

작지만 큰 나라 스위스

스위스는 아직 EU에 가입하지 않고, 스위스 프랑을 화폐로 고집하는 영세 중립국이다. 알프스 산. 도무지 이용 가치가 없을 것 같던 산으로만 형성된 이 조그만 나라가 국민소득 7만 달러의 가장 살기 좋은 나라로 변신한 것을 우리는 배워야 한다. 한 세기 전만

하여도 먹고 살기가 힘들어서 다른 나라의 전쟁을 대신하여 주고 지켜 주는 용병을 팔던 나라. 비탈진 목장에서 만든 버터와 치즈를 팔던 낙농국가. 관광 상품으로 소 방울과 조그만 종을 내다팔던 작은 나라가 아닌가?

지금은 알프스 산을 이용한 관광업과, 전 세계 공급의 70%를 차지하는 시계와 맥가이버 만능 칼 등 정밀 산업으로 막대한 부를 축적할 줄 아는, 작지만 큰 나라가 되었다. 놀라운 저들의 마케팅은 실로 본받을 만하다.

오스트리아의 인스부르크

프랑스, 이태리, 독일, 스위스를 달려온 길이 1,200㎞의 알프스 산맥은 이제 마지막으로 동쪽 끝, 오스트리아 티롤 주의 주도 인스부르크에 이른다. 4,000m가 넘는 봉우리가 58개나 된다는 알프스의 영봉들은 우리를 따라 쭉 달려오더니, 여기에서는 나지막한 봉우리가 되어 하얀 눈이 손에 잡힐 듯 가까이서 올려다 보인다.

인터라켄에서 이태리로 넘어가기 위해서는 옛 로마 때부터 독일로 가는 길목이었던 이곳을 통과할 필요가 있기에 우리는 여기, 인스부르크를 별 기대 없이 찾았다. 그러나 '알프스의 수도'라는 별명도 안고 있는 인스부르크는 아담하고 작은 도시이면서도, 동계 올림픽을 두 번이나 개최한 유서 깊은 도시였다.

마리아 테레지아 거리

13세기부터 600년 동안 합스부르크 왕가의 보살핌을 받아 온 여기의 인스부르크는 16세기경 황금 지붕으로 유명한 신성로마제국의 막시밀리안 황제 때 크게 발전하였고, 오스트리아 역사상 가장 중요한 영향을 끼친 여제 마리아 테레지아에 의해 절정을 이룬다. 그는 16명의 자녀를 두었으며 요절한 자녀가 적지 않지만, 또 유럽의 왕가들에 딸들을 시집보내어, '유럽 왕들의 장모'라는 별명을 듣기도 한다. 특히 15번째의 마리 앙투아네트는 프랑스 왕 루이 16세에게 시집을 가서, 프랑스 대혁명 때 단두대의 이슬로 사라지는 비운을 맞기도 한다. 인스부르크 시민들은 이 여제 마리아 테레지아를 사랑하여 가장 아름다운 거리에 여제의 이름을 붙여 주었으며, 지금도 국모로 추앙하고 있다.

시의 중앙역에서 조금만 나오면 개선문이 있으며, 여기서 부터가 '마리아 테레지아 거리'이다. 길 양편에 역사와 전통을 자랑하는 바로크 양식의 건물들이 늘어서 있고, 거리 중간에 성 안나의 기둥이 있으며, 거리의 끝에 황금 지붕이 자리한다.

'인 강의 다리'라는 뜻을 가진 인스부르크 거리는 토요일 오후에 한산하다. 문 닫은 상점만이 즐비한 마리아 테레지아 거리에는 우리와 중국 관광객들만이 불 꺼진 쇼윈도를 기웃거린다. 상점 점원들은 토요일 오후의 '시간 외 수당'이나 '휴일 수당'은 200%에 가깝지만, 거의가 다 세금으로 추징되기에 아예 특근을 하지 않는단다. 국민 소득 5만 달러의 저들이 내는 세금은 자기 수입의 45% 정도나 된다니, 저들의 복지 재정은 이렇게 충당되나 보다. 그리하여 노후 걱정을 하지 않아도 되는 복지국가를 만들었단다.

유일하게 문을 열고 있는 스와로브스키가 창업한 크리스털 전시장에 들어가, Cutting 기술과 접합제의 개발로 크리스털 한 가지 제품만으로도 세계를 석권하여 전 세계 크리스털 제품의 80%를 공급한다는 저들의 노하우에 감탄한다. 다음 날 이른 아침, 우리는 다시 알프스 산을 바라보며 이태리로 향한다.

물의 도시 베니스

나는 베니스를 보면서 나의 상상력이 얼마나 보잘것없으며, 통상적 한계를 벗어나지 못했는지를 절감했다. 자동차 통행을 제한하고 있어 산타루치아 기차역에 타고 온 버스를 주차하고 수상버스로 갈아타고 들어가서 내렸던 베니스의 어느 부두에서부터, 나는 알수 없는 두려움과 회의에 휩싸였다. 그리고 이것은 곤돌라 배를 탈때와 수상택시를 타고 베니스를 떠나올 때쯤 되어서야 경이로움과 환상으로 정리되었다.

6세기경, 북쪽에서 평탄한 땅과 따뜻한 기후를 찾아 내려온 훈족을 피해 바다 가운데로 뛰어든 이탈리아 본토 사람들이, 간척지와 초승달 형상의 섬들과 석호 사이에 나무 말뚝을 박고 돌 받침을 얹어 새로운 도시를 건설한 것은 내가 상상한 이상이다. 사진도 보아오고 설명도 무수히 들었지만, 실제 바다 위의 도시 베니스를 직접보기 전에는 전혀 상상하지도, 이해하지도 못했던 세계가 그곳에 있었다. 누군가는 '처절한 아름다움'이라고 표현하지 않았던가.

이탈리아 동북부 아드리아 해 북안에 S자형 그란데 운하를 중심으로 118개의 섬을 400여 개의 다리로 연결한, 여의도 면적의 2.5배나 되는 이 도시는 지중해 무역의 중심지가 되며, 산물의 집산지가 되어 점차 부를 축적해 간다. 그 부를 바탕으로 점차 부자 도시로서의 면모를 갖추며, 지중해를 호령하기 시작했다.

베니스의 유산

베니스(베네치아)에 세워진 건축물 중에는 이탈리아, 아랍, 비잔틴, 고딕, 르네상스, 마니에리즘, 바로크 양식의 건축물들이 다 있다. 또 오랜 세월 동안 수차례의 원정 정복으로 모은 수집품도 상당히 안고 있다. 그중에 산마르코(성 마가) 바실리카(대성당)는 그 대표적 예다.

대성당에는 항상 성인의 유해가 안치되어야 하겠기에 저들은 알렉산드리아 마가기념교회에서 마르코(마가)의 유해를 훔쳐 와서, 이 성당 밑에 안치하여 베니스의 수호성인으로 모시고 크고 화려한 성당을 짓는다. 안에 들어가 2층에 오르면, 기둥과 벽과 천장에 금으로 도배한 모습의 성화들과 조각물을 볼 수 있다. 성당 2층의 전면 밖으로 난 발코니에는 청동 말 4필이 있으나, 한때 나폴레옹이 내려서 가져갔다가 돌려받았으며 지금은 복제품이 서 있다. 저들이 누렸던 부가 보인다.

성당 앞에 펼쳐진 너른 광장은 나폴레옹이 '세계에서 가장 아름다운 응접실'이라고 극찬한 마르코 광장이다. 사면이 지금은 박물관과 아케이드로 쓰이는 아취풍의 옛 건물로 둘러싸여 있고, 북쪽의 아케이드의 양끝에는 오늘도 우아한 카페가 자리를 잡고 있어, 이태리식의 커피인 카푸치노, 에스프레소 등을 가지고 우리를 맞는다.

또한 400여 개나 되는 베네치아의 다리 중에는 베네치아 공화국 감옥과 팔라초 두칼레 궁전 사이의 '탄식의 다리'가 유명하다. 또 그란데 운하 위에는 르네상스 토목공학이 이룩해 낸 걸작품 '리알토 다리'가 있으며, 근래에 들어 2개의 현대식 다리가 추가되었다.

곤돌라를 타고 골목 물길을 누빌 때, 같이 탄 악사의 기타 반주에 맞추어 또 다른 악사가 일어서서 이태리 칸조네를 들려준다. 〈산타루치아〉, 〈오 솔레 미오〉, 〈돌아오라 소렌토로〉. 골목길을 누비는 뱃사공의 노 젓는 솜씨에 감탄하며, 우리는 이국의 정서 속에 젖는다.

베니스에는 대저택, 옛 주택이 450여 채가 남아 있어 대기업의 사무실과 골동품 상점이 들어섰으며, 일부는 호텔로 개조되었다. 또 유명 배우들의 별장이 많이 들어서 있다.

베니스에서는 매년 8월이면 베니스영화제가 열린다. 가면무도회가 행해지는 곳으로도 유명한데, 이 가면무도회가 끝나고 나면 고아가 많이 태어나 고아원까지 차릴 정도였나 보다.

비발디가 〈사계〉를 작곡한 곳이며, 마릴린 먼로와 조반니 카사노바의 고향으로도 알려져 있다. 이러한 영광과 영화를 누리는 베니스도 걱정거리를 한 가지 새로 안았으니, 지구 온난화로 바닷물의 수위가 점차 높아지고 있다는 것이란다.

베니스의 곤돌라와 그 위의 악사들.

이탈리아의 중심, 피렌체

로마에서 북서쪽으로 약 230㎞ 떨어진 곳에 옛 공화국 토스카나 공작령의 수도요, 한때는 이탈리아의 수도였던 피렌체(영어로는 Florence: 플로렌스)가 있다. 기원전 1세기경부터 로마의 군사 식민지에서 비롯한 이 도시는 13세기부터 17세기에 이르러 메디치가의 등장으로 인해 가장 영향력 있는 도시가 되었다.

메디치 가문은 상업과 금융업에 상당한 수완을 보여 많은 부를 축적하였으며, 이로써 중세 유럽에 절대적인 영향력을 행사하는 가문이 되어 많은 예술인을 양성 후원하였다. 이 가문에서 레오 10세, 클레멘트 7세, 레오 11세 등 3명의 교황이 나왔는데, 이는 돈과 권력으로 교황을 산 것이나 마찬가지였다.

15세기에 이르러 기독교로 인한 '신 중심의 문화'에서 '인간 중심의 문화'로 옮겨 가면서, 옛 그리스 로마의 예술·문학·사상 등의 정신을 되살리려는 르네상스(문예부흥운동)가 일어나는데, 그 중심에 피렌체가 있었다. 이때에 레오나르도 다 빈치를 필두로, 미켈란젤로, 라파엘로, 보티첼리, 단테, 마키아벨리, 갈릴레오, 베르디, 푸치니, 로시니 등의 천재 예술가·사상가들이 등장하는데, 여기에는 메디치 가문의 절대적인 후원이 있었기에 가능하였다 한다.

지금은 관광업이 주며, 유리제품, 도자기, 귀금속제품, 가죽제품, 예술 복제품, 연철, 고급 의류와 구두 등의 제조업이 피렌체의 주요 산업이다.

피렌체와 르네상스

유럽의 도시들의 설계는 항상 그 중심에 두오모(주교 이상이 미사를 집전)를 두는 것으로부터 시작하며, 또 얼마만큼 크고 화려하게 짓는가가 권력과 부의 잣대였기에 상당히 경쟁적이었다.

피렌체의 중심에는 '산타마리아 델 피오레 두오모'(꽃의 성모교회)가 있다. 1296년에 시작하여 150년에 걸쳐 1446년에 축성한 대단히 큰 성당으로, 그 규모가 세계에서 5번째로 크다.

이 성당은 연두색, 분홍색, 흰색의 대리석으로 된 외관과 함께 르네상스를 나타내는 8각형의 붉은색의 돔(쿠폴라)으로 유명하고, 스테인드글라스 창문도 아름답다. 안에는 밖의 화려함 보다는 검소한데, 조르조 바사리와 추카피가 쿠폴라에 그려 놓은 〈최후의 심판〉이라는 프레스코화가 눈길을 끈다. 영화나 소설 『냉정과 열정 사이』를 보았다면, 이 피란체 도시와 성당 두오모가 더욱 가깝게 다가설 것이다.

바로 옆에 84m 높이의 '조토의 종탑'이 붙어 있어, 414 계단을 올라 전망대에 이를 수도 있다. 조토가 설계하고, 제자 안드레이 피사노와 탈렌티가 25년 걸려서 완성했다. 워낙 오르기가 힘들어, "성직자는 천국에 못 갔어도 종치기는 천국에 갔을 것"이란 말이 있다.

이 두오모 성당 앞에는 단테가 세례를 받았다는, 가장 오래된 '바티스테로 산 조반니' 세례당이 있으며, 이 세례당 동쪽에 구약성서의 장면들이 조각되어 있는 거대한 청동 문이 있다. 기베르티가 조각하였으며, 미켈란젤로가 천국에 어울린다고 극찬하여 〈천국의 문〉이라는 별명을 얻었다고 한다.

종탑을 설계한 조르조 바사리가 역시 설계한 우피치 미술관에는 마리에리스크 양식으로 지어진 우아한 날개 부분에 프랑스·네덜란드·플랑드르·독일의 유명한 대작들과 더불어 이탈리아 르네상스 시대의 그림들이 소장되어 있다. 특히 르네상스 시대 그림의 수집 수준은 세계에서 가장 뛰어나다 한다.

옆에는 베키오 궁전이 있으며, 또 앞에 토론 문화를 만든 시뇨리오 광장이 있다. 이 광장의 가운데에 '코시모 메디치'의 청동 기마상이 있으며, 베키오 궁 가까이 바다의 신 '넵튠(포세이돈)의 분수'가 있고, 그 옆으로 〈헤라클레스와 카코스〉라는 이름의 조각품이 있다. 이웃하여 미켈란젤로의 3대 걸작 중 하나라는 〈다비드(다윗) 상〉의 복제품이 있으며, 또 첼리니의 〈메두사의 목을 치는 페르세우스〉, 잠볼로냐의 〈사빈 여인의 강간〉 등 십여 점의 조각품들을 볼 수 있어, 여기가 피렌체임을 실감케 한다.

우피치 미술관을 지나 강을 따라가면 연인들이 즐겨 찾는 베키오 다리가 나오며, 계속 걸음을 옮기면 피렌체 시가 새로 단장한 미켈란젤로의 언덕을 만날 수 있다. 미켈란젤로 동상에서 저들의 긍지를 읽으면서, 눈을 들어 멀리 조망하면 높지 않으면서 붉은색 일색인 르네상스 피렌체 시가가 한눈에 들어온다.

모든 길은 로마로

이태리는 로마 제국의 찬란한 역사와 함께, 르네상스의 화려한 꽃을 피운 나라이다. 세계 제1·2차 대전의 중심에서 승전국과 패전국을 다 경험하였지만, 그 결과가 오늘날에도 남아 있으며, 자동차 공업, 패션 산업, 관광업 등으로 1950년 이후로 급속한 경제 성장을 이루어, 지금은 서방 5대 선진국 안에 든다. G7, G20에 드는 국가이다. '모든 길은 로마로 통한다.'는 말이 있는데, 이 말은 '모든 길은 로마에서 시작한다.'는 말과 같다.

이제 또 하나의 여행을 시작하려, 도시 전체가 커다란 하나의 박물관이라는 로마로 들어간다. 옛 유적과 현대 문명이 멋진 조화를 일궈 낸 로마이기에, 많은 기대와 호기심과 설렘을 안고 들어간다. '영원한 도시', '태양의 도시'라는 로마는 관광객에게는 소매치기와 좀도둑으로 악명 높은 곳이지만, 그럼에도 불구하고 연간 천만 명 이상의 관광객이 몰려드는 곳이 아닌가?

바티칸 시국, 성 베드로 성당

인구가 약 천 명이요, 면적이 440㎢인 작은 나라이지만, 가장 영향력을 가진 국가인 바티칸 시국은 '성 베드로 성당', '성 베드로 광장', '바티칸 박물관', '시스티나 예배당'으로 이루어져 있다. 교황청과 이탈리아의 무솔리니 정부 사이에 '라테란 조약'이 맺어져 바티칸 시국(市國)이 만들어졌으며, 교황청의 주권이 인정되었다.

'성 베드로 성당'은 서기 326년, 회심한 콘스탄티누스 대제에 의해서 예수님의 수제자였던 베드로가 순교한 무덤 위에 세워진 바실리카식 성당으로, 1506년 교황 율리우스 2세에 의해 개축이 시작되어 마침내 1626년 교황 우르반 8세 때에 완공되었다.

성 베드로 성당은 밖보다 안이 더 크고 웅장하여, 그 규모와 아름다움에 압도당할 수밖에 없다. 내부 면적이 25,616㎡(85,000평)로, 중앙 통로의 길이가 187m, 폭이 14m, 높이가 46m에 이른다. 제대 개수가 44개에 달하며, 조각품이 395점, 모자이크 그림이 모두 135점이나 되며, 사진으로 다 담아낼 수가 없단다.

미켈란젤로가 판테온 신전의 돔과 피렌체 두오모의 쿠폴라를 참고하여 설계한 베드로 성당의 돔은 바닥에서부터 높이 135m, 지름 42m로 세계에서 가장 높은 돔이며, 그 밑에는 마태 · 마가 · 누가 · 요한 4복음서 저자의 초상화가 있다.

중앙의 돔 밑에는 베르니니가 만든 발다키노, 일명 천개(하늘을 덮는 덮개)와 제대가 있는데, 높이 29m, 무게 37톤에 이르는 청동 구조물이다. 이 청동제대를 가운데에 놓고, 베르니니 작품인 〈성 론지도〉와 프란치스코 모키가 만든 〈성녀 베로니카〉, 또 프랑수아뒤 케스노이가 조각한 〈성 안드레〉, 그리고 안드레아 볼지가 제작한 〈성녀 헬레나〉가 쿠폴라를 받치는 네 모서리 벽에 커다란 대리석상으로 세워져 있다.

천국에서 내려앉는 것 같은 햇살이 쏟아져 들어오는 돔으로 인하여 다른 성당보다는 대단히 밝으며, 희년이 너무 길어 그 반인 25년마다 한 번 열린다는 청동문을 포함하여 5개의 청동으로 된 문을 통하여 출입하는데, 동시에 27,000명이 함께 예배드릴 수 있는 규모이다. 역대 교황들의 관이 곳곳에 제대와 함께 있으며, 지하에는 더 많은 묘가 있다 한다. 4대 교부의 초상화도 모셔져 있다.

조각품 중에, 본당 후면 우측에 유리관 속에 엄중 보관 중인 석상

베드로 성당 안의 뒤쪽 구석에 있는 피에타 상. 루마니아의 어느 정신병자가 내려친
망치질로 인하여 12조각의 파편이 생긴 후로 접근이 철저히 차단되어 있다.

을 하나 볼 수 있는데, 피렌체의 〈다비드 상〉과 성 베드로 쇠사슬 성당의 〈모세〉 상과 함께 〈미켈란젤로의 3대 걸작이라는 〈피에타〉(슬픔, 비탄) 상이다. 십자가에서 내려진 예수님을 팔에 안은 젊은 어머니 마리아의 얼굴이 슬프다 못해 아름답다. 미켈란젤로 24세 때의 작품이며, 자기의 서명을 넣은 유일한 작품이다(나중에 후회했지만).

브라만테, 미켈란젤로, 마데르나, 베르니니에 의해 지어진 이 베드로 성당은 그 건축비가 너무 많이 들어, 면죄부 판매 등 변칙적인 방법으로 건축비 모금을 하여, 이후 독일의 마르틴 루터에 의해 종교개혁이 일어나는 직접적인 도화선이 되기도 한다.

바티칸 박물관

로마 바티칸에 소재한 교황청 박물관이다. 하나의 건물이 아니고, 각각의 기원이 다양한 17개의 관·국으로 구성되어 있다. 바티칸 박물관은 16세기에 교황 율리우스 2세가 벨베테레 정원 안에 로마 인근 포도밭에서 발견한 라오콘 군상을 전시하면서 시작되었다고 하며, 실제로 일반에 미술관이 공개된 것은 클레멘스 14세 때인 1773년이라고 한다.

바티칸 박물관은 크게, 미켈란젤로를 비롯한 르네상스 시대 화가들이 그린 작품들을 전시한 회화관, 라오콘 군상을 비롯한 고대 로마의 고전적 조각상을 전시한 비오-클레멘스 박물관, 로마 황제들의 석상과 로마 지하묘지에서 발굴된 미술품들을 전시한 키아라몬티 미술관, 에트루리아 인들의 유적을 발굴 조사하여 수집한 유물들을 전시한 에트루리아 미술관, 고대 이집트 유물들을 전시한 이집트 미술관 등으로 나눌 수 있는데, 이 이집트 미술관에는 9개의 전시실에 고대 메소포타미아와 시리아, 팔레스타인(유대 땅)에서 온 유물들도 포함하고 있다.

또 1956년부터는 근대 미술품도 수집하기 시작하였으며, 여기에는 르누아르, 쇠라, 루오, 반 고흐, 마티스, 피카소 등 19~20세기 화가들의 비종교적인 작품들도 들어 있다. 주요 작품에는 카라바조가 그린 〈거룩한 매장〉, 레오나르도 다 빈치가 그린 〈성 예로니모의 초상화〉를 비롯하여, 프라 안젤리코, 조토 디 본도네, 라파엘로, 니콜라 푸생, 티치아노 베첼리 등 화가들의 작품도 있다. 산 조반니 인 라테라노 대성전에서 가져온 붉은 대리석으로 만든 교황좌, 초기 그리스도인 유니우스 바누스의 석관과 교리상의 석관, 그리고 루키우스, 코르넬리우스, 스키피오, 바르바투스의 비문을 비롯한 로마시대의 조각상과 함께 총 3,000개가 넘는 묘석, 비문 등이 있다(여기는 특별인가를 받은 사람만이 연구 목적으로 접근할 수 있다 한다).

〈아테네 학당〉으로 대표되는 라파엘로와 그의 제자들의 작품들이 있는 '라파엘로의 방'과, 교황 그레고리 13세의 지시로 탁발수사인 페루자의 이냐치오 단티가 그린 이탈리아 전역의 지형도가 있는 지도 전시실도 자리한다. 세계 각 포교 지역의 포교 활동 문서도 소장하고 있는 가운데 한국 관계 소장품은 170점이 있고, 그중에는 '황사영의 백서'도 들어 있다 한다.

너무 많은 것은 하나도 없는 것과 통한다고 했던가? 셀 수 없이 많은 유물과 작품들이 이어붙인 여러 채의 건물 속, 방과 복도를 따라서, 또 정원에까지 꽉 차서 진열·전시되어 있으니, 대체 무슨 재주로 이것들을 다 본단 말인가? 어떤 전시물이 역사적 가치가 높은 것인지? 어떤 작품이 예술적 가치가 더 큰 것인지? 전시물 사이를 스쳐 지나면서 나는 당황스럽기까지 하다.

내가 어떤 작품 앞에 오래 머무르고 있는 것은 작품을 감상보기보다, 나 스스로를 돌아보고 있었기 때문이다. 작품 앞에, 또 작가 앞에 나는 한없이 초라하고 작아 보였다.

결국, 이 바티칸 박물관의 관람 동선은 전시실을 쭉 둘러본 후에 마지막으로 시스티나 성당을 향하게 되어 있다. 아마도 이 성당이 박물관 관람 대단원의 정점인 것 같다.

시스티나 성당

나는 이 시스티나 성당을 보려고 여기, 로마에 왔나 보다. 다른 곳에서는 사진 촬영이 허가되는데, 여기서는 허락이 되지 않는다. 어깨를 움츠리고 군중에 떠밀려, 이곳에 들러선 순간부터 나는 모든 순례자들이 하는 것처럼 사방을 둘러보고 천장을 올려다보면서 알 수 없는 감동과 외경심 그리고 두려움이 나를 온통 짓누르고 있음을 깨닫는다. 왜 사진을 찍지 않아야 하는지를 알 것 같다. 서양인, 동양인 모두들 바닥에 붙어 서서, 어깨를 맞대고 미동도 하지 않는 채 눈동자만 번득인다.

여기에 인류 역사의 최대 천재 미켈란젤로의 〈천지 창조〉, 〈최후의 심판〉 등의 그림이 있다. 이 그림들의 자세한 내용은 여기서는 설명할 수 없기에, 이곳에 들어오기 전 바티칸 박물관의 피냐 정원에서 30분 가까이 입에 침을 튀겨 가며 힘주어 설명하는 가이드로부터 들고 온 터라 짐작은 하였지만, 이 그림들이 어디 말로 설명해서 알 만한 것들인가? 사진도 못 찍지만, 모여 설명을 들을 형편도, 분위기도 아니다.

나는 성경에 대해서 상당히 해박한 지식을 갖고 있다고 자부하였지만, 오늘 다시 한 번 나의 무지와 상상력의 빈곤과 겸손의 필요를 깨닫는다. 그리고 저들의 재능과 신앙심 그리고 상상력 앞에 고개를 숙이고 옷깃을 여민다. 그림의 내용에 대한 설명은 오히려 작품의 진가를 떨어뜨릴까 조심스럽기도 하나, 그래도 언급을 안 할 수가 없다.

두 그림 속에는 하나님도 나오고, 예수님도 등장하고, 아담을 비롯해 노아, 이사야, 에스겔 등 구약의 선지자들과 신약의 사도들, 껍질만 남은 바돌로매를 비롯한 순교자들이 다수 등장하고, 또 그 당시 사람들도 들어 있어서 설명을 듣지 않고는 알아보기가 수월치 않다. 그러나 자세히 들여다보노라면, 짐작이 가는 면도 없지 않다. 많은 생각을 하게 한다.

〈천지 창조〉 그림이 이 자리에 있게 된 뒷이야기를 하자면, 건축 설계자인 도나토 브라만테가 자기의 제자가 될 것을 거부한 미켈란젤로를 골탕 먹이려고, 당시 교황 율리우스 2세에게 천장에다 그림 그릴 것을 제안하면서 미켈란젤로를 추천한다. 그에게는 대형 그림을 그릴 만한 재능이 없다고 여겼기 때문이다.

율리우스 교황의 강임에 따라 천장화를 맡게 된 미켈란젤로는 4년간의 비밀 작업 후, 길이 36m, 폭 13m, 등장인물 300여 명의 〈천지 창조〉를 완성한다. 브라만테의 기대와는 달리, 인류 최대의 걸작이 나온 것이다. 이때가 35세 때다.

그러나 이를 본 교황 율리우스와 둘러선 이들은 마음에 들어 하지 않았다. 등장인물이 전부 벌거벗어서 외설적이고 불결하다고 생각된 데다가, 단테의 신곡 내용을 삽입하는 등 이단적인 요소도 다분하였기에 불만을 가진 것이다. 후에 제자들에 맡겨져, 일부는 덧칠을 하여 옷을 입힌다. 오히려 원작을 훼손한 것이다.

미켈란젤로 57세 때, 다시 성당 전면의 제단 뒤 벽화를 그리게 된다. 6년 동안 혼자 작업을 하여 1541년에 〈최후의 심판〉도 완성한다. 그의 예술 인생에서 정점을 찍은 최대 걸작이 탄생한 것이다. 그 당시 유행한 프레스코 그림이다. 나는 미켈란젤로, 그의 예술적 천재성에 경탄하며 저들이 가진 자부심에 동의한다. 이러한 예술적 자산을 가지고 있는 저들이 한없이 부럽다.

그 외에도, 시스티나 성당의 벽면에는 오른편에 모세의 생애를 표현한 6개의 그림이, 왼편에는 예수의 생애를 표현한 6개의 그림이 더 있으며, 그림들의 작가는 모두 다르다.

한편, 이 시스티나 성당은 교황 유고시에, 다음 교황을 선출하는 콘클라베가 행하여지는 성당이기도 하다. 선출에 실패하면 굴뚝에 검은 연기를, 선출에 성공하면 흰 연기를 피워 내서 즉시 밖에 알리는 것이다. 여기의 시스티나 성당은 카테드랄도 아닌 작은 성당 카펠라이지만, 바실리카 급이다.

성 베드로 광장

　바티칸 시국의 성 베드로 성당 바로 앞에 조성된 광장으로, 최대 30만 명이 들어설 수 있는 큰 규모이다. 베드로 성당의 2층 중앙 발코니에서 교황이 강복을 할 때면 수많은 순례자들과 신도들이 운집하는 모습을 TV 등 매스컴에서 쉽게 볼 수 있는 바로 그 광장이다. 잔 로렌조 베르니니가 설계하였으며, 1656년에 시작하여 1667년에 완공한다.

　미켈란젤로가 설계한 성 베드로 대성전의 돔을 머리에 두고 반원형의 회랑 두 개로 양팔을 벌려, 모든 사람을 끌어안는 모습을 표현했다. 양편에 4줄로 늘어선 토스카나식 기둥 284개와 벽에서 돌출된 기둥 88개로 이루어졌으며, 원기둥 대리석 위에는 높이 3m인 140개의 성인 상을 베르니니의 제자들이 조각하여 얹었다.

　성당 자체는 십자가 모양이며, 광장과 합치면 열쇠 모양이 된단다. 또, 성당 앞의 광장 시작 부문에 좌우로 두 개의 큰 동상이 있는데, 왼편의 것은 열쇠를 든 베드로이고, 오른편의 것은 검을 든 바울이다.

　광장의 정중앙에는 오벨리스크가 서 있는데, 이집트에서 칼리굴라 황제가 강탈해 온 것을 교황 시스르 5세의 명에 따라 기술자이며 건축가인 도미니코 폰타나가 옮겼다고 한다. 높이 25.5m, 무게 320톤으로, 옮기고 세우는 데 많은 에피소드가 있었다 하며, 지금은 탑 전면의 상형문자는 사라져 버리고 탑 꼭대기에 십자가가 세워져 '십자가의 승리'를 억지로 상징하게 했다는 비난도 받고 있다.

　나는 광장과 분수대 옆을 서성이다가, 한편 구석의 간이 기념품

가게에 들러, '피에타' 상 하나를 집어 들었다. 무엇이든 기념품을 하나쯤은 마련해야 할 것 같았기 때문이다. 베드로 성당의 한 조각을 안고 가는 것 같아, 공연히 발걸음이 가볍다.

로마는 하루아침에 이루어지지 않았다

BC 1000년경부터 로마 땅에서 본격적으로 사람들이 살기 시작했으며, BC 6세기 초 에트루리아인이 통일된 도시국가를 건설하고, BC 509년 공화정이 되었다. BC 375년부터 100년간의 계속적인 영토 확장을 통해 로마는 대제국이 되었다.

BC 250년경 로마시의 인구는 거의 10만이었으며, 정복지에서 쏟아져 들어오는 공물과 전리품으로 많은 공공시설을 만들 수 있었다. BC 3세기 초에 이미 2개의 수로로 깨끗한 물을 끌어왔으며, 주요 도로는 포장되고 하수도가 복개되었다. 또 공공건물과 극장들을 지으면서 로마는 아름다운 도시를 만들 수는 있었다. 그러나 살기 좋은 도시로 만들지는 못하였다 한다.

이때 도시 건설과 행정에 괄목할 만한 수완을 보인 인물 중에는 황제 율리우스 카이사르와 아우구스투스, 그의 친구 아그리파 등이 있다.

포로 로마노 광장

그 당시의 로마 모습 중 일부가 현재 남아 있는데, 그것은 바로 여기 지금 발굴 중인 '포로 로마노 광장'이다. 로마의 한가운데에서 로마 제국의 발전과 번영, 쇠퇴와 멸망의 천 년 동안 정치 · 종교 · 상업 등 고대 로마 시민생활의 중심이 되었던 곳으로, 6개 언덕으로 둘러싸인 습지대였으나, 배수공사 후 집회의 장소로 사용되면서 왕이나 황제의 포로(포럼: 공개 토론) 문화, 신전, 기념비, 바실리카(공회당)의 건축물이 많이 들어섰다.

그러나 283년 대화재로 모두 불탄 이후 방치되어 오다가 토사나 쓰레기에 묻히던 것이, 급기야 홍수까지 나면서 완전히 흙 속에 묻혔다. 19세기 무솔리니 시대에 와서야 비로소 발굴되기 시작하였고, 지금도 여전히 발굴이 진행 중이다.

이곳에는 셉티미우스 세베루스 개선문, 티투스 개선문, 신전 등 그 발굴 범위가 상당히 넓음을 볼 수 있는데, 아직도 100년은 더 발굴하면서 관광객을 모을 수 있다고 자랑이 대단하다. 유적 가운데 남아 있는 기둥과 일부 담, 대리석의 도로 등 몇 가지 유적만 가지고도 옛 도심의 규모를 상상할 수 있겠다.

나는 사실 온전한 도로, 건물, 조각상이 있는 거리보다도 이곳의 다 쓰러져서 기둥과 벽 그리고 옛 영화의 터와 흔적만 남은 이 포로 로마노 거리에 왜 더 동정과 애착이 가는지 모르겠다. 2천 년 전의 삶이 만져진다.

이 포로 로마노의 동쪽에는 콜로세움이 있고, 서쪽에는 트레비 강이 있으며, 남쪽에는 팔라티노 언덕, 북쪽에는 캄피 돌리오 언덕이 있다. 그중 팔라티노 언덕과 캄피 돌리오 언덕에서 모두 포로 로마노의 발굴 현장을 내려다볼 수 있는데, 나는 지금 캄피 돌리오 언덕에서 저 곳을 내려다보며 세월의 무상을 배운다. 그리고 저들을 향한 안쓰러움을 접는다.

지금도 발굴 중인 고대 로마의 유적 발굴 현장.
저들은 아직도 몇 백 년은 더 장사할 소재가 있다며 자랑이 대단하다.

관광객이 참으로 많은데, 그중에는 어린 학생들의 단체 관람도 끊이지 않고 있단다.

로마의 상징 콜로세움

이 포로 로마노 광장에서 동쪽으로 그리 멀지 않은 곳에 '콜로세움'이 있다. 정식 명칭은 '플라비아누스 원형경기장'으로, 여분의 떠받치는 힘을 더하기 위해 적당한 언덕을 파서 세운 이전의 원형극장들과는 달리, 돌과 콘크리트로 세운 완전한 독립 구조물로서 가로 190m, 세로 155m에 이르며, 5만 명의 관객을 수용할 수 있었다.

이 경기장에서 수천 회에 걸친 검투사의 시합과 맹수들과 인간의 싸움, 모의 해전 같은 대규모의 전투 장면이 실현되었다. 로마에서 기독교가 공인되기 전인, 초대교회시기에 수많은 기독인들이 맹수들의 먹이로 던져지면서 순교의 제물이 되어 간 장면이 들어 있는 영화, 〈쿼바디스〉나 〈글레디에이터〉는 이 콜로세움을 설명하기에 충분하다. 그때 맹수들과의 싸움, 죽음 앞에서도 찬송을 부르는 기독교인들의 모습은 네로 황제에게뿐 아니라, 오늘의 우리들에게도 말할 수 없는 감동을 주며, 신앙을 일깨워 준다.

중세에 낙뢰와 지진으로 일부 소실되었으며, 반달족에 의해 더욱 심하게 파손되었다. 높이 48m, 둘레 527m, 경기장 내부 길이 87m, 폭 55m인 당시의 최고 건축물은 AD 70년경 베스파시우스가 시작하여, 80년 티투스 황제 때 개막식을 하였고, 608년까지는 경기장으로 사용하다가 중세에는 요새로만 이용되었으며, 이후에는 성당이

로마 관광의 중심지 콜로세움.
지금도 바티칸에서는 그때의 순교자들을 위한 미사를 매년 드리고 있다고 한다.
함부로 파간 청동물 있던 자국이 마치 총흔처럼, 흉물스럽게 남아 있다.

나 궁전 등의 건축에 사용될 자재의 제공 터로 전락하였다. 그때 청동 못을 빼 간 자국이 풍화 작용으로 지금은 총탄을 맞은 자국처럼 흉물스럽게 남아 있고, 관중석 의자의 대리석도 다 없어졌다.

지금은 자재 반출이 법으로 금지되었고 대대적인 보수 중에 있으며, 초대교회 때 순교한 영혼들을 위한 미사를 행하던 것이 바티칸 교황청에 의해 매년 행해지고 있다고 한다.

바로 이웃하여 '콘스탄티누스 개선문'이 있다. 콘스탄티누스 개선문은 콘스탄티누스 1세의 즉위 10년을 기념하여, 315년에 원로원이 세운 것이다. 콘스탄티누스가 312년 로마에 진군할 때, 대낮에 '십자가'와 '이것으로 이겨라.'라는 환상을 전군(全軍)과 함께 본 후 막센티우스 군을 트레비 강 근처에서 격파했는데, 그 전투 장면이 이 문의 부조에 생생하게 그려져 있다.

이 사건은 기독교의 공인과 제국의 통일에 획기적인 것이 되었는데, 프랑스 파리에 세워진 개선문은 이 문을 모델로 하여 세운 것이다.

기독인 묘지 카타콤베

'모든 길은 로마로 통한다.'의 그 로마의 길은 기원전 312년에 착공한 '아피아 가도'가 그 시발점이다. 이 가도의 시작 가까운 곳에 산 세바스티아노 성당이 있고, 여기 지하에 성 베드로와 성 바울의 시신이 잠시 안치된 적이 있단다. 이것이 지하 무덤인 '카타콤베'의 시작이라 하며, 후에 지하 묘지 전체로 의미가 확대되었다.

지하에 바위를 뚫어 묘실을 만들고 시신을 안치했던 장례법은 그 당시 다른 여러 나라에도 있었으나, 응회암 동굴과 폐광된 채석장이 가난한 로마인의 무덤이 되면서부터 초기 기독교인들이 순교를 당한 후에 저들의 시신을 안치하던 용도 외에도, 이 무덤들은 저들을 박해하며 잡으려던 로마 군인들의 추격을 피하는 기독교인들의 피난처가 되면서 점점 커져 갔다. 군인들은 두려워서 무덤 속에까지 따라 들어오지는 못했다 한다.

　16세기부터 19세기까지 사이에 재발견된, 이 초기 기독교인들의 지하 공동묘지는 전체 길이가 900㎞가 넘는다고 하며, 로마 주위에도 40여 개가 있으나 지금은 규모가 큰 4개만이 개방되고 있다.

　이 무덤에 들어서면, 높이 2m, 폭 1m 남짓 크기의 통로가 가로세로로 미로처럼 얽혀 나간다. 또 계단을 통하여 아래층과 위층으로 연결되기도 한다. 그 벽 중간중간에 시신이 간신히 놓일 만큼 직육면체 모양의 굴을 뚫어 시신을 안치하곤 했다. 지금은 시신이 있던 자리에 노란 가루만 남아 있고 비어 있다. 그 영혼은 천국에 갔으려니!

　이 지하 무덤에는 시신만 안장했을 뿐, 여기서 생활까지 하지는 않았다는 것이 터키의 갑바도기아 지하 동굴과 다른 점이다.

　그 카타콤베 가운데 수십 개의 화살을 맞고 순교한 로마 장교 세바스티아노의 이름에서 유래한 산 세바스티아노 카타콤베와, 10명의 순교자와 16명의 교황과 함께 일반 기독교인들이 묻혀 있는 묘역 15만㎡, 갱도 길이 20㎞인 산 칼리스트 카타콤베를 일반적으로 많이 찾는다. 우리도 이곳을 찾았다.

이들은 로마 군인들을 피하여 비밀 집회도 가졌으며, 성체와 음식을 나누는 예배도 여기에서 드렸던바, 기독인들끼리 나누던 암호가 있었으니 "ΙΧΘΥΣ"(익투스: 예수 그리스도는 하나님의 아들 구세주)이었다. 이것은 그리스어로 물고기와 뜻이 같아서, 물고기를 그려 보이면서 서로의 위상을 확인하고 로마 군인들의 추격을 따돌렸다 한다. 이 물고기 문양과 글자, 그림들이 저들이 사용했던 도자기, 등잔 등 생활 용품과 함께 많이 발굴되고 있다.

영화 〈로마의 휴일〉

윌리엄 와일러 감독이 만든 오드리 헵번, 그레고리 펙 주연의 흑백영화 〈로마의 휴일〉이 1953년에 제작·상연된 적이 있다. 재미있어서 몇 번이나 더 보았었는데, 그 영화의 무대를 내가 이렇게 밟아 보게 될 줄은 전혀 생각하지 못했었다.

이 영화에서는 로마의 명소 중에서 콜로세움과 트레비 분수, 스페인 광장, 진실의 입 등이 화면에 소개되는데, 서로 그리 멀지 않은 곳에 있어서 도보로 구경할 수 있다. 또 관광객이 많이 몰린 곳을 찾으면, 쉽게 이 명소들을 만날 수 있다.

로마 시내에는 대형 버스가 진입을 할 수 없어서 로마 시내는 도보로 관광을 할 수밖에 없기에, 우리는 벤츠 5대를 전세 내어 한 줄로 나란히 신나게 달리고 뛰었다. 까만 벤츠에 까만 안경을 낀 조폭처럼 생긴 자들이 깍듯이 모시는 모습은 또 하나의 멋진 추억거리가 되었다.

먼저 간 곳이 베네치아 광장으로, 비토리오 임마누엘 2세 기념관이 그의 기마상과 함께 자리한다. 시민들은 주변에 어울리지 않는다고 싫어하여 빈정거리며, '하얀 웨딩 케이크'라고 부르고 있단다. 아래에는 1차 세계대전 때의 무명용사의 묘가 있다.

트레비 분수

'트레비 분수'는 높이 25.6m, 너비 19.8m의 바로크 양식으로 지어진 분수로, 로마에서 가장 크고 멋진 분수이다. 고대의 수도 '처녀의 샘'을 부활시키기 위해 현상 모집한 출품작 중에서 니콜라 실비가 설계한 작품이 선정되어, 1732년부터 30년간을 공사하여 완성되었다.

이 분수에서는 뒤돌아서서 동전을 물속에 던져서 운수를 점치는데, 한 번 던져 넣으면 로마에 다시 올 수 있고, 두 번 던져 넣으면 연인을 만날 수 있고, 세 번 던져 넣으면 이별을 하게 된다는 속설이 있단다. 영화 〈로마의 휴일〉에서 공주인 오드리 헵번도 이곳에 동전을 던진다.

우리가 갔을 때에는 대대적인 보수 공사를 하고 있어서 원형을 볼 수는 없었지만, 그래도 밀려드는 관광객을 배려하는 차원에서 보수 현장 앞으로 임시 다리를 만들어 지나가며 볼 수 있게 해 놓았기에, 줄을 지어 서둘러 지나며 사진에 담는다.

건너편 가게에서 젤라토 아이스크림을 들고 나오면서 보니, 오드리 헵번이 머리를 잘랐다는 미장원은 옷가게가 되어 있고 그나마 오늘은 닫아걸었다.

스페인 광장

다시 벤츠를 타고 옆길로 쭉 올라가 트리니타 데이 몬티(일명 삼위일체) 교회 앞에 내린다. 여기에서 아래쪽으로 쭉 놓여진 137개의 계단이 '스페인 광장' 계단이다. 계단 곳곳에 꽃 화분이 놓여 있고, 그 화분 사이에서 이야기를 나누는 연인들도 꽃처럼 아름답다. 옆에 스페인 대사관이 위치해 있어서 붙여진 이름이며, 계단 밑 광장에는 아버지 베르니니가 설계한 바르카치아 분수(일명 난파선의 분수)가 있다.

이 계단의 밑 부분에 오드리 헵번이 걸터앉아 아이스크림을 먹고 있는데, 뒤쫓아오던 신문기자 역의 그레고리 펙이 우연인 척하며 해후하는 장면이 나오는데, 이곳이 바로 그 장소인 스페인 광장이다. 지금은 여기서 아예 아이스크림을 못 먹도록, '벌금 50유로'의 법으로 규제하고 있는데, 이는 영화 후에 하도 먹는 사람이 많고, 또 이로 인해 쉽게 지저분해졌기 때문이란다.

진실의 입

코스메딘 산타마리아 델라 교회 입구에 가면, 한쪽 벽면에 강의 신 홀르비오의 얼굴 앞면을 둥글게 조각한 1.5m의 대리석 가면을 볼 수 있다. 입이 조금 벌어져 있는데, 거짓말을 한 사람이 이 입에 손을 넣으면 손이 잘린다는 전설이 있다고 한다.

영화 〈로마의 휴일〉에서는 그레고리 펙이 여기에 손을 넣었다가 비명과 함께 손이 잘린 척하는 바람에, 놀랐던 오드리 헵번과 나중에 포옹을 하는 장면이 나와서 보는 이의 웃음을 자아내게 한다.

영화 〈로마의 휴일〉로 잘 알려진 '진실의 입'. 우리 부부도 여기에 손을 넣어 보았다.

우리 부부도 여기에 손을 넣었으나, 항상 진실만을 말하고 살았음인지 손이 멀쩡하였다.

잘 만든 영화 하나가 얼마나 큰 위력을 보여 주고 있는지 실로 놀랍다. 여배우 오드리 헵번은 이 영화로 무명 배우에서 일약 스타덤에 올라섰고, 로마는 새로운 관광 명소 몇 개를 발굴한 셈이다. 별힘을 들이지 않고 관광 마케팅을 한 것이다.

판테온 신전

그리스 말로 '판'은 '모든', '테온'은 '신'이란 뜻을 가진 말의 합성어로, '판테온 신전'이란 '모든 신을 위한 신전'을 말한다. 기원전 27년에 아그리파 집정관에 의해 세워졌으나, 80년경의 대화재로 소실되고, 서기 125년경 하드리아누스 황제 때에 재건되었다.

전면에 하나의 돌로 된 코린트식 12.5m의 대원주 16개가 있고, 그 뒤로 빨려 들어가듯 들어서면 신전 내부 원형모양 바닥의 지름이 43.3m이고 신전 돔의 높이 역시 43.3m인 판테온 신전 안에 서게 된다. 그 넓은 신전 가운데에 기둥 하나 볼 수 없고 석재로 된 큰 조각판만으로 쌓아 올린 돔을 보게 되는데, 돔의 가운데에는 지름 7.5m의 구멍이 있어 하늘이 보이며 햇빛도 들어와 채광의 구실을 한다. 비도 들어오기 때문에 밑에는 경사지게 만들어 배수를 용이하게 했다. 또 이 햇빛 구멍은 해시계 역할도 한단다.

이 판테온의 돔은 피렌체 두오모 성당을 지을 때, 필리포 브루넬레스키가 이 돔을 연구하고 모방해서 피렌체 성당의 스스로 지탱되는 돔을 지었으며, 미켈란젤로도 이 판테온 신전을 모방하여 베드로 성당의 돔을 완성했다고 한다.

철근 하나 없이 지어져 2천 년을 지탱해 온 이 신전은 이태리 건축기술의 진수를 보여 주고 있으며, 609년부터 가톨릭 성당으로 탈바꿈하였고, 내부 장식도 많이 변하여 르네상스 화가 라파엘로의 무덤이 이 안에 있게 됐다.

로마는 시 전체가 박물관이다

로마의 구시가지 북쪽 끄트머리에 '민중의 광장'이라는 '포폴로 광장'이 나온다. 처음 보는 광장다운 광장으로, 중심에는 어김없이 오벨리스크가 있다. 기원전 3세기 아우구스투스 황제가 이집트에서 가져온 것으로, 높이가 36m에 이른다.

광장 북쪽에는 포폴로 문이 있는데, 옛날 로마로 들어오는 입구요 관문으로서 괴테, 바이런, 키이츠도 이 문을 통해 로마로 입성했다 한다. 반대편 남쪽에는 쌍둥이 성당이 있고, 두 성당 사이로 명품 등의 쇼핑을 할 수 있는 코르소 쇼핑거리가 있으며, 이 길을 따라가면 베네치아 광장, 콜로세움, 트레비 분수, 스페인 광장, 판테온 신전에 이를 수 있다고, 입구에 세워진 이정표가 말해 준다. 로마는 그렇게 넓지 않아서, 웬만하면 걸어서 한두 시간 이내에 다다를 수 있는 것 같다.

가는 곳마다 성당이요, 동상이요, 분수요, 광장이고, 또 오벨리스크이다. 로마에서 만난 유적을 모두 다 열거할 수도 없고, 또 알지도 못한다. 그만큼 참으로 많다.

로마에는 지하철이 A와 B 두 노선밖에 없는데, 이것은 땅을 파기만 하면 유적이요 유물이라서 지하철을 쉽게 건설할 수가 없기 때문이란다. 로마는 지하도 보이지 않는 박물관인가 보다.

아는 것만큼 보인다고 했던가? 보는 것만큼 안다고 했던가? 로마는 유네스코가 지정한 문화유산이 44개나 된다고 하는데, 나는 너무 준비 없이, 너무 무지한 상태로 여기 로마에 발을 들여놓았기에, 내가 제대로 알아보지 못한 로마 시에게 오히려 미안하다. 그럼에도 불구하고 나를 너그러이 품어 준 로마에 오히려 감사한다.

밀라노 대성당 두오모

고속열차 트랜이탈리아로 로마를 떠나, 약 3시간 후에 북쪽에 있는 밀라노에 내린다. 로마가 이태리의 행정적 수도라면, 밀라노는 경제적 수도란다. 밀라노 광역권의 GDP는 유럽에서 7번째로 높아서, 이태리의 남부가 농업 위주의 산업을 가지고 있는 데 반해, 북부는 공업을 위주로 하며 제조업이 많아 상대적으로 부유하다.

밀라노는 세계 패션과 디자인의 중심지뿐 아니라, 산업 · 음악 · 스포츠 · 문학 · 예술 · 미디어의 중심지로서의 역할도 담당하고 있다. 1906년에 세계박람회를 개최했으며, 금년도에는 5월부터 유니버설 박람회를 진행하게 되어 있어, 길거리에 걸린 태극기를 볼 수 있었다.

밀라노에서 제일 유명한 것은 밀라노 대성당 두오모이다. 찌를 듯한 무수한 첨탑과 수많은 조각품을 가진 성당 앞에 서면, 우선

밀라노의 대성당 '두오모'의 화려한 모습. 사진 한 장으로는 다 담을 수가 없다.

그 기세와 위엄에 눌리게 된다. 크기로 따지면, 로마의 성 베드로 성당, 런던의 성 바오로(바울) 성당, 독일 쾰른 대성당 다음으로 크단다. 높이 157m, 너비 92m 에, 밖에 장식된 성인과 동물의 조각상이 무려 3,500개나 된다고 한다.

롬바르디아 평원의 한가운데에 세워진 이 건축물은 밀라노 영주였던 잔 갈레아초 비스콘티에 의해 1386년에 착공되어, 거의 500년의 세월을 지낸 후인 1858년에 완성한 것이다. 외관 벽의 전형적 고딕 양식의 135개 탑 하나하나마다 성인 조각 작품이 올려져 있고, 가장 높은 첨탑에는 황금빛 마리아 상이 서 있다.

또 거대한 삼각형 모양의 전면 파사드에는 고딕 · 르네상스 · 신고전주의 양식이 혼합된 여러 개의 청동 문에 성모 마리아와 성 암브로시우스의 일화, 밀라노의 역사 등이 부조되어 있다. 화려한 외부에 비하여 내부는 그리 화려하지는 않은데, 전면의 긴 파이프 오르간과 함께 레오나르도 다빈치가 그렸다는 스테인드글라스가 아름답다.

여인의 속옷 레이스를 거꾸로 세운 것 같이 뾰족뾰족한 외모의 섬세함과 우아함 그리고 그 위엄을 한 번에 다 담을 수 없어, 카메라는 자꾸 뒤로 물러난다.

임마누엘 2세 갤러리와 '라 스칼라' 극장

두오모 성당 앞에 있는 광장의 서편에는 거대한 기마상이 대성당 정면을 바라보고 있다. 이탈리아 왕국의 초대 왕인 빅토리오 임마누엘 2세의 동상인데, 로마, 피렌체, 베네치아에서도 볼 수 있었다. 그는 476년 로마제국이 멸망한 후, 수많은 군소국가로 나누어져 외세의 지배를 받아 오던 이탈리아를 1870년에 통일한다. 그러나 실은 밀라노는 이 통일을 달가워하지 않았으니, 남부 이탈리아의 다른 도시보다 상대적으로 부유하였기 때문이다.

이 두오모 광장에서 북쪽으로 들어서면, 빅토리오 임마누엘 2세의 이름을 딴 갤러리가 나온다. 세로 200m의 통로와 가로 100m의 통로가 직각으로 교차하여 십자가 모양을 이루며, 철골과 유리로 된 천장이 무척 아름다워 '밀라노의 응접실'이라 불린다. 바닥은 모자이크 타일이 여러 가지 무늬를 수놓았으며, 길 양편으로 카페, 레스토랑과 루이비통, 프라다, 샤넬 등 각종 명품 가게가 줄지어서 있다. 가격도 그리 비싸지 않다.

이 갤러리를 지나 일직선으로 가면, '라 스칼라' 오페라 극장이 나온다. 오스트리아 빈의 국립오페라, 영국의 로열 오페라하우스, 미국 메트로폴리탄, 파리 오페라 극장과 함께 세계 5대 오페라 극장 안에 드는데, 〈노르마〉, 〈오텔로〉, 〈팔스타프〉, 〈나비부인〉, 〈투란다트〉 등이 여기서 초연되었다 한다.

특히 베르디와 푸치니의 오페라가 많이 공연되었는데, 베르디가 스칼라 극장의 의뢰에 따라 작곡한 오페라 〈나부코〉의 "히브리 노예들의 합창"이 처음으로 불리어졌을 때는, 관중들이 발을 동동 구르며 환호했다고 한다. 그도 그럴 것이 이때는 밀라노도 극 중 내용처럼 외국의 지배 아래 있었기 때문이다.

라 스칼라 극장 앞에는 레오나르도 다 빈치의 동상이 그의 제자들과 함께 서 있다.

아울러 김동길, 서정학, 이정원, 전승현, 조수미 등 우리나라의 성악가도 이 무대에 많이 섰단다.

레오나르도 다빈치

라 스칼라 극장 앞에는 레오나르도 다빈치가 제자들과 함께 동상으로 서 있다. 피렌체 메디치 가문의 위대한 통치자 로렌조가 다빈치를 밀라노 궁정의 궁정음악가로 소개한 것이 인연이 되어, 이곳 밀라노에서 20년간을 활동했다고 한다. 이곳에서 그는 지금도 산타마리아 델라 그라찌 성당 안의 수도원 식당에 있는, 예수님의 마지막 유월절 식사인 〈최후의 만찬〉을 그렸다. 이 그림은 우리 집에도 걸려 있다.

그 외에도 그가 남긴 유명한 그림으로는 〈그리스도의 세례〉(우피치), 〈수태고지〉(우피치), 〈동굴의 성모〉(루브르), 〈흰 족제비를 안고 있는 여인〉(차르토리스키), 〈음악가의 초상〉(암보르시니아), 〈리타의 성모〉(에르미타지), 〈모나리자〉(루브르), 〈암굴의 성모〉(런던 국립 미술관), 〈성 안나와 성 모자〉(루브르), 〈세례자 요한〉(루브르) 등이 있다.

다빈치는 화가로 알려진 것 외에도 조각가, 건축가, 기술자, 식물학자, 도시계획가, 천문학자, 지리학자 그리고 음악가였다. 미켈란젤로가 닮고 싶어 한, 너무 다재다능한 천재였다.

인천 공항

밀라노를 끝으로 말펜사 공항을 떠나 귀국길에 오른다. 지구의 자전 방향과 반대 방향이라서 그런가? 갈 때보다 빠른 시간에 우리의 인천 공항에 내린다. 외국에 나가면 누구나 애국자가 된다는 말이 있듯이, 나는 인천공항에 설 때마다 말할 수 없이 편안함, 쾌적함과 함께 자부심을 느낀다. 조국에 감사한다.

외국을 여행하는 이유가 크게 두 가지라고 생각하는데, 먼저 우리나라에서는 볼 수 없는 자연의 아름다움, 웅장함, 경이로움을 느끼기 위해 갈 때가 있고, 다음으로는 지구촌 다른 나라 사람들의 생활하는 모습과 문화, 그들의 살아온 흔적을 살펴보러 갈 때가 있다. 이번 여행은 다른 나라의 문화를 보고 싶어 찾아 떠난 여행이었다.

서양 중에서 멀리 동유럽이나 발칸 반도로의 여행은 다녀온 적이 있으나, 세계 문화의 중심지라는 파리나 로마로의 여행은 처음이다. 여행의 순서가 잘못된 것인지 모르겠으나, 다른 곳을 다 둘러본 후에 여행의 중심지로 들어가는 것도 의미가 있으리라 여긴다.

천 년, 혹은 2천 년을 이어 온 파리와 로마 그리고 그 옆의 도시들. 나의 좁고 얕은 생각과 자세, 습관까지 지적하며 일깨워 준 여행이었다. 저들의 크고 놀라운 문화를 보는 현장에서, 우리의 작은 문화가 자꾸 겹쳐져 떠오른다. 우리도 우리의 것, 우리의 문화를 만들고 가꾸고 발전시켜야 하지 않을까 하는 생각이 자꾸만 고개를 내민다.

그러기 위해서는 남의 것을 자꾸 보아야 하리라. 그러한 기회가 주어졌음에 감사하며, 같이 길을 떠났던 모든 사람들에게 고마움을 전한다.

나는 참으로 행복하며, 운이 좋은 사람이다. 하나님의 특별한 은
총을 입은 사람이다.

2015년 5월

교회 친구들과 함께 걸은 북경 거리

북경 초청 3박 4일 여행기

"생육하고 번성하라. 땅에 충만하라. 땅을 정복하고 다스리라."

이것은 인류를 향하신 하나님의 축복이요, 명령이다. 이 명령에 따라 아시아 대륙 동쪽 끝, 태평양 연안에까지 흘러와 우리의 터전을 잡고 나라를 일으키며 우리의 고유문화와 삶의 방식을 만들어 온 지 반만년.

그러나 우리는 고요한 아침의 나라를 만들어 더불어 사는 방법만 알았을 뿐, 주위의 나라와 족속들을 향해 주먹질할 줄도, 눈을 흘길 줄도 모르고, 그저 그렇게 평화롭게 살아왔다. 누가 때리면 우는 시늉을 할 줄만 알았지, 남을 해코지할 줄은 전혀 몰랐다. 그렇게 조용히 살아왔다. 끈질기게 우리의 삶을 이어 왔다.

그런데 언제나 수동적이요 소극적이며 부정적인 것 같던 우리 한민족이 언제부터인가 세계를 향해 소리를 내고 어깨를 겨루며 세계 7위로서의 존재감을 드러내기 시작했다.

일본을 여행할 때도 그랬지만, 중국을 여행할 때면 언제나 그들에게서 느끼게 되는 것은 그들의 오만한 그 여유 만만함과 함께, 그들이 가진 건축물과 자연유산에서 오는 상상을 초월하는 그 규모와 위용이다. 그것이 인위적인 것이든 자연적인 것이든 우리의 것들과는 격이 다른 크기와 무게를 마주하곤 했다.

그러나 기이한 것은 이러한 것들을 보면서 조금도 주눅이 들거나 위축되지 않는 우리들을 발견하는 것이다. 이제는 오히려 한류(韓流)를 만들어 가면서 공한증(恐韓症)을 심어 주거나, 선망의 대상으로 우리가 자리하지 않았는가?

그러나 중국은 가 보면 볼수록, 알면 알수록, 대단한 나라임에 틀림없다.

우리가 이번에 중국을 방문하게 된 것은 전적으로 이후녕 집사님 덕분이다. 집사님의 4남 2녀 자제분 중 3남 되는 의민 군의 초청 덕분이다. 기간은 2014년 6월 9일 월요일부터 6월 12일 목요일에 귀국하는 3박 4일 일정이다. 행선지도 오로지 베이징(北京)이고, MARRIOTT Hotel에서 3일 밤을 머물렀다.

나이 구순이 되신 아버님을 모시고 싶은 마음에, 교회의 아버님 친구분들까지 같이 초청하여 식사를 대접하기로 작정을 한 것이다. 그것도 이틀씩이나. 제일모직의 북경지사장으로서 결코 한가하고 여유로운 시간만은 아닐 터이지만, 저는 열심히 이 일을 준비했고, 또 행했다.

성경 시편에서는 우리들 인생의 연수가 칠십이요, 강건하면 팔십이라 하였지만, 칠팔십을 넘어 구십의 나이를 사시면서도 자녀들의 도움 없이 꼿꼿이 재미있게 사시는 아버님이 고맙고, 또 그 낙의 근원이 되는 교회와 교회의 여러 남녀 친구분들께 고맙고 감사한 것이다. 그래서 저는 아버님뿐만이 아닌, 교회의 친구 분들을 같이 초대한 것이다. 덕분에 우리는 기약치 않은 호강을 하게 되었고 말이다.

이후녕 집사님 외에 홍철희 집사님, 정충면 집사님, 오석준 집사님, 이진형 집사님, 류병림 집사님 그리고 이능수 장로가 이 여행에 동행했다. 오석준 집사님이 여행의 주관을 맡으면서 모든 심부름의 수고를 마다하지 않으셨기에 우리는 한결 수월하게 다녀올 수

만리장성의 성벽 위를 걸으며. 여기의 이후녕 어르신은 향년 수가 92이시다.

있었다. 또 중국 비자를 낼 때까지만 해도 이정연 장로님이 같이 갈 줄 알았는데, 갑자기 병환이 생길 줄이야. 결국 동행하지 못하였음이 많이 섭섭하고 미안하다.

나는 철들면서부터 60여 년 동안 교회 생활을 해오는 중에 교회의 친구 분들과 같이 식사를 나눈 적이 한두 번이 아니요, 또 같이 베개를 맞대고 방바닥을 뒹굴어 본 적도 더러 있었고, 같이 지방 여행을 다닌 적도 적지 않았지만, 이렇게 3박 4일간의 해외여행까지 하게 될 줄은 전혀 상상하지 못했다. 교회는 이래서 또 한 번 좋은 것 아니겠는가?

경기도 일산 그리고 중산동. 어떻게 보면, 일산 벌의 변두리인 고봉산 밑이다. 여기에 우리 교회는 그 터를 장만한 지 이제 십수 년, 통합하기 전부터 치면 30년이 지났다. 결코 크지도, 아름답지도 않은 교회당이지만, 여기에 모인 성도들만큼은 여느 교회 못지않게 크고 아름답다. 지난 5월 마지막 주일, 나는 나의 친구들 '서울장로성가단'을 초청하여 우리 교회에서 연주를 가진 바 있다. 그 연주로 인하여 우리 교회 성도들로부터 말로 다할 수 없는 칭송을 들었지만, 그때 같이 온 나의 친구 70명이 넘는 단원으로부터도 음악성과 은혜가 넘치는 교회라고, 은혜를 끼치러 갔다가 오히려 은혜 충만하여 돌아왔다고, 두고두고 일러 주는 칭찬을 그 후로 자주 듣는다. 나는 이래서 우리 교회가 좋음을 다시 한 번 확인한다.

중국은 여행하기 좋은 나라이다. 가깝기도 하지만 비용도 적게 들고 구경거리도 많다. 또 그 관광거리가 얼마나 크고 넓은지, 그리고 다양하며 화려한지. 벌린 입을 다물지 못하게 하는 것이 한둘이 아니다.

다시 한 번 만리장성을 오르면서, 자금성을 둘러보면서도, 또 왕부정 거리를 걷거나 후퉁 거리를 인력거를 타고 누비면서도, 그들이 만든 뮤지컬 〈금면왕조〉 공연을 보면서도, 저들의 저 오만한 자부심을 뛰어넘는 세계적인 문화유산과 자연유산을 접하며, 나는 몇 번씩이나 고개를 끄덕인다.

만리장성(萬里長城)

나는 이 장성을 만들어야 했던 이유를 지금도 잘 모른다. 내가 지금 서 있기에는 한 자의 땅이면 족하고, 내가 후에 묻히기에는 한 평이면 넉넉한데, 무엇을 지키겠다고 저기 산꼭대기 능선을 따라 그 육중한 성을 쌓았는가? 마차가 다닐 만큼 넓은 폭의 도로를 위에 이고 있는 이 성벽이 멀리 요동에서부터 서역으로, 지선까지 합쳐 6,300㎞(약 일만 오천 리)에 걸쳐 가물가물 이어져 있다니, 인간의 불가사의한 힘을 짐작케 할 뿐이다.

천안문(天安門) 광장

베이징의 한가운데에 조성되어 백만 명을 동시에 수용할 수 있다는, 세계에서 다섯 손가락 안에 드는 너른 광장이다. 북쪽에는 천안문, 동쪽에는 국가박물관, 서쪽에는 인민대회당, 남쪽에는 모택동 기념관이 들어서 있고, 중심에는 인민영웅 기념비가 세워져 있다.

너르기가 한량없지만, 군데군데 줄을 세워 놓고 소지품 검사를 하고 있는 경찰을 보면서 나는 숨이 막힘을 느낀다. 그래도 우리는 외국인이라고 특별 대우다.

그러고 보니, 여기가 25년 전에 있었던 천안문 사태, 즉 민주화 운동의 현장임을 알겠다. 자유와 생존을 외쳐 대며 민주화를 요구 하던 그때의 젊은 투사들에게 나는 여기, 때 늦은 박수를 보낸다. 해가 어슴푸레 뜨는 새벽의 국기 게양식은 참으로 볼만하다는데, 지금은 해가 중천인 대낮이라 아쉬움만 삼킨다.

자금성(紫禁城)

이 왕성을 찾아드는 사람은 왜 이리 많은가? 우리 같은 외국인, 서양인은 이국적인 호기심이라도 있겠지만, 관광객은 거의가 중국 인이다. 저들에게도 이 성은 기이한 곳인가? 일반 백성에게는 출 입이 허용되지 않았던 자(紫)색의 금성(禁城)이기에 그런 것인가? 줄을 서서 밀려드는 입장객, 그 수입이 어마어마하겠음을 짐작케 한다.

천안문은 정문이 아니다. 정문인 오문(午門)을 지나, 이어서 태 화문, 또 태화전, 중화전, 보화전(여기까지 외정을 하는 곳), 건청문, 교태전, 곤녕궁(여기까지는 내정의 궁궐), 이화문, 신무문 등으로 이 어지는 일렬로 늘어선 문들을 차례차례 지나면서, 과연 외국의 사 신들이 걸어 들어오려면 황제를 뵙기 전에 다리에 힘이 빠져 저절 로 무릎 꿇고 엎드리게 되겠음을 실감한다. 너무 넓은 궁궐이다. 그래서 나는 여기 주인이 되어 잠시만 살라고 해도, 마지막 황제

푸이처럼 한사코 마다할 것이다.

자객이 두려워 나무를 심지 않았다지만, 그래서 더 살 맛 안 나지만, 내궁 어화원에는 기묘한 수석과 연못, 나무가 볼만하다. 그러나 자금성의 마지막 문, 신무문을 나서면서 보이는 맞은 편 경산공원에는 이제 지쳐서 오를 생각도 들지 않는다.

성안의 보물과 보석들, 문화재 중에서 좋은 것은 장개석에 의해 모두 대만으로 옮겨져, 이곳의 박물관 구룡벽, 회화관, 진보관 등이 간직한 수장품은 상대적으로 많이 빈약하단다.

왕부정 거리(王府井 大街)

'왕가의 우물이 있던 자리'라는 이곳의 그 우물은 지금 청동의 뚜껑으로 가려져 있고, 남북으로 800m에 이르는 차 없는 거리는 온통 사람들 차지로서, 우리나라 서울의 명동에 해당한다. 길 양편으로 큰 쇼핑몰과 백화점이 쭉 늘어서서, 온갖 명품들을 내걸어 놓았다.

그러나 그보다도 "王府小吃街(왕부소걸가)" 간판이 말해 주는 '먹자골목'이 더 유명하다. 홍등을 밝힌 포장마차가 있던 자리에 작은 음식점들이 장사진을 이루었는데, 베이징의 명물인 꼬치음식들이다. 양고기 꼬치 외에도 참새, 애벌레, 번데기, 전갈, 지네, 뱀, 해마, 불가사리, 거미, 풍뎅이 등 다리가 달린 것 중에서 테이블 빼고는 다 먹는다는, 그곳의 먹을거리 중에는 나의 구미를 당기는 것이 한 가지도 없다. 우선 냄새가 역겹다.

그 외에도 만두, 야채, 주스, 동물내장, 설탕 바른 과일 등 먹을 거리가 다양하지만, 요사이는 제일 전면에 떡볶이가 등장했다. 아는 사람이 일러 준다. "절대로 먹지 말라"고. 열 번이면, 열한 번 다 후회한다고. 먹지는 않았어도, 먹은 것 이상 배가 부르다. 나는 이 먹자골목에서 눈요기를 충분히 했기 때문이다.

후통(胡同) 거리

자금성이 만들어지기 100년 전인 요나라 때부터 있어 왔다는 이 거리는 우리나라의 삼청동이나 인사동 같은 거리로, 현지인들의 추억이 담긴 거리이다. 구 성내를 중심으로 산재한 옛 모습의 좁은 골목길을 우리는 자전거를 개조한 인력거를 타고 달릴 수밖에 없다. 옛길이 너무 좁고 꼬불꼬불하기 때문이다. 지금껏 700년이 넘는 세월을 버티어 온, 개발을 멈춘 곳이다.

전통적 가옥 건축인 쓰허위안(四合院)에 들어갔다. 동서남북 나누어 지은 집에 방과 부엌이 붙어 있어 아들딸이 같이 살 수 있는 구조였으나, 냄새가 빠지지를 않아 화장실을 못 짓고 마을의 공동 화장실을 이용한단다. 그럼에도 이 전통가옥의 값이 50억 원이라니, 저들의 이야기일 뿐, 내게는 살고 싶은 마음이 추호도 없다.

그래도 이 전통의 거리 곳곳에 음식점도 있고, 피자도 팔고, 커피도 팔고, 골동품점도 있고, 작은 미술관도 있다. 말하자면, 과거와 현재가 공존하고 있는 것이다.

이화원(頤和院)

베이징 중심에서 16㎞ 떨어진 중국 황실의 여름 별궁이자, 최대 규모의 정원이다. 1924년에 공원으로 이용할 수 있게 되었으며, 1998년에 유네스코 세계문화유산으로 지정되었는데, 지정이유가 '중국의 조경과 정원 예술의 창조적 아름다움을 빼어나게 표현했다'는 것이다.

중국 역사에는 두 명의 여걸이 있는데, 당나라의 천측무후와 청나라의 서태후이다. 여기의 이화원은 서태후의 작품으로, 불과 백여 년 전에 만든 것이란다.

원래부터 있던 공원 위에 항주의 서호를 모방하여 최대의 인공호수를 만들어 '곤명호'라 하고, 그 흙을 날라서 북쪽에 높이 60m의 인공 산을 만들어 '만수산'이라 했으며, 이 호수와 산을 배경으로 조경과 황궁을 조화롭게 배치하여, 있는 호사를 다 누리고 횡포까지 부렸다 한다.

청나라 말기의 함풍제(남편), 동치제(아들), 광서제(조카), 세 황제의 뒤에서 섭정을 하는 등 정치에 관여하였으며, 해군의 자금을 끌어다 이화원을 크게 한 것이 청·일 전쟁에서 지게 되는 직접적인 원인이 되었다 하며, 결국 서태후의 청나라는 망하고 만다.

이 이화원에는 만수산 중턱에 있는 6각형의 불향각, 산 정상의 불당 지혜해와 경극 극장 덕화원과 정자 지춘정, 호수 위의 대리석 배, 동쪽 정원의 수석 등 볼거리가 많지만, 길이 778m, 273칸에 이르는 장랑, 긴 복도를 빼놓을 수 없다. 여기에는 8천여 점의 그림을 걸어놓고 자랑 중인데, 내 눈에는 별로 기이해 보이지 않는다.

옛 우물이 있던 왕부정 거리(먹자골목)가 보이는 북경 시내

그 외에도 우리는 일정에 따라 'THE PLACE: 세무천개'라는, 현대적 스타일과 고풍스러운 분위기가 절묘한 조화를 이루는 거리에서 와이드 스크린을 쳐다보았고, '부국해저세계'라는 수족관도 들렀으며, 서커스도 관람하였고, 발 마사지도 받았다. 또 798 예술거리에 가서 이름 모를 미술품들과 조각품들도 보았으나, 크고 황량하다는 인상만 남고, 아기자기함이나 오밀조밀함에서 오는 아름다움은 모르겠다.

거대한 뮤지컬

그러나 우리가 관람한 것 중에 뮤지컬 〈금면왕조(金面王朝)〉 이야기를 빼놓을 수가 없다. 흔히 있을 수 있는 남녀 간의 사랑 이야기로, 대사를 몰라도 줄거리를 이해하기는 어렵지 않은데, 중국어·영어·한국어 3개국의 설명 자막이 간간이 나온다. 관객 중에 우리나라 사람이 참으로 많음을 알 수 있었다.

2008년 북경올림픽 개막식을 연출한 장예모 감독의 작품이요, 당대 최고의 뮤지컬 배우들이 등장하고, 전용극장에서의 공연이라서 그러한지 상당히 안정되어 있다. 전쟁, 상전, 위조, 경축, 달빛, 홍수, 제사, 환화 등 8막으로 구성되어 있는데, 배우들의 연기력이나 안무 실력은 잘 가늠하지 못하겠어도, 아래층과 위층을 넘나드는 연출력과 기획의 힘은 대단하다 하겠다.

특히 홍수 장면에서는 그 웅장함과 사실성이 참으로 돋보인다. 순환시키며 무대 위를 쏟아붓는 그 많은 양의 물! 감탄사가 부족하다. 과연 중국인다우며, '그래서 돈을 모으는구나!' 또 감탄한다.

아드님의 초대

저녁에는 만찬을 즐겼다. 호텔 옆의 중국집에서 우리는 회전 식탁에 둘러앉았다. 여기가 진짜 중국집이다. 앞에서도 언급했지만, 이후녕 집사님의 3남 되시는 이의민 씨 내외의 초청 자리이다.

오늘의 식사 메뉴는 우리에게 묻지 않고 일방적으로 차려진다. 하기야 우리에게 물어보았자 알 리 없고 또 오늘 우리는 손님이 아닌가. 음식에 대하여 일일이 설명을 해 주었지만, 단지 맛으로 음미할 뿐이다. 오늘따라 입이 호강한다.

백주홍인면(白酒紅人面)이요, 황금흑사심(黃金黑土心)이라더니, 엄지손가락 마디만 한 한 잔 술에 얼굴이 빨개진다. 각자의 앞에 놓인 작은 술병이 56도짜리 백주란다. 역시 고급은 좋은 것이라, 맛이나 감흥도 좋지만 빨개진 얼굴이 두 시간을 넘기지 않는다.

오늘 우리는 이후녕 집사님의 인품을 다시 보았다. 평소 자녀에 대한 말씀이 전혀 없으셨기에 잘 몰랐다가, 집사님과 꼭 닮은, 키가 크고 의젓한데다 호방하고 예의바른 멋진 아드님을 만나게 된 것이다.

"자식 자랑, 마누라 자랑하는 팔불출이 어디 있어?"

집사님의 인품을 한 번 더 접한다.

돌아오는 길은 우리만이 돌아오고, 이 집사님은 아들 내외와 같이 손자 만나러 가신다. 아마도 오늘, 손자 중희는 때 아닌 세뱃돈을 두둑이 받았으려니….

이튿날도 마찬가지, 또 다른 중국집이다. 메뉴도 백주도 종류만 바뀌었을 뿐, 그 은근한 접대의 태도와 정성은 여전하다.

자부님에 대한 이 집사님의 칭찬은 말을 아껴 조용하지만, 한껏 자랑하실 만하다. 풍채만큼이나 인품도 후해 보이는데, 시아버님과의 다정한 사이는 보지 않아도 알겠고, 우리들에게까지 은근한 정을 숨기지 않는다. 오랜 기간 동안 알고 지낸 사이처럼 스스럼이 없어진다. 드디어 우리는 돌아가면서 노래 한마디씩을 불렀다. 한국에서처럼 말이다.

"저는 오늘 6분의 아버님을 새로 모셨습니다. 건강하시고 행복하십시오."

아드님의 작별 인사에, 나에게는 저를 위한 기도의 숙제가 또 하나 생겨 버렸다. 돌아오는 길은 며느님이 장만해 준 참깨 자루를 하나씩 어깨에 둘러멨지만, 무거운 줄을 모른다. 정이 가득한 밤이다.

이렇게 3박 4일의 일정이 모두 끝났다. 그 기간이 짧게 느껴지는 것은 여행이 즐겁고 재미있었기 때문일 것이다.

'땅을 정복하고 다스리라.' 하신 하나님의 축복을 이루는 방법 중에 하나는 여행일 것인데, 문제는 우리들의 건강이다. 나이 구순이 되도록 외국을 여행할 수 있는 건강이 우리 모두에게도 주어지기를 바라면서, '내년에도 우리 모두, 다시 한 번 같이 여행하십시다.' 하는 바람이, 김포 공항에서 헤어질 때에 나눈 우리들의 자연스런 인사말임을 전한다. 교회에서 가장 어른임을 자처하는 1남의 나이이지만, 하나님이 주신 건강을 오래오래 간직하는 우리들이 되기를 간절히 바라마지 않는다.

여행 중에 같이 몇 번이고 불렀던 노랫말이 귓가에 맴돈다.

"…내 나이가 어때서. 사랑하기(여행하기) 딱 좋은 나이인데…."

2014년 7월

카네기 홀, 꿈의 무대에 서다

창단 30주년 기념 캐나다 및
미국 동부 여행기

지구의 상징 '자유의 여신상'

'자유의 여신상'을 떠올리니, 오래전에 보았던 영화 〈혹성 탈출〉이 생각난다. 1968년에 개봉되었던 이 영화는 '속도가 빠른 곳에서는 시간이 더디 간다.'는 아인슈타인의 상대성 원리를 전제로 한 영화다.

빛보다 빠른 우주선을 타고 지구를 떠나서 우주여행을 하고 돌아왔더니, 우주선 안에서는 몇 년밖에 안 걸린 시간이었지만, 지구에서는 수십 년의 세월이 흘러 인류는 멸망하고 유인원이 지배하는 시대가 되었다는 가정을 주제로 하고 있다. 우주선이 불시착한 행성이 지구와 너무 닮아 있다고 여기던 차에, 어느 바닷가에서 모래 속에 반쯤 묻혀 있던 '자유의 여신상'을 찾아내고 불시착한 행성이 지구임을 알게 된 후, 인류의 종말 앞에 땅을 치고 통곡한다는 내용을 소재로 한 영화이다.

지구임을 알게 되는, 지구의 상징이 될 만한 것들 중에는 피라미드, 만리장성, 히말라야 산 등 인공적인 것이든 자연적인 것이든 수없이 많을 수 있을 터인데, 왜 해필 '자유의 여신상'을 지구를 대표하는 상징물로 선정하였는지 모르겠지만, 어찌 보면 가장 지구인다운 조형물이요, 가장 미국인다운 발상이라 할 수 있겠다.

이제 미국 독립 100주년을 축하하면서, 프랑스 국민들이 모금하고 제작하여 기증한 우정의 선물, 그 '자유의 여신상'을 보러 우리 '서울장로성가단'이 뉴욕을 간다.

뉴욕으로부터의 초대

2017년 5월이면 '서울장로성가단' 창단 30주년이 된다. 30년이라는 기간이 한 인간이 성장하여 결혼할 시기에 해당하는 것처럼, 한 세대(Generation)가 마감되고, 새로운 세대가 열리는 의미 있는 시간이라고 할 수 있겠기에, 우리들은 30주년을 기념하는 행사는 여느 때와는 다르게 좀 더 무게를 두고 싶어 했다. 따라서 2017년 정기연주회(2017년 가을)와 함께, 2016년 가을에 계획하는 해외 연주는 좀 더 의미가 있는 행사가 되기를 바라 왔다.

2014년 가을, 연변의 과기대에서의 연주 여행을 마치고 귀국할 때부터 또는 그 이전부터, 다음 해외 연주 장소로 미국의 동부를 첫 번째로 꼽아 왔다. 미국 동부의 뉴욕, 워싱턴 등을 비롯한 몇 도시는 세계에서 가장 크고 상징적인 도시들이며, 우리의 교민들도 그곳에 가장 많이 살고 있다고 생각했기 때문이다.

또 자연스레 '카네기 홀'에서의 공연도 단원들의 입에 많이 오르내렸다. 이는 '한국장로성가단', '대구장로합창단' 등 타 단에서의 카네기 홀 공연 소식을 듣고 있었기 때문이기도 하다. 그러나 만만치 않을 대관료도 대관료이겠거니와 수백 혹은 수천 명에 달하는 이국에서의 청중 동원은 어이할 것인가? 욕심이야 있지만 과욕이라 여기고, 우리는 꿈을 내려놓았다.

그러던 차에 2015년 6월, 우리는 '뉴욕장로성가단'의 부단장 유성종 장로로부터 의미 있는 초대장을 받았다. 2016년 가을 추석 때에, 그러니까 우리가 30주년 기념 해외여행을 계획하고 있는 바로 그 시기에 뉴욕의 '카네기 홀'을 빌려, 세계의 주요 도시에 있는 '장로성가단'들을 모셔 놓고 '세계 장로성가단 연합찬양제'를 개최하려 하며, 여기에 '서울장로성가단'을 초대한다는 것이었다. 불감청(不敢請)이언정 고소원(固所願)이라(감히 청하지는 못하지만, 바로 원하는 바이다)고 했던가? 우리는 임원회에서 만장일치로 참여를 의결했다. 그리고 전 단원으로부터도 전폭적인 지지를 받았다.

뉴욕장로성가단에 곡절이 생겨 일의 진행을 잠시 주춤하는 사이, 다시 뉴욕 기독교 방송국 CBSN의 문석진 목사님이 한국과 우리 서울장로성가단을 방문하는 등 이 연합찬양제를 이어받아 적극 추진하였으며, 여러 번의 우여곡절 끝에 우리는 여기 미국에 왔다.

또, 추석 때의 나들이

금년도 2016년에 맞는 추석은 9월 15일 목요일이다. 추석을 전후한 공휴일과 주말 연휴를 합하면 일주일 내내 쉴 수 있다. 아마도 대다수의 직장이 그리 할 것이다. 특별한 경우, 하루 이틀만 월차나 휴가를 내면 9월 10일(토)부터 18일(주일)까지 9일간은 추석 연휴로 쉴 수 있고, 이 기간을 이용하여 여행을 계획할 수도 있다. 우리도 늘 그래 왔듯이 이 황금연휴 기간을 이용하기로 하고, 2016년 9월 9일 금요일에 출발하여 9월 20일 화요일에 귀국하는 10박 12일의 일정으로 연주 여행을 기획하였다.

참석 인원은 처음 계획을 발표하며 여행을 추진하려 할 때에 비하면 조금 줄었다. 처음에는 모두 120명이 넘는 인원이 참여하려 했었으나 점차 여러 가지 개인 사정으로 인하여 도중하차하게 되었다. 출발일이 가까워지면서 여행사의 실수가 드러나 여행에 대한 신뢰가 많이 깨어진 것도 인원이 줄어든 이유 중 하나이다.

대부분의 장로님은 당초 계획했던 KAL 대신 아침과 오후 그리고 저녁때, 3번에 걸쳐 캐나다 항공(Air Canada)으로 각각 나누어 출발하여 같은 날 저녁때에 우리는 토론토 호텔에 모두 모이면서 비로소 본격적인 여행길에 들어섰다. 또 몇몇 장로님들은 각자 별도의 방법으로 여행 중간중간에 합류하곤 하였다.

여행의 최후 목적인 카네기 홀에서의 공연 때에는 함께한 총인원이 단원 장로님들과 지휘자, 반주자까지 모두 합하여 61명에 이르고, 객석의 가족, 친지까지 합하면 113명의 대식구가 된다. 우리들의 해외 연주 여행 중에서 가장 큰 무리를 이루었으니, 우리들이 이번 공연에 얼마만큼 기대를 했고 공을 들였는지 가늠케 한다.

이번의 여행에 참여하신 장로님들 중에는 연세가 80을 넘으신 어르신이 몇 분 계시며, 병원에서 퇴원하신 지 며칠 안 되는 장로님도 있다. 반대로 여행 적금까지 같이 부었으면서도 갑자기 건강이 안 좋아져 동행하지 못한 장로님도 계시니, 참으로 유감이다.

하나님이여 내 마음을 정하였사오니,
내가 노래하며 나의 마음을 다하여 찬양하리로다.

(시108:1)

캐나다 여행

여행의 시작은 캐나다부터 하기로 하였다. 이번 여행의 초점은 뉴욕 카네기 홀에서의 연주에 맞추어져 있는데, 그 연주 날짜가 우리의 바람과는 달리, 카네기 홀의 대관 일정이 여의치 않았기 때문인지, 카네기 홀의 대관일, 즉 연주일이 우리들 여행의 끝자락에 잡히다 보니, 우리는 뉴욕을 여행의 마지막 날에 방문하여 공연을 한 후에 곧바로 귀국길에 오르도록 일정을 조정해야 했다.

그리하여 첫 번째 목적지는 캐나다 토론토가 되고, 우리들 여행의 본진은 9월 9일 오후 6시에 토론토를 향하여 인천 공항을 출발한다. 지구의 자전 방향과는 반대로 날았기 때문인지, 비행기로 12시간을 날아왔건만 토론토 시계의 시간은 한국을 떠날 때의 시간 그대로여서 아직도 금요일 저녁 6시이다.

캐나다는 우리 서울장로성가단이 이전에 두 번이나 방문한 적이 있는데, 1994년 방문 때는 지금처럼 미국 동부를 관광하면서 나이아가라 폭포에만 들렀었고, 2008년에는 로키 산맥과 밴쿠버 등 캐나다 서부를 관광하고 돌아왔었다.

이번 세 번째 방문길에서는 다시 나이아가라 폭포와 토론토, 오타와 그리고 몬트리올까지 들렀다 돌아간다. 캐나다를 온 김에 '캐나다 속의 프랑스'라는 퀘벡에 들렀다 가자는 의견도 없지 않았으나, 원래의 일정인 10일간의 기간 안에 당초의 계획대로 뉴욕과 워싱턴 D.C를 꼭 가야 하겠기에, 더 넓은 캐나다 동부 여행은 다음 기회로 미루기로 한다.

캐나다는 이상한 나라다

　캐나다는 남쪽으로 8,890㎞에 달하는 긴 국경선을 미국과 맞대고 있다. 또 서북쪽으로는 미국의 알라스카와도 국경을 접하고 있으며, 동쪽으로는 대서양, 서쪽으로는 태평양, 북쪽으로는 북극해와 연하여 있는, 지구상에서 러시아 다음으로의 넓은 영토를 소유하고 있는 부자 나라로, 한반도의 45배 크기이며, 10개의 주와 3개의 준주로 구성되어 있다. 그러면서도 미국과의 국경선에 초소 하나 없고, 순찰 한 번 하지 않는 기이한 국가이다.

　우리나라와 같이 G20에 속해 있으며, G8에도, G7에도 들어 있는 대국이다. 미국과 함께 NATO 구성국이며, NAFTA 회원국이고, 또 OECD, WTO, APEC 등 각종 국제회의와 기구에 가입되어 있는 모범 국가이다.

　UN의 기치 아래 세계의 여러 분쟁국에 군대를 파견하여 왔는데, 한국의 6·25 동란 때는 캐나다 역사상 가장 많은 군대를 파견한 것이라 한다. 그러면서도 캐나다는 큰소리 한 번 안 치고, 억지한 번 안 부리며, 생색내는 것을 못 보았으니, 이것 또한 내게는 기이하게 여겨진다.

　캐나다 국가 원수는 영국의 국왕(현재는 엘리자베스 2세)이며, 영국 국왕의 대리인이라는 총독이 상징적으로 있고, 정부의 수반은 총리가 맡아서 모든 국정을 처리한다고 하니, 국왕 그리고 총독과 또 총리 모두 내게는 생소하다. 나라의 공용어로는 영어와 불어를 같이 사용한다고 하는데, 이것 또한 내게는 상식적이지 않다. 두 개의 국어를 모두 할 줄 아는 국민은 67%에 불과하단다.

한국과 캐나다

캐나다에는 원래 아메리카 인디언과 이누이트 족이 살았었으나 AD 1000년경에 서양탐험대에 발견되고, 1500년대 초에는 어업의 거점 역할을 하였다. 그러던 것이 1608년 프랑스에 의해 퀘벡이 건설되고, 모피교역 등 식민지 건설에 주력하는 원동력을 서양에 제공하였다.

1756년부터 1763년까지 계속된 7년 전쟁의 결과로 캐나다에서 프랑스는 손을 떼고, 영국이 영향력을 행사하기 시작한 후 1867년 캐나다 자치령이 선포되고 1931년 영연방의 일원으로 독립국이 되었으나, '캐나다'라는 정식 국명을 갖고 국기와 국가, 헌법이 만들어진 것은 불과 50년 전인 1965년의 일이다.

1960년 이후에 한국인의 이주가 본격적으로 이루어져, 2015년 기준 약 27만 명 이상이 캐나다에 살고 있는 것으로 추정하며, 한국 교민의 수입이 캐나다인들의 평균 수입을 상회한다고 하니, 반가운 일이다.

캐나다에는 가톨릭이 40%, 개신교가 25% 정도라고 하는데, 다행스럽게도 우리 한국은 선교 초기부터 캐나다 장로회의 포교를 받게 되어, 1889년에는 케일과 펜윅이, 1894년에는 매켄지 등이 선교사로 파송되어 우리에게 좋은 선교사례를 만들어 주었고, 함경도를 주축으로 한 선교의 족적을 남겨 줌으로, 우리는 저들에게 커다란 복음의 빚을 안게 되었다.

그 외에도 한국과 캐나다는 좋은 국제 관계를 유지하여 한국은 캐나다의 7위 교역 상대국이며, 캐나다는 한국의 12위 교역 상대국이 되어 있다. 2013년에는 한국과 캐나다가 수교 50주년 기념행사를 가진 바 있다.

그러면서도 캐나다는 우리에게 있어 호주와 함께 세계에서 가장 가 보고 싶은 나라에 선정되어 있는, 내게는 몹시 부러운 국가요, 가진 것 많은 나라이다. 나이아가라 폭포도 그중에 하나이다.

내가 바라 본 나이아가라 폭포

미국의 동북부로 가면, 위로 캐나다와 국경을 맞대고 있는 곳에 오대호가 있다. 이 커다란 다섯 개의 호수는 그 넓이를 다 합치면, 지구에서 이란의 카스피 해 다음으로 큰 담수호에 해당한다.

이 오대호는 지구에 큰 빙하기가 여러 차례 발달과 쇠퇴를 거듭하면서 생겨났는데, 가장 최근에 생겼던 위스콘신 빙하는 23000년 전에 시작하여 캐나다 전체와 미국 북부를 약 3㎞ 두께의 얼음으로 덮었으나, 지금으로부터 1만 년 전에 이 지역에서 빙하가 다 녹아 지금의 지형이 만들어졌다고 학자들은 설명한다. 마지막 빙하가 녹으면서 수많은 호수와 하천이 생겨났는데, 이로 인해 나이아가라 절벽이 침식되어 절벽선과 폭포가 직선이 아닌 지금의 지그재그 형태로 나타났다고 하며, 지금도 매년 1m씩 폭포는 후퇴하고 있단다.

오대호는 서쪽에서부터 동으로 슈피리어 호, 미시간 호, 휴런 호, 이리 호, 온타리오 호가 차례로 있는데, 호수의 크기도 대략 이 순서와 같다. 호수의 물도 서에서 동으로 흘러, 슈피리어 호에서 시작하여 마지막에는 온타리오 호를 거쳐 대서양으로 흘러 들어간다.

나이아가라 폭포. 전경을 한 번에 다 담을 수가 없다.

나이아가라 폭포는 4번째 호수인 이리 호에서 흘러나와 온타리오 호로 이어지는 나이아가라 강의 중간쯤에 있으며, 미국령인 염소 섬(Goat Island)을 중심으로 미국 뉴욕 주 나이아가라폴스와 캐나다 온타리오 주 나이아가라폴스의 둘로 나누어진다. 또 중간에 있는 작은 폭포, 브라이달 베일 폭포(Bridal Veil Falls: 일명 면사포 폭포)는 미국령 안에 있다.

캐나다를 흐르는 폭포는 말발굽을 닮았다 하여 '호스 슈 폭포 (Horse Shoe Falls)'라고도 하는데, 높이 49.4m에 폭포 마루의 길이가 790m나 된다. 오른쪽 미국 땅을 흐르는 폭포는 높이 51m에 너비 305m이며, 풍광은 캐나다 쪽이 더 좋다는 평이다.

이 폭포는 수량이 많아 폭포의 한참 위 지점에서 터널을 파서 그 물을 수력 발전에도 이용하여 상당한 양의 전기를 생산한다고 하는 데, 폭포를 찾아오는 관광객에게 실망을 주지 않기 위해 밤낮으로 폭포의 수량을 조절한다고 한다. 이 폭포를 이용한 양국의 수입이 얼마나 대단할 것인가를 짐작케 한다.

내가 만져 본 나이아가라 폭포

여행의 둘째 날, 우리는 토론토에서 서둘러 길을 나선다. 원래의 일정으로는 어저께 나이아가라 폭포를 찾기로 했었으나, 서울에서 의 비행기 출발이 늦어진 관계로 일정 중 하루 차질이 생긴 우리는 마음이 더 바쁘다. 아침 일찍 3대의 대형 버스에 나누어 타고 1시 간 30분을 달려, 그 유명한 나이아가라 폭포 앞에 선다.

아마도 이 폭포는 모두가 구면인지, 하나같이 낯익은 표정들이다. 남미의 '이구아스 폭포', 아프리카의 '빅토리아 폭포'와 더불어, 세계 3대 폭포 중의 하나라는 이 '나이아가라 폭포' 앞에 서면, 우리는 왜 이리도 작아 보이는지? 하나님이 창조하신 이 천지는 왜 이리도 크고 위대해 보이는지? 끝없이 쏟아지는 저 어마어마한 물은 도대체 어디에서 오는 것인지? 우리는 우리를 뒤덮는 하얀 물안개 속에서 태초의 천지창조 모습을 상상 속에 떠올려 보며, 그저 망연자실한 모습이다.

도대체 뉘라서 좌우로 흐르는 강물을 일으켜 세워, 상하로 흐르도록 이 강줄기의 방향을 바꿀 생각을 했을까? 바다 가운데 길을 내고, 양옆에 물 벽을 쌓아 이스라엘 백성이 홍해 바다를 건너게 한 기적이 옛일만은 아닌 것임을 오늘에 알겠고, 강 언덕까지 넘실대던 요단 강물을 멈춰 세워 이스라엘 백성으로 건너가게 한 능력이요 기적을 오늘 여기에서 다시 본다.

꼬꾸라져 떨어지는 물의 폭이 좌우 1㎞가 넘고, 위에서 바닥까지 폭포의 높이가 50m 내외, 반백 미터에 이른다. 떨어지는 물덩이는 가루처럼 산산이 깨어져 안개가 되고, 부딪혀 들리는 폭포 소리는 다른 소리는 일체 있지 말라 한다.

나는 겸손이 무엇인지 알아 간다.

폭포를 구경하는 방법은 대체로 다음의 네 가지 중에서 몇을 고르는데, 먼저 헬리콥터를 타거나 스카이론 타워 전망대에 올라 하늘 높은 곳에서 나이아가라 강까지를 포함한 폭포 전체를 조망하여 보는 방법과, 두 번째는 폭포 맞은편의 테이블 락 전망대와 산책로를 따라 미국과 캐나다를 오가며 폭포 물 떨어지는 소리를 물안

나이아가라 폭포 밑으로 가는 유람선 '안개 속의 숙녀호' 선상에서
우리는 찬양을 했다. 아니 할 수가 없었다.

개로 받으며 눈높이 그대로의 폭포를 느끼는 것과, 세 번째 방법은 지하, 즉 폭포 밑까지 승강기로 내려가서 폭포 뒤의 '바람의 동굴(Journey Behind the Falls)' 속에서 폭포를 만져 보는 것, 그리고 마지막으로 '혼블로어'나 '안개 속의 숙녀 호' 등의 크루즈를 이용하여 폭포 밑에까지 다가가 폭포 물을 비옷 입은 온몸으로 받아 보는 것 등의 방법이 있다.

우리는 선택 관광으로 헬리콥터도 타 보았고, 제트보트에도 앉아 보았다. '바람의 동굴'만 안 들어가고, 다 해 보았다.

'안개 속의 숙녀 호' 유람선의 2층 선실에 올랐을 때는 〈고향의 봄〉, 〈선구자〉, 〈주 하나님 지으신 모든 세계〉 등의 노래를 김복수 장로 인도 속에 같이 불렀다. 주위 관광객이 박수로 호응해 주었지만, 누가 듣거나 말거나 우리는 이 폭포 앞에서 찬양치 않을 수 없었다. 세계에서 제일 크다는 꽃시계도 버스로 지나가며 흘깃 쳐다보고, 옛날 미국 독립전쟁에서 패한 영국의 왕당파가 쫓겨 와 다시 세운 영국 마을을 지나가며, 저들 생활 모습의 일부나마 들여다본다.

또 폭포에서 떨어진 물줄기는 한데 모여 급류를 형성하더니 3시 방향으로 급히 바뀌면서 큰 소용돌이를 만들어 내는데, 500마력에 해당한다는 이 대단한 월풀 소용돌이를 제1지점, 2지점에서 다 내려다본 후, 우리는 토론토로 향하며 둘째 날을 보낸다.

캐나다 제1의 도시 토론토

1934년 세계 8위 규모의 토론토 증권거래소가 생긴 이후, 토론토는 캐나다에서 제일 큰 도시이자 북미 대륙 전체에서도 4번째로 큰 도시가 되었다. 온타리오 주의 주도로서 세인트로렌스 수로를 통해 대서양과 연결되어 있는 항구 도시이며, 캐나다 공산품의 절반 이상이 이 토론토 시에서 생산된다. 2008년 올림픽을 개최하려고 신청하였으나, 본의 아니게도 중국 베이징에 밀려서 훗날을 기약하게 되었다.

토론토는 신구(新舊)가 공존하는 도시이다. 토론토 시는 1904년 시의 대부분이 파괴되는 대화재를 당했고, 다시 1954년에는 큰 허리케인으로 초토화되기도 했다. 그 후, 토론토에는 새롭고 다채로운 스타일의 건축물들이 19세기 중순부터 21세기 초반까지에 다양하게 지어졌다. 높이 30m가 넘는 고층빌딩이 1,800개나 된다고 하며, 그중 1976년에 세워진 CN타워는 가장 돋보이는 건축물로 높이 553.33m에 달하여, 2007년에 부르크 칼리파가 완공되기 전까지는 세계에서 가장 높은 건물이라고 자랑이 대단하였단다.

토론토는 신구 시청사가 유명한데, 신시청사는 필립스 광장 앞에 있다. 세계적 공모에 응한 520여 출품작 중에서 선정된 핀란드 건축사 '빌리오 레벨'에 의하여 1965년에 지어졌으며, 두 개의 반원형 건물이 마주하고 있다. 99m 높이 27층의 이스트 타워와 79m 높이 20층의 웨스트 타워가 가운데 원형의 돔을 사이에 두고 서 있어서, 위에서 보면 눈동자처럼 보인다고 한다. 이는 시민이 주시하고 있다는 뜻을 보이려 한 것이리라.

구시청사는 신시청사와 대각선 방향으로 필립스광장의 호수 남쪽에 위치하며, 엷은 브라운색 투톤의 로마네스크 양식의 건물로 부드럽고 안정적 느낌을 준다. 지금은 법원이 사용하고 있는데도

법원 청사라 하지 않고 구태여 '구시청사'라는 이름을 고집하는 이
유는 모든 시민의 각별한 사랑을 받고 있기 때문일 것이다.

그 외에도 토론토에는 퀸스 공원의 숲에 둘러싸인 로마네스크 양
식의 고풍스런 주의사당, 5만여 명의 학생이 다니는 캐나다 최고의
대학 '토론토 대학', 온타리오 박물관, 동물원, 미술관, 과학관, 베
타 신발 박물관 등이 또한 저들의 자랑거리이다. 토론토 국제 영화
제도 유명하다는데, 나는 잘 알지 못한다. 또한 북미 최고의 쇼핑
지라는 토론토 '이튼센터'는 연간 약 5,200만 명이 들른다고 한다.

이민자의 도시 토론토

토론토는 여러 인종이 공존하는 이민자들의 도시이다. 원래 토론
토는 2차 대전 후, 독일 포로들이 건설한 도시란다. 20세기 초반
들어 새로운 이민법이 만들어지면서, 독일인, 프랑스인, 이탈리아
인과 동유럽에 흩어져 있던 유태인들이 들어왔으며, 곧 이들을 뒤
따라 중국인, 러시아인, 폴란드인 그리고 동유럽 국가 사람들과 아
일랜드 사람들도 이민에 합류했다.

1960년대 후반, 이민법이 철폐됨에 따라 모든 인종의 이민이 가
능해졌다. 그리하여 지금은 우리나라를 비롯하여 다양한 인종, 서
로 다른 문화, 각양각색의 민족 행사가 연중 꽃을 피우게 되었다.
소수민족의 거주지 가운데 우리 코리아타운을 비롯하여 차이나타
운, 리틀 이태리, 리틀 자메이카, 유태인 거주지, 인도인 거주지
등이 두드러져 보인다고 한다.

토론토 시내권 인구는 250만 정도이고, 대도시권 인구는 500만

정도이며, 한국 교민은 십오만 명 정도로 추산한다. 요사이는 까다로운 이민 정책에 따라 점차 줄고 있으며, 어떤 한국의 이민자가 2001년에 출간한 책 『캐나다 이민 절대 오지 마라』도 한국의 이민자가 줄어들게 만든 이유 중에 하나란다.

토론토의 자랑 영락교회

3일째 날, 주일날이다. 고용성 장로님의 소개로, 우리 서울장로성가단의 옛 단원이며 이번에 영락교회와의 다리를 놓아 준 민석홍 장로님이 우리의 호텔을 찾아 영락교회로 안내한다. 송민호 목사님이 담임하시는 영락교회는 2층으로 나지막하나, 넓게 지은 교회이다. 삼림국가답게 목재를 많이 이용하여 높은 천장과 함께 좋은 공명을 이룬다. 대표기도와 성경봉독이 있기 전에 우리가 앞에 도열하여, 언제나처럼 〈주님의 택함이었소〉, 〈복 있는 사람들〉 찬양 2곡을 먼저 들려주었고, 설교 후에 본 성가대의 찬양이 있었다. 우리의 찬양이 좋았다며 칭찬 일색이다. 찬양을 잘하는 자는 남의 찬양을 들을 줄도 안다.

예배 후, 주차장 가운데에 있는 공원 나무 밑 고정된 식탁과 벤치에서 우리는 점심을 환대받는다. 나는 본고장 카우(캐나다 소고기)의 위력을 새삼 느낀다. 너비구이 불고기 2인분을 먹었지만, 맛이 너무 좋아 입은 물러서려 하지 않는다.

식사 중에 "여기 교민들의 수입은 캐나다 전 국민의 평균을 상회한다면서요?" 물었더니, 앞에 앉은 토론토 교회 정 장로가 당연하다는 듯, 명쾌하게 말을 받는다.

"우리 한국 교민이 나가 있는 곳이면, 어디나 다 그렇지 않은가요?"

킹스턴의 자랑

만나서 반갑고 헤어져서 섭섭한 영락교회의 전송을 받으며, 세 시간 거리의 킹스턴을 향한다. 킹스턴이란 이름을 가진 곳은 영국에도 몇 군데 있고, 또 미국 뉴욕 주에도 있으며, 육상선수 우사인 볼트를 낳은 카리브 해 자메이카 국의 수도도 킹스턴이다.

토론토에서 동북 쪽 220㎞ 지점, 세인트로렌스 강이 흘러드는 온타리오 호의 북쪽 연안에 위치한 항구도시 킹스턴은 1940년부터 1944년까지, 한때는 캐나다의 수도이기도 했다. 대도시 토론토가 매력적인 것에는 외곽으로 조금만 나가도 천혜의 절경을 품은 자연과, 또 전혀 다른 매력의 도시가 펼쳐져 있기 때문이란다.

보랏빛 라벤더가 너울거리는 프린스에드워드 카운티, 캐나다의 가장 오래된 알곤킨 주립공원, 사계절 다양한 액티비티를 체험할 수 있는 블루마운틴 리조트, 그리고 오늘 보게 되는 킹스턴의 천섬 (Thousand Island) 등은 온타리오 주가 품은 보석 같은 명소들이다.

천 개의 섬과 그 위의 별장들

캐나다 10대 관광지에 든다는 킹스턴의 천섬은 사실 천 개가 넘는 섬으로 이루어져 있다. 누군가가 용케도 세어 보았지만, 정확히는 무려 1,870여 개나 되는 섬이 세인트로렌스 강과 온타리오 호수 위에 둥둥 떠 있어 3분의 2가량이 캐나다에 속해 있고, 나머지는

세인트로렌스 강 위에 떠 있는 천섬 중에서 하트 섬의 볼트 성

미국 뉴욕 주에 속해 있어서 게양된 국기를 보아 국적을 구분할 수 있단다.

천섬은 단풍이 드는 가을에 특히 아름답다고 하는데, 지금은 철이 아직 이른 모양이다. 섬마다에 자랑하듯 들어선 다채로운 모양의 별장들은 절경을 더하는데, 우리 생각에는 이 유람선처럼, 꼭 보트나 요트 같은 배를 이용해야 드나들 수 있는 이 집들은 거저 주어도 살 수 있을 것 같지가 않아서 그냥 예쁜 엽서를 보는 듯 심드렁하고 부러운 마음은 들지 않으니, 아무래도 '제 눈의 안경'인가 보다.

그 많고 예쁜 별장 중에 유별나게 크고 아름다운 집이 있으니, 하트 섬의 볼트 성이다. 사랑하는 아내에게 줄 선물로 섬을 하트 모양으로 다듬고 성 모습의 집을 짓기 시작했으나, 아내가 불치의 병으로 도중에 죽는 바람에 공사를 중단하고 다시는 오지 않았다 하니, 방이 120개나 되는 6층 높이의 이 볼트 성은 아쉽게도 미완성으로 남은 채 지금은 많이 쇄락한 모습으로 관광객의 구경거리 구실만 한다고 한다. 또한, 마요네즈와 케첩 그리고 칠리소스를 살짝 섞고 피클 등을 다져 넣은 소스가 바로 '사우전드 아일랜드'라는 대표적인 샐러드드레싱 소스로, 바로 이곳에서 아내의 입맛을 걱정한 어느 애처가에게서 유래된 것이라 한다.

우리가 탄 유람선에서는 한국어로도 안내 방송이 흘러나온다.

캐나다의 서울, 오타와

천섬에서의 유람을 마친 우리 일행은 오타와 시로 향한다. 오타와는 영국의 국왕이 점찍어 준 현재 캐나다의 수도로, 온타리오 주 남동쪽, 퀘백 주의 카티노와 경계를 이루는 지점에 있으며, 많은 공원들과 큰 관청 청사 건물들이 오타와의 아름다운 거리를 더욱 돋보이게 한다.

유럽의 고성과 같은 느낌을 주는 네오고딕 양식의 국회의사당이 강변 언덕에 서 있고, 그 언덕의 가운데에는 전쟁 중에 전사한 캐나다 군인들이 안장된 국립묘지도 있어, 꺼지지 않고 계속하여 타고 있는 불꽃으로 저들의 애국심을 드러내고 있었다. 국회의사당 근처에는 같은 고딕 양식의 샤또 로리에 호텔이 있어 풍치를 더하며, 그 옆의 교회까지도 역시 고딕 양식이다.

의사당과 호텔 사이에 운하가 있는데, 시내 중심 오타와 강에서 킹스턴까지 연결된 200㎞ 길이의 '리도 운하'이다. 미국과의 전쟁 시에 군수물자 수송을 위해 만들었으나 전쟁에 사용된 적은 한 번도 없으며, 세계문화유산으로 지정되어 있어서 지금도 만들어질 당시의 원리대로 수동으로 수문을 열고 닫는 방식을 고수한단다. 이 운하는 겨울에는 7.8㎞의 세계 최대의 아이스스케이트 링크로 탈바꿈하기도 한다. 또 오타와 시는 5월에 열리는 튤립 축제로 유명하다. 공원, 도로, 건물 사이로 3십만 송이의 튤립을 심어 튤립의 본 고장 네덜란드보다 더 많은 꽃을 볼 수 있단다.

북미의 파리, 몬트리올

천섬을 유람하고 오타와 시를 지나 '굿모닝!'보다는 '봉주르!'라는 인사가 더 어울리는 몬트리올 시로 향한다. 몬트리올은 프랑스어

오타와 개나다 국회의사당 앞 잔디밭에서의 '두비두밥' 댄싱

서울장로성가단 창단 30주년 기념 • 여행하며, 찬양하며

로 '몽레알'이며, 세인트로렌스 강어귀, 캐나다 퀘벡 주에 있는 도시로서 캐나다에서 토론토 다음으로 큰 도시요, 무역항이다. 주민의 18%가 영국계고 64%가 프랑스계 가톨릭 신자여서 성당이 많으며, 도시 중앙의 270m 몽레알 산의 정상에는 거대한 십자가가 세워져 있다.

프랑스계 레스토랑과 극장이 많아서, '북 아메리카의 파리'라고도 일컬어지며, 1844년부터 1849년까지는 캐나다의 수도였고, 1967년에는 세인트로렌스 강의 인공 섬에서 국제박람회가 개최되었다. 1976년 하계올림픽이 치러졌을 때, 우리에게는 양정모 선수가 레슬링 종목에서 한국 최초의 금메달을 목에 걸기도 한 곳이란다.

그러나 가이드의 설명에 따르면, 양정모 선수보다 더 유명한 것은 '나는 작은 새' 조혜정 선수를 MVP로 만든 한국의 여자 배구로서, 캐나다 신문뿐만 아니라 전 세계 매스컴이 한국 팀의 활약상을 대서특필하여 한국의 국위를 크게 떨치었다고, 그때를 전한다.

성 요셉 성당

가톨릭 성당이 450여 곳이나 되는 몬트리올 시에는 특별히 유명한 성당 두 곳이 있다.

먼저 캐나다의 수호성인인 성 요셉을 모신 성 요셉 성당으로, 연간 약 200만 명이 방문하는 순례지이다. 성 요셉 성당 역시 프랑스식 신비를 간직한 곳으로, 성당을 세운 안드레 수도사는 불치병을 고치는 불가사의한 힘을 지녔던 인물로 '몽루아얄의 기적을 일으키는 사람'이라 불렸다.

바로 그에게서 병을 고친 사람들이 버리고 간 지팡이들이 성당 입구에 8줄로 걸려 있어 천 개는 훨씬 넘어 보이는데, 치유받은 자가 다리 불구자 외에는 없었는지? 또 치유의 표징으로 꼭 이렇게 전시를 해야 하는 것인지 모르겠다. 오늘날까지 이어지는 치유의 전설을 볼 수 없음도 아쉬움이다.

꼭대기까지 에스컬레이터가 설치된 이 성당의 돔은 몬트리올 남서부에서는 어디서나 볼 수 있다는데, 돔의 높이가 97m로 로마에 있는 베드로 성당의 돔 다음으로 높다고 한다.

노트르담 성당과 자끄 까르띠에 광장

'노트르담'이란 말의 뜻은 '성모 마리아'로, 성당의 정식 명칭은 '노트르담 바시리카(Nortre Dame Basilica)'이며 파리의 노트르담 성당과 외관이 거의 흡사하다. 1824년에 건축을 시작하고 1830년에 완성했으며, 네오고딕 양식의 결정판이라 할 수 있다 한다.

이 성당을 이름나게 한 것은 신비하기 그지없는 코발트빛의 스테인드글라스와 실내의 아름다움 때문이라는데, 오늘은 문이 굳게 닫혀 있어 성당 앞 다름 광장에서 성당을 올려다만 볼 뿐, 발길을 돌려야 하니 많이 아쉽다. 어느 성당이나 성당 안은 거의 비슷하여 식상하기 쉬우나, 여기는 그 선입견을 완전히 뒤집어 놓는다기에 꼭 한번 보고 싶었는데…. 또 이 성당은 음악 콘서트를 여는 장소로도 많이 이용된다고 한다.

몬트리올 자끄 까르띠에 광장에서 시청을 눈에 담는다. 시청은 처음 1878년 건축되었으나 화재로 소실된 후 1926년에 증축되었는데, 복원을 맡은 루이 파랑이 외벽은 그대로 둔 채 내부에 몇 개의 건물을 지어 붙여 문화재를 사랑하는 저들의 마음을 읽을 수 있게 했다 한다.

더욱 유명한 것은 1967년 프랑스 드골 대통령의 "퀘벡의 자유는 영원하다"는 연설 때문이라는데, "퀘벡 만세! 프렌치 캐나다인 만세! 프랑스 만세!"를 외치고 돌아가 퀘벡의 분리 독립운동에 기름을 부은 역사적인 장소란다.

뒤돌아서 광장에 들어서면, 세계 3대 수장의 하나로 우리나라의 이순신 장군을 언급해 유명한 넬슨 제독의 동상이 높이 서 있고, 그 앞으로는 거리의 악사도 보이며 줄지어 늘어선 노천카페도 보이고, 광장 끝 오타와 강 너머로 몬트리올 올림픽 때의 주경기장도 희미하게 보인다. 또 여기에서는 걷는 길 가운데에 군데군데 놓인 화분들 사이로 초상화를 그려 주는 거리의 화가도 보이니, 어딘가 파리의 몽마르트 언덕을 연상케 한다.

미국으로 가는 길목, 레이크조지

몬트리올에서 캐나다에서의 마지막 조식을 한 후, 우리는 뉴욕을 향하여 내려간다. 아니, 워싱턴을 향하여 먼 길을 떠난다. 10시간이 넘는 긴 여정이기에 중간에 여기저기 둘러보면서 내려간다. 비행기를 이용하고 싶은 욕심도 없지 않으나, 테러에 대한 당국의 두려움 탓에 100명도 넘는 우리에 대한 보안 검색에는 하루 종일 걸릴지도 모르겠기에, 우리는 비행기에 대한 미련은 아예 묶어 두기로 한다.

3시간 반 만에 우리는 남행의 처음 기착지인 낭만의 호반 레이크 조지에서 발길을 잠시 멈춘다. 미국 뉴욕 주 북부에 위치한 길고 좁은 호수로, 뉴욕 시에서는 295㎞ 북쪽에 자리 잡고 있다. '미국 호수의 여왕'이라는 별명도 안고 있으며 영화 〈늑대와 함께 춤을〉의 촬영지로 알려진 이곳은 44개나 되는 섬 대부분에서 야영이 가능하다는데, 철 지난 지금은 많이 한산하고 쓸쓸하다. 미국 최고의 여류 화가 조지아 오키프가 그렇게도 사랑했다는 호수로도 유명하단다.

철 지난 이곳, 호반에서 우리는 때 아닌 찬양을 했다. 사실 우리들이 이번 여행에서 같이 찬양을 하기는 쉽지 않았다. 1·2·3호 차가 함께 모여야 화음을 만들 수 있었기 때문이다.

다음 날 오후에 워싱턴 한인 교회에서 찬양을 하도록 예정되어 있었기 때문에, 우리는 서둘러 일정을 진행한다. 뉴욕에 들러 버스로 간단하게 시내 투어와 식사를 한 후에, 뉴욕의 야경을 비롯한 본격적인 관광은 3일 후 다시 올 때에 하기로 하고, 피곤한 몸을 뉴저지로 이동하여 투숙한다.

기념관의 도시, 박물관의 거리

9월 14일 수요일, 추석 전날이다. 오후에 있을 찬양예배를 준비하며 발걸음을 재촉한다. 당초에 계획하였던 필라델피아와 '자유의 종'을 찾아가는 일정은 생략하기로 하고, 워싱턴을 향하여 내닫는다.

보통 워싱턴 D.C라고 하는, 미국의 수도 워싱턴의 정식 명칭은 '워싱턴 컬럼비아 특별자치구(Washington district of Columbia)'이다. 미국의 50개 주에는 해당되지 않는다.

공공기관 · 기념관 · 박물관이 워싱턴 D.C의 주요 볼거리이며, 다운타운의 주요 건물들은 1850년대부터 1900년대 중반까지 지어진 건물들로서 신고전 양식이 주류를 이루고 있다. 도리아식, 이오니아식, 코린트식, 컴포지트식 등을 구분하며 구경하는 것도 보는 이의 재미이다. 또한 미국에서 존경받는 이들의 기념관과 함께 미술관, 박물관 등에서 다양한 전시물을 눈여겨보며 깊은 사색에 잠겨 보는 것도 워싱턴 D.C가 주는 매력 중 하나이리라.

모든 사람이 즐겨 보는 관광 명소로는 백악관, 국회의사당, 혹은 연방대법원 같은 공공기관과 또 역대 대통령들의 기념관, 즉 워싱턴 기념탑, 링컨 기념관, 제퍼슨 기념관 등이 있으며, 스미소니언박물관의 단지는 세계적인 규모로 이 박물관만 제대로 보는 데도 일주일 이상이 소요된다고 한다.

그 외에도 볼만한 것을 열거하면, 국립문서보관소, 국회도서관, 셰익스피어 도서관과 스미소니언박물관 내의 스파이박물관, 국립미술관, 국립자연사박물관, 국립항공우주박물관 등과 인쇄국, 펜타곤 외에 알링턴 국립묘지와 조지타운, 그리고 조지타운대학 등을 들 수 있는데, 짧은 여정이 한이다.

워싱턴 기념탑

워싱턴 시 어디서나 보이는 워싱턴 기념탑은 미국의 초대 대통령 '조지 워싱턴'을 기념하여 세운 것으로, 로버트 밀스의 설계를 토대로 하여, 높이가 169.3m요, 무게가 약 91,000톤의 화강암으로 세워진 세계에서 가장 큰 오벨리스크이다. 워싱턴에서는 이보다 더 높은 건축물은 법으로 금지되었다 한다.

이집트에 현존하는, 그리고 여기에서 유출된 모든 오벨리스크가 하나의 화강암으로 만들어진 것과는 달리 이곳 기념탑은 여러 개의 화강암을 가공해 붙여 만들어졌다. 1848년부터 1884년까지 36년의 제작기간 중에 남북전쟁이 발발하면서 제작 기간도 길어졌고, 화강암의 색깔도 2중으로 되었다 한다.

워싱턴 D.C 내셔날 몰에 있는 이 탑은 국민들의 기부금과 연방예산으로 세워졌으며, 리플렉팅 풀을 사이에 두고 링컨 기념관과 정면으로 마주하고, 뒤로는 국회의사당이 자리 잡고 있다. 워싱턴 기념탑을 바라보며 우리는 국회의사당을 향한다.

정치의 중심, 국회 의사당

국회 의사당 자체 주소에는 번지수가 없다고 한다. 즉 '0'번지. 이는 국회의사당이 미 정치의 중심일 뿐 아니라, 워싱턴 D.C.의 중심이기 때문이란다.

신고전주의를 채택한 이 건물은 미국의 건국시조들이 고대 로마의 장엄함을 반영하여 지었다고 하며, 길이 228m, 깊이 106m, 바닥면적이 약 2만 평에 달하며, 건물 내의 방은 541개나 된다고 한다.

돔의 꼭대기 정상에는 높이 5.5m의 청동으로 만들어진 자유의 여신상이 별과 독수리로 장식된 투구를 쓴 모습으로 세워져 있으며, 똑같은 석고 모형이 실내에도 전시되고 있다.

우리 일행은 의사당의 겉모습만 보며 돌아선다.

워싱턴 국회의사당 앞 잔디 위에서의 단체사진

백악관

1800년 제2대 애덤스 대통령 때 완성되어 1814년 영국과의 전쟁 때에 소실된 후 재건되었으며, 재건 후 외벽을 하얗게 칠해서 '백악관'이라는 이름이 생겼으며, 26대 루스벨트 대통령 때 정식으로 'White House'라 불리게 된다. 작아 보이지만, 72,000㎡ 부지에 130개 이상의 방이 있다고 한다.

서측 건물에는 대통령 집무실과 각료실 그리고 기자실이 있으며, 동측 건물에는 그 외의 여러 사무실이 있다. 중심 건물에는 대통령 가족의 숙소와 18~19세기 양식으로 장식된 여러 접견실이 있으며, 일부는 여행객들에게 개방된다고 한다. 북쪽 포티코는 중심 건물로 통하는 공식적인 입구이고, 남쪽 포티코는 대통령 가족들이 사용하는 입구이다. 누구나 미 대통령의 부름을 받아 이곳에 들어가기를 원하지만, 쉽지는 않은가 보다.

우리는 울타리 밖에서 삼삼오오 사진기만 눌러대며, 저 안에까지 우리의 목소리가 들리지는 않겠지만 아쉬운 심정으로 찬양만 몇 곡 부르고 돌아선다. 저는 저고, 우리는 우리다.

제퍼슨 기념관

봄철이 되면 벚꽃 축제가 열리는데, 이 축제의 중심이 되는 포토맥 강변, 타이들 호수의 정면에 제퍼슨 기념관이 있다. 우리는 백악관을 벗어나면서 나무 사이로 제퍼슨 기념관을 바라만 볼 뿐, 또 지나친다.

미국의 제3대 대통령이자 독립선언서를 기초했던 '토마스 제퍼슨'을 기념해 1934년에 짓기 시작하여 제퍼슨 대통령 탄생 200주년이 되는 날인 1943년 4월 13일에 문을 열었다는 이 기념관은 국회의사당, 백악관, 워싱턴 기념비, 링컨기념관을 포함하는 워싱턴시 중앙부분 5대 중점사업의 하나로, 존 루셀 폽, 오토 R. 에거스, 다니엘 P. 하긴스 등이 설계하여 제퍼슨이 좋아한 원형 돔의 고전적 양식으로 지었다. 현관 위쪽의 박공머리는 제퍼슨이 독립선언서의 초안을 읽고 있는 모습을 나타낸 것이라 한다.

대리석 줄이 돔형으로 새겨진 실내 중앙에는 러덜프 에번스가 조각한 영웅적인 모습의 제퍼슨 동상이 있고, 4개의 실내 판 조각과 띠 모양의 대에는 그가 쓴 글이 새겨져 있다. '자유와 평등'을 근본이념으로 하는 미국의 독립기념일은 1776년 7월 4일이며, 미국인들이 가장 성대하게 맞는 국경일이다.

링컨 기념관

1922년에 완성된 이 기념관은 아테네의 파르테논신전을 본뜬 것이라는데, 36개의 대리석 기둥은 링컨 당시의 36개 주를 의미하여 각 기둥마다 주의 이름이 새겨져 있고, 기둥 위쪽에는 1922년 완공을 기릴 때의 48개 주의 이름이 새겨져 있다고 한다.

관내 중앙에는 다니엘 프렌치가 공을 들여 만든 링컨 대통령의 좌상이 있고, 이 좌상 바로 뒤에는 "에이브러햄 링컨의 명성은 그에 의해 구원된 미국인의 마음과 마찬가지로, 이 신전에 영원히 간직될 것이다."라고 적혀 있단다. 그리고 좌상 왼쪽에는 "국민의, 국민에 의한, 국민을 위한"의 게티즈버그 연설문이 새겨져 있고,

오른쪽 벽에는 제2회 취임 연설이 조각되어 있단다. 노예해방운동을 주창했던 대통령답게 이 기념관 앞에서는 미국 역사에 기록될 만한 시민운동행사가 많이 열리는 것으로 유명하다. 특히 마틴 루터 킹 목사의 연설이 1963년에 이곳 계단에서 행하여졌다.

"I Have a Dream(나는 꿈이 있어요)."

나는 여기서도 링컨의 그 큰 좌상마저 만나지 못한 채, 또 발길을 돌린다.

한국전쟁 참전용사 추모공원

링컨기념관에서 조금 떨어진 곳, 포토맥 강과 타이들 호수 중간쯤에 한국전쟁 참전용사 추모공원이 있고, 그 공원의 울퉁불퉁한 풀밭에 6·25 때의 참전용사를 생각나게 하는 동상들이 서 있을 것이다. 저들은 나를 기다리지 않았는지 몰라도, 나는 저들을 꼭 보고 싶었다.

인천 상륙작전을 펼치던 날에 비가 왔기 때문인지, 아니면 장진호 전투에서 비를 맞으며 치열한 전투를 벌였기 때문인지 우비와 판초를 쓰고 M1소총이나 무전기를 들고 선 용사들의 처연한 모습이 동상이 되어 거기에 서 있을 것이며, 그때도 그러한 모습으로 한국의 들판과 시골의 논두렁 밭두렁을 헤집고 다녔을 것 같은데, 모두 19명이란다. 옆에 쭉 늘어선 검은 대리석에도 거울처럼 비쳐 보이니, 모두 합하면 38명인 것이다. 그리고 보면 대리석에 비쳐 보이는 건 북녘 땅이고, 한 줄로 쭉 늘어선 대리석은 38선, 즉 휴전선을 가리키는 것이 아닐까?

이 동상들은 1995년에 제작되었으며, 김영삼 대통령이 제막식에 참여했었다. 당시 신문에 기사화되었을 때부터 한 번 보려고 벼러 왔는데, 막상 이렇게 그 옆에 와서는 비켜 가니 애석하고 미안하기 그지없다. 동상들의 앞에 놓여 있는 돌에는 한국전쟁에서 잃은 인적 손실이 이렇게 기록되어 있다고 읽었다. 앞의 숫자가 미국 군인, 뒤의 숫자가 UN군의 수이다.

- 전사자(Dead) 54,246명 628,823명
- 실종자(Missing) 8,177명 470,267명
- 포로(Captured) 7,140명 92,970명
- 부상(Wounded) 103,284명 1,064,453명

이어서 또 이렇게 기록해 놓았다.

Our nation honors her sons and daughters who answered the call to defend a country they never knew and a people they never met.
우리는 전혀 알지도 못하는 나라와 만나 본 적도 없는 사람들을 지켜 주기 위하여
나라의 부름을 받고 나가 싸운 우리의 아들과 딸들에게 경의를 표한다.
(1950 Korea 1953)

불현듯 나는 이역만리의 이름 모르는 사람들을 위해 죽어 간, 그 이름 모를 용사들의 동상을 향해 최소한의 예우도 갖추지 못하고 돌아서는 것이 못내 미안하다. 그곳에는 또 이렇게도 쓰여 있다고 한다.

Freedom Is Not Free.

자유는 저절로 얻어지는 것이 아니다.

스미소니언박물관

'스미소니언박물관을 돌아보지 않고는 미국을 말하지 말라.'는 말이 있다. 왜냐하면 미국의 역사와 과학, 예술을 집약해 놓은 곳이기 때문이다. 모든 분야의 자료를 소장한, 엄청난 규모의 특수 학술 기관이자, 전시 연구기관이다.

사진은 마음대로 찍어도 되는데 입장료는 무료라니, 대국으로의 면모와 자긍심을 마음껏 보여 주는 대목이다. 이 박물관들을 다 둘러보자면, 일주일로도 모자랄 것이다. 그중에 가장 인기가 있는 곳은 국립 자연사 박물관과 국립 항공우주 박물관이라 한다. 이들 박물관에 '국립'이라는 이름이 붙은 것은 1857년부터이며, 연방정부 예산이 지원되고 있기 때문이라 한다.

여기 미국 워싱턴까지 왔으면서도 스미소니언박물관들을 못 보고 가야 했기에 애석한마음 그지없어서, 내가 인터넷을 통해 찾아본 박물관의 요약들을 여기에 일부나마 옮겨 적는 것으로 그 아쉬움을 대신하려 한다.

미국의 독립이 1776년에 이루어졌으니 240년의 역사요, 스미소니언 협회가 창립된 것이 1846년, 그러니까 지금으로부터 170년 전의 일이다. 이렇게 역사는 비록 짧으나, 이곳의 박물관에서 다루는 역사나 내용, 규모는 세계 어느 박물관에 비해 절대 짧거나 빈약하거나 왜소하지 않다.

스미소니언 협회가 창립된 것은 제임스 스미스손(James Smithson)이라는 영국의 한 화학자로부터 시작된다. 많은 유산을 물려받았으나 사생아로 태어난 그는 사회의 냉대 속에, 생전에 한 번도 와 본 적이 없는 미국에 그의 대부분의 유산을 자기의 이름을 딴 교육 재단을 만들어 달라는 유언과 함께 기증한다.

그가 죽은 지 6년 후, 미국 정부는 그의 유언대로 재산을 인계받아, 미 의회와 10여 년의 논의 끝에 재단을 만들고 협회를 둔다. 이때가 1830년으로, 인수 금액이 55만 불이었고, 2015년 기준으로 1,200만 불, 한화로 약 130억 원의 거금인 것이다.

행운은 언제나 능력 있는 자, 준비된 자에게 오는 것이고, 미국은 이 맡겨진 일을 훌륭히 감당해 낸다. '인류의 지식을 넓히기 위한 시설을 워싱턴에 세우고 싶다.'는 유언에 따라 세워진 스미소니언박물관은 워싱턴 기념탑과 국회 의사당 사이의 중요한 위치에 자리 잡고 있다.

스미소니언박물관은 스미소니언 캐슬(정보센터), 아서 M 새클리 미술관, 프리어 미술관, 허시흔 박물관과 조각공원, 국립자연사 박물관, 국립역사기술 박물관(케네스 베링센터), 국립항공우주 박물관, 국립 아프리카 박물관, 국립 인디언 박물관, 딜리 리플리 센터, 렌위크 갤러리, 국립 우편 박물관, 국립 초상화 미술관, 쿠퍼 휴잇 디자인 박물관, 스파이 박물관, 국립 동물원, 국립 식물원 등을 비롯해 모두 19개의 박물관, 미술관, 도서관 등의 시설 가운데 10개의 시설은 워싱턴 중심부에, 7개의 시설은 워싱턴의 외곽에, 그리고 디자인 박물관과 인디안 박물관등 2곳은 뉴욕 시에 있다.

그중 국립자연사 박물관 안에는 한국전시관도 3층 중앙에 설치되어 있으며, 한국어로 된 책자도 무상으로 배부된다고 한다.

스미소니언박물관의 소장품은 총 1억 3,800만 점에 이른다고 한다. 관람객만도 매일 5만 명 이상이 여길 다녀가고, 연간으로는 2천만 명을 넘는다고 하며, 운영비도 연간 1억 5천만 달러를 쓰고, 직원들도 4,500명에 이른다고 한다.

스미소니언박물관이나 협회 산하 모든 박물관, 미술관, 연구소를 다 다녀 보지 않고 문헌을 통해 알았지만, 이곳은 하나의 단지요, 왕국이다. 실로 대단한 규모의 자산이며, 자랑이 아닐 수 없다. 이렇게 수집·보관·관리를 하고 있는 저들에게 감사하며, 찬사를 보내야 할 줄 안다. 그러나 나에게는 워싱턴 D.C 자체가 하나의 박물관인 것 같았다.

워싱턴 한인 연합 장로교회

9월 14일 수요일. 오후의 한가운데 시간, 4시 반에 워싱턴 시 외곽에 넓게 자리한 '워싱턴 한인연합 장로교회'에 도착하여, 김해길 목사님과 정재훈 장로님의 정성어린 환영 속에 연습을 시작한다. 교회는 크지 않으나, 무척 아름답고 모든 것이 잘 갖춰진 교회이다. 미국에 수요예배로 모이는 곳이 흔치 않아서, 배나 반갑고 정겹다. 연습 후 우리는 식당에 모여, 교회 전체가 동원된 정성어린 만찬과 송편을 받았다.

수요예배는 찬양예배이기에, 우리는 오랜만에 앙코르 곡 포함하여 10곡을 찬양했다. 〈주께 영광을 돌리세〉, 〈주님의 택함이었소〉,

아골라 교회에서의 예배 중의 찬양 모습

〈내 영혼이 은총 입어〉, 〈선구자〉, 〈복 있는 사람〉, 〈살다 보면〉,
〈내 주를 가까이하려 함은〉, 〈복 있는 사람들〉 그리고 앙코르 곡으
로 〈우리 가운데〉를 두 번이나 회중과 같이 율동을 하면서 불렀다.

　이 교회의 정재훈 장로님은 김성균 장로님과 친구 사이로, 우리
가 이 교회를 찾게 된 계기가 된다. 정 장로님은 오늘의 공연을 CD
로 만들어 돌려주겠다는 약속까지 하였다.

　예배 후에 우리는 다시 교회 정원에 둘러섰다. 지휘자 김성균 장
로님의 칠순잔치를 열어 축하하기 위함이다. 1947년 9월 16일 생
이시니 정확히 내일 모래가 칠순이신데, 그때 일정에 따라 뉴욕에
서는 별도로 모일 자리를 만들기가 쉽지 않을뿐더러 1·2·3호차
전 단원이 함께할 장소도 마땅치 않아, 앞당겨 축하 자리를 마련했
다. 더구나 사모님 되시는 양한나 권사님도 장로님과 생년월일이

같기에 더욱 의미가 있으며, 또 오붓하게 축하해 드리고 싶었다. 두 분이 만나서 새끼손가락을 걸고 평생을 같이하기로 약속한 때로부터 60년의 세월이 흘렀다니, 아마도 초등학교 시절 소꿉장난이 지금까지 이어진 양 싶다.

두 분 내외의 칠순을 진심으로 축하하며, 금혼식, 금강(다이아몬드)혼식으로까지 이어지기를 우리 온 단원과 함께 두 손 모아 기도 드린다. 또 오형석 장로님의 칠순도 이미 두 달이 지났지만 멍석을 편 김에 같이 축하하였고, 9월 생일을 맞은 장로님들도 불러내서 같이 기뻐해 드렸다. 이국의 밤이 축하 속에 깊어 간다.

아미시 사람들

9월 15일, 오늘은 한국식으로 계산하면 추석날이다. 그러나 우리는 이미 추석을 잊고 있다.

또 원래의 일정에 따르면, 쉐난도 국립공원과 루레이 동굴을 관람하고 돌아와, 오후에는 한국전 참전용사 기념공원과 스미소니언 박물관 등을 관광하도록 계획한 날이다. 그러나 후회하지 않을 만한 새로운 계획이 있다기에, 일정을 바꾸면서까지 모두가 두말없이 따라나선 것이 밀레니엄 극장 관람이다.

밀레니엄 극장을 찾아 랭커스터 시에 들어서면서, 가는 길에 잠시 아미시 마을(Amish Village)을 찾아들어 저들의 가게를 기웃거린다. 1740년 초에 신앙의 자유를 찾아 독일과 스위스를 떠나 필라델피아 랭커스타 지역에 정착하게 된 아미시안들은 1693년 스위스의 메노파의 지도자요 보수지향적인 개혁가 Jacom Amman에게서 시작되었으며, 네덜란드 Menno Simon의 메노나이트(재세례파)와 뿌리를 같이한단다.

여기의 아미시안들은 지금도 18세기 생활 방식에 따라 복식도 음식도 그대로 하며, 지금도 전기를 사용하지 않고 자동차를 거부하며 마차나 부기를 이용하고, 가스 사용 대신 호롱불을 고집하여, 문명의 이기와 편안함을 마다한다고 한다. 이것이 하나님을 잘 섬기는 길이라고 저들은 믿고 있다는 것이다[너희는 이 세대를 본받지 말고(롬12:2)].

근면 · 검소 · 절약을 모토로 아직 옛날 방식의 유기농을 지으며, 자수와 바느질을 이용한 수공예품을 내다 판다. 지금은 많이 알려져 관광객도 집에 들이며, 전반적으로 잘산단다. 미국 전역에 38만 명가량이 있으며, 지금도 늘어나는 추세란다. 또한 캐나다와 중남미에도 저들은 터전을 넓히고 있다고 한다. 그러나 요사이는 젊은 이들 중에서 현대문명을 받아들여, 자동차 운전도 하며 인터넷도 하는 사람이 생겨나고 있단다. 세금은 납부하고 있으나, 평화주의자로서 집총은 거부한단다.

나는 불현듯 이런 생각이 들었다.

'우리는 저들을 이단이라 할지 모르나, 저들 눈에는 우리가 이단으로 보일 수도 있겠다.'

안 보았으면 후회할 뻔한 밀레니엄 극장

아미시안들이 만드는 뮤지컬을 보기 위해 랭커스터 시로 들어간다. 이 랭커스터 시가 한국에 감리교를 전한 아펜젤러 선교사의 고

밀레니엄 극장 안, 휴식 시간의 관중석과 무대. 뮤지컬 〈삼손〉이 공연 중이다.

향이기도 하다. 여기에 밀레니엄 극장 'Sight & Sound'가 있으며, 지금 〈삼손〉을 공연 중이다.

허허벌판에 서 있는 극장은 겉으로는 그다지 커 보이지 않았으나, 실내는 무척이나 넓고 높아서 대단히 웅장해 보였고, 3천 석이라는 그 많은 좌석 가운데 빈자리가 없었다. 움직이는 큰 무대시설과 관중석까지 넘나드는 배우들은 나를 무척 들뜨게 했고, 성악을 전공한 것 같은 배우들의 최선을 다하는 노래 솜씨는 나에게 많은 감명을 안겨 주었다. 또 조명과 컴퓨터 그래픽으로 처리하는 무대 위의 궁전이 무너지는 모습은 탄성을 자아내기에 충분하였다. 구약에서 신약으로 이어지는 스토리의 전개 또한 많은 깨달음을 주며, 저들은 많은 연구와 공부를 하고 있음에 틀림없는 것 같았다.

쉽게 갈 수 있는 거리에 있는 극장도 아니고, 매일을 하루에 두 번씩 공연을 하며 1년에 한 가지 또는 두 가지의 같은 극을 장기간 공연한다는 것은 관객층이 매우 넓다는 것을 의미한다. 다시 말해서, 여기를 찾아드는 관객은 미국 전역 또는 세계 각지에서 관객이 매일 쇄도하고 있음을 말한다. 지금도 자동차가 줄을 잇고 들어온다.

1년에 8십만 명의 관객이 찾아든다는 것이다. 그것도 대부분 나이가 지극한 분들이. 우리나라도 예산 땅에 이러한 극장을 꿈꾸고 있다니, 참고할 일이다. 나는 아미시안들의 이상과 꿈에, 그리고 그들이 가진 신앙에 경의를 표한다.

희망의 상징 '자유의 여신상'

드디어 뉴욕에 들어와, 자유의 여신상을 향하여 유람선에 오른다. 미국은 전 세계에서 모여든 이민자의 나라, 합중국이다.

아메리칸 드림의 상징인 46m 높이의 '자유의 여신상'의 정확한 이름은 "세계에 빛을 비추는 햇불을 든 자유의 신상"인데, 그 밑의 기단까지 포함하면 키가 93m에 달한다. 발밑에는 노예 해방을 뜻하는 부서진 족쇄가 놓여 있고, 치켜든 오른손에는 햇불, 왼손에는 '1776년 7월 4일'이라는 날짜가 새겨진 독립선언서를 들고 있다.

프랑스의 조각가 프레데리코 오귀스트 바르톨디(Frederic Auguste Barthold)가 기획하고 설계하여 제작한 이 신상은 1886년 10월 28일에 클리블랜드 미국 대통령이 참석한 가운데 제막되었고, 뉴욕 허드슨 강의 입구 리버티 섬의 12에이커 요새 위에 세워져 있다.

"자유롭게 숨 쉬길 갈망하는 너의 지치고 가난한 무리들을 내게 보내다오."라는 기단에 새겨진 구절처럼, 자유의 여신상은 새로운 꿈을 안고 고향을 떠난 수많은 이민자들에게 새로운 삶을 약속하며 미국으로 인도했다. 그리고 그것은 미국뿐 아니라 세계를 향한 신세기의 상징이 되었다.

이 여신상은 프랑스 파리에서 만들어진 후 해체하여 배로 운반되어 미국에서 다시 조립되었으며, 1889년 파리에는 이것과 똑 닮은 작은 여신상이 세워져 우정을 드러내었다.

바르톨디가 참고한 여신상의 모델은 처음에는 자신의 어머니였으나, 후에 어머니를 닮은 젊은 여자로 대신하고, 작업이 끝난 후에 그녀와 결혼했다는 에피소드도 있다. 또한 머리에 쓴 왕관의 7개 가시는 7대륙 또는 7대양을 의미한다고 한다.

신상의 뼈대는 에펠탑을 만든 에펠이 내부에 격자 모양의 철골

허드슨 강 입구에 서 있는 '자유의 여신상'
"자유롭게 숨쉬길 갈망하는 너의 지치고 가난한 무리들을 내게 보내다오."

구조물을 넣자고 조언하여 텅 빈 여인상 내부를 채워 무게를 더하였고, 겉은 동판을 두들겨서 붙였다. 여신상을 받치는 기단은 철근 콘크리트로 속을 만들고 화강암으로 표면을 장식하였으며, 미국의 건축가 리처드 모리스 헌트가 설계하여 옛 요새의 자리에 세웠다.

너른 바다에서 뉴욕으로 들어가는 허드슨 강 입구, 배의 3등 객실에 몸을 실은 이민자들에게는 오랜 항해의 피로를 풀어 주며, 신대륙에서의 새로운 삶에 대한 희망을 부풀게 했을 것이고, 또 신천지로 인도하는 상징이 되었으리라. 1984년 유네스코 세계문화유산에 등재되어 있다.

자유의 여신상과 작별을 한 후에 우리들은 이름 모를 공원의 한 벤치에서 쉑쉑 버거(Shake Shack Burger)와 콜라 한 잔, 감자튀김 약간씩을 받아들고 추석 상을 대신한다. 미국에서는 꼭 맛보고 가야 하는 뉴욕의 명물로서, 젊은이들은 어김없이 찾는다고 가이드는 몇 번이고 강조한다. 그러나 오늘은 추석 다음 날로, 빈대떡과 송편이 더욱더 생각난다. 여기까지 와서도 된장찌개, 김치찌개, 순두부찌개, 부대찌개, 불고기, 오징어볶음, 잡채 등 웬만한 한국 음식은 거의 다 먹은 나로서는 뉴욕의 명물이라는 이 버거는 한 번 맛본 것으로 족할 뿐이다.

엠파이어스테이트 빌딩

엠파이어스테이트 빌딩은 초등학교 때부터 들어온 낯익은 이름이다. 교과서를 통하여 세계에서 제일 높은 빌딩이라고, '뉴욕의 마천루'란 단어와 함께 익혀 왔다. 근 70여 년을 이어 온 명성이나,

지금은 이 빌딩보다 높은 빌딩이 세계에 29개나 있고, 그중에서도 제일 높다는 빌딩의 명성은 두바이의 부르크칼리파 빌딩이 갖고 있으며, 무려 163층 828m의 높이이다. 우리나라의 롯데월드타워는 123층 555m로 4번째의 위용을 자랑한다.

엠파이어스테이트 빌딩은 뉴욕 주 뉴욕시의 맨해튼 섬 5번가와 34블록의 모퉁이에 있는 울워스 고딕 양식의 건물로 1931년에 세워졌다. 지상 86층에 381m이었으나, 1953년에 안테나 탑까지 더하여져 102층 443m의 높이가 되었다.

전망대까지 1,860개의 계단이 있으며, 창문은 모두 6,500개라 하는데, 지금은 940개의 회사가 입주해 있으며, 약 2만여 명의 인원이 이 안에서 일하고 있단다.

9·11테러가 있기 전에는 잠시 뉴욕의 무역센터가 더 높은 빌딩이었으나, 무역센터가 무너져 내린 후 원치 않게도 다시 1위가 되었다. 이 빌딩은 영화 〈킹콩〉으로 더욱 유명하여졌으나, 그 외에도 많은 영화에 등장하여 뉴욕 야경의 대명사처럼 되었다.

말로만 듣던 뉴욕의 야경

대표적인 뉴욕의 야경으로는 첫 번째가 '탑 오브 더 록(Top of the Rock)'으로, 록펠러 센터나 엠파이어스테이트 빌딩의 전망대에 올라 뉴욕의 야경을 즐기는 것이다. 해가 지기 전에 미리 올라 바로 시작되는 매직 아워를 즐길 수도 있는데, 야경의 화려함보다 더 멋진 환상적인 색깔의 하늘빛, 노을빛을 그대로 온몸으로 받고 있는 고층건물들의 낮과 또 다른 밤의 모습을 볼 수 있고, 센트럴 파크의 푸른 숲에 내려앉은 노을도 볼 수 있다. 그리고 이어서 마치 은가루를 뿌려 놓은 듯 고층건물 창가마다 줄 맞춰 빛나는 불빛은, 수많은 영화에서 보아 온 바로 그 장면을 연출한다.

두 번째 포인트는 '타임스퀘어(Times Square)'로, 화려한 네온사인과 낮보다 밝은 화면이 여기가 세계의 중심임을 말해 준다. 언론사 타임의 본사가 이 풍광의 중심에 있어서 붙여진 이름이다. 제야의 종소리 대신, 신년 맞이 불꽃놀이 때는 대단하단다. 광고인지 영화인지 모를 촬영은 지금도 이곳의 여러 곳에서 진행되고 있어, 야경인지 주경인지 모를 낯익은 장면들이 필름 속에 담겨지고 있었고, 그와 함께 나도 담겨지고 있었다.

세 번째는 '브루클린 다리에서 보는 맨해튼 야경'인데, 우리는 보지 못했다. 덤보(Down Under the Manhattan Bridge Overpass)에서 시작하는, 맨해튼 브리지와 브루클린 브리지 사이에 보이는 맨해튼 섬 건너편 모습으로, 금문교 풍경과 함께 눈에 많이 익은 풍광으로서, 일부러 시간을 내어야 볼 수 있는 밤 풍경이다.

우리는 대신 허드슨 강 밑의 링컨 터널을 지나서 뉴저지의 허드슨 강가에서 강 너머로 보이는 맨해튼의 밤 풍경을 바라본다. 물에 비춰 보이는 뉴욕의 밤경치도 볼만하다. 서울에서부터도 쫓아온 그 친근한 추석 보름달, 뉴욕의 휘영청 밝은 달이 우리들이 꺼내든 핸드폰 사진기를 반긴다.

나를 멈춰 세운 우드버리 아울렛

귀국을 이틀 앞두고 세계에서 가장 크다는 우드버리 아울렛 매장을 찾는다. 그리고 매장을 향해 가는 길에 미국의 전형적 전원도시인 Cold Spring 시에 잠시 들른다. 버스도 한 번에 돌리기 힘들 만큼 좁은 길의 작은 마을인데, 그래도 중심 거리에는 가게들이 늘어서 있어 골동품들을 비롯한 생활용품들을 늘어놓고 팔거나 간단한 음식이나 차를 선보이는, 시간을 멈춰 세운 것 같은 전원 마을이다.

드디어 은근히 기다렸던 아울렛 매장에 왔다. 한국에 있을 때도 백화점이나 면세점, 명품을 파는 아울렛 매장을 갈 때면 마치 싸움을 하듯이 아내의 쇼핑을 말리곤 했었는데. 또 백화점을 같이 갈 때도 언제나 매장을 피해 다니곤 하면서 값비싼 명품을 경멸하다시피 싫어하곤 했었는데, 오늘만큼은 입장이 바뀌었다. 그렇다고 아내가 값비싼 명품을 좋아하거나 자주 산 것은 아니지만.

그러나 지금, 구순이 훨씬 넘은 노모님을 모시느라고 같이 오지 못한 아내가 한편 다행스러우면서도, 한편으로는 많이 아쉽고 미안하다. 불현듯 오래전에 들은 익살스런 이야기 하나가 생각난다.

"남자는 꼭 필요한 물건 1달러짜리를 2달러에 사 오고, 여자는 전혀 필요치 않은 물건, 2달러짜리를 1달러에 사 온다."

뉴욕의 명물, 우드버리 아울렛 매장에서 지도 한 장 받아들고, 이 너른 천지에 어디를 가야 할지? 이 많은 가게들 속에서 무엇을 사야 할지? 나이키, 빈 폴, 폴로 등의 매장에 들어가지 않은 것은 아니지만, 재질은? 색상은? 사이즈는? 익숙하지 않은 환경 한가운데에서 나는 당황스러움을 감추지 못했다.

프라미스 교회에서의 총리허설 장면

전체 리허설, 뉴욕 프라미스교회

부인 권사님들은 쇼핑을 더 하시도록 아울렛 매장에 버스 1대와 함께 더 머물게 한 채, 우리 장로들은 서둘러 매장을 벗어나 뉴욕 프라미스 교회로 향한다. 여기에서 내일을 향한 전체 리허설을 가지도록 예정되어 있었기 때문이다.

주최 측의 인도로 간단한 기도회를 한 후에, 순서대로 교회의 강단에 올라 리허설을 한다. 무대 위에 도열하는 순서도 맞춰 보고, 또 한 번씩 준비한 곡도 불러 본다. 그리고 관중석의 자리에서 모두 일어선 채, 귀에 익은 헨델의 〈할렐루야〉를 연습한다.

아콜라 연합감리교회의 주일예배

9월 18일 주일날, 여행 마지막 날의 오전 11시 30분. 주일 예배를 드리려 뉴저지에 있는 아콜라 연합감리교회를 찾아든다. 이 교회는 이번의 찬양 대합창제를 주관한 주최 측에서 배정한 교회이다. '아콜라'는 이곳 지명이란다. 아콜라 교회는 크지도 않지만, 작지도 않은 교회이다.

본 교회의 성가대석은 강단 위의 설교대 뒤에 있었으며, 본성가대는 예배에서 헌금송을 하기로 하고, 우리는 설교 전에 찬양을 하기로 되어 있었다. 우리는 언제나처럼 〈복 있는 사람들〉과 〈주님의 택함이었소〉 두 곡을 불러 찬양했다. 이 교회는 목사님이나 성가대나 다른 악기들이나 찬양에 조예가 많은 것 같았다. 예배 후에 우리는 마당에 마련해 놓은 몇 채의 텐트 안에서 햄버거와 핫도그로 전 교인들과 같이 식사를 하였다. 하나 됨을 느끼는 시간이었다.

꿈의 전당, 카네기 홀

뉴욕 맨해튼 57번가 7번 애비뉴 코너에 위치한 카네기 홀(Carnegie Hall) 앞에 드디어 왔다. 나는 솔직히 이 전당이 가지는 명성이나 영향력, 위력도 제대로 모른 채 남들이 일러 주는 자랑이나 기대, 부러움만 안은 채 여기에 왔다.

먼저 이런 일화가 생각난다. 전설적인 피아니스트 아르투르 루빈스타인이 카네기 홀을 향해 가는 도중에 어떤 행인이 그에게 길을 물었다.

"실례합니다만, 카네기 홀을 가려면 어떻게 해야 합니까?"

"연습하세요(Practice)."

나는 과연 연습했는가? 카네기 홀을 찾아올 만한 자격이 있는가? 카네기 홀은 전 세계 음악가들이 그리는 '꿈의 무대'이며, 세계적인 음악가가 되기 위해서는 반드시 통과해야 하는 '데뷔 무대'란다. 평생에 한 번 이 무대에 서는 것을 꿈꾸며, 그렇게 동경한다고 하지 않는가? 그런데, 내가?

카네기 홀은 대부호이자 자선 사업가였던 강철 왕 앤드류 카네기(Andrew Carnegie)가 아내와의 신혼여행에서 우연히 만난 월터 담로시라는 지휘자의 청원을 받아, 200만 달러를 투입해 건립한 콘서트홀이다. 철근이 아닌 석재로만 짓고, 건물 벽체를 매우 두껍게 만들어 음향 효과가 아주 뛰어나다고 한다. 윌리엄 B. 투실이 디자인한 네오 이탈리아 르네상스풍의 이 건물은 처음부터 음향에 제일 공을 들였으며, 그 명성은 지금까지 유지되고 있다고 한다.

지금부터 125년 전인 1891년 5월 5일에 개관한 이 홀은 당시 최고의 주가를 올리던 작곡가이자 지휘자였던 차이콥스키를 초청하여 연주한 개관음악회 때부터 오늘 날까지, 수많은 음악가들이 이 카네기 홀을 거쳐 갔다 한다.

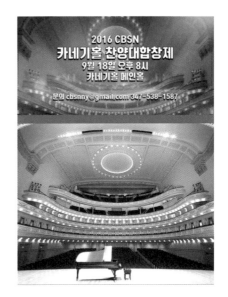

카네기 홀과 찬양제 포스터

1950년 링컨센터가 건립되면서 제1 고객이던 뉴욕 필하모니 오케스트라가 링컨센터로 이주를 결정하면서 한때 폐관의 위기까지 몰렸었으나, 바이올린 연주자인 아이작 스톤과 음악 후원가인 제이콥 캐플런과 앨리스 캐프런의 이 낡은 건물을 살리려는 운동이 성공을 거두어, 1960년에는 뉴욕 시에서 인수하였으며, 1986년에는 대대적인 보수까지 하였다.

메인 홀인 아이작 스턴 오디토리움(Isaac Stern Auditorium)은 2,800명까지 수용할 수 있는 크기이며, 무대 위에서 바늘 떨어지는 소리가 객석 3층 구석까지 들릴 정도로 음향 효과가 뛰어나다고 자랑이다. 따라서 우리가 이 무대 위에 섰을 때는, 우리도 그 책임을 다해야만 한다는 부담도 안게 된다. 한국인으로는 조용필, 패티 김, 인순이, 이선희, 김범수가 이 무대에 섰었으며, CCM가수 송정미도 얼마 전에 여기에서 찬양을 한 적이 있단다.

이곳에 오기 며칠 전인 지난 2016년 8월 24일에 한국에서 개봉한 영화 〈플로렌스〉의 광고문을 본 적이 있다. 가장 실력 없는 음치

소프라노 가수의 카네기 홀 진입 실화를 영화화한 것으로, 거기에는 이렇게 쓰여 있었다.

"1%의 재능과 99%의 자신감으로 카네기 홀에 서다."

나는 무엇으로 오늘 여기에 서려는가?

카네기 홀 찬양 대합창제

2016년 9월 18일 오후 8시. 드디어 '찬양 대합창제'의 막이 오른다. 3시간 전, 우리 성가단은 리허설을 하기 위해 카네기 홀의 아이작 스턴 오디토리움에 입성했다.

나의 첫 느낌은 '참 아름답다.'이다. 무대 위에서 바라본 관중석은 1층의 본 청중석 외에도 2층부터 4층까지 테라스나 발코니처럼 돌출된 황금색의 관중석이 그렇게 고울 수가 없었다. 전에 언제 와 보기나 한 것처럼 많이 친근하고 반갑다.

텅 빈 객석의 한가운데에 서서 천장을 쳐다보는 나는 지금 마냥 즐겁다. 음악이 그냥 사뿐히 내 위에 내려앉을 것 같아 그저 행복할 따름이다. 우리가 배정받은 대기실의 피아노 앞에서 사진 한 장 찍으면서 나는 혼자 주눅이 들고 말았지만, 이어 무대 위를 밟아 보면서, 나는 괜히 좋아했다.

다시 두 번째로 무대에 올라 소리 내어 리허설을 할 때는 왠지 자신감이 붙는 것을 느꼈다. 다른 출연자들의 연습 모습을 보면서는 더욱 그러하였다.

드디어 무대의 막이 오르고, 우리는 네 번째로 등단했다. 모두 59명의 단원이 4줄로 도열했다. 지휘자, 반주자까지 모두 61명이다. 5분의 장로님은 개인 사정에 의하여 중간중간에 합류하여 끝내는 무대에 같이 섰다.

지휘자 김성균 장로님의 손끝에 맞춰, 그리고 이정미 선생의 반주에 따라 〈복 있는 사람들〉, 〈주님의 택함이었소〉 2곡을 찬양하였고, 이 곡들이 찬양될 때에는 객석이 조용한 상태에서 미동도 하지 않은 줄 안다. 단상의 환한 불빛 속에 있던 우리가 어두운 객석의 동태를 구석구석 들여다볼 수는 없었지만, 적어도 내가 느끼기에는 그러하였고, 객석은 우리에게 철저히 압도당하고 있었다.

저기 2층 혹은 3층의 객석에는 우리의 식구, 부인들이 자리하여 소리 없는 성원을 보내고 있을 터이고, 1층의 넓은 관중석에는 다른 출연자들이 순번을 기다리며 우리의 찬양을 듣고 있었다. 숨을 죽이고 경청하기는 마찬가지다.

찬양이 끝나고 박수 속에 무대에서 줄줄이 내려서는 우리는 우리가 지금 무슨 일을 저질렀는지 잘은 모른다. 그러나 기분은 참 좋다. 일을 끝냈다는 성취감 때문만은 아니다. 만족감은 별도의 설명이 필요치 않은, 자기만이 느끼는 감정이기 때문이다.

관중석으로 돌아드는 우리에게 문석진 목사님은 엄지손가락을 치켜세우며, 음악회의 질을 높여 주었음에 대한 감사의 말씀에 인색치 않았다.

이번의 카네기 홀 무대에는 우리를 포함하여 모두 12팀이 출연하였다. 인천장로성가단, 익산장로성가단, 뉴욕권사선교합창단, 시카고장로성가단, 뉴욕필그림선교무용단, 뉴욕장로성가단, 미주웨슬리연합합창단, 코랄카리스 장로합창단, 교회연합합창단, 프라미스교회 어린이합창단, 프라미스교회연합성가대는 1곡이나 2곡

카네기 홀의 관중석

카네기 홀, 찬양제 시간의 서울장로성가단 연주 모습. 〈복 있는 사람들〉의 찬양 소리가 들린다.

을 연주하였고, 때로는 3곡을 찬양하였다.

마지막에는 우리 성가단의 김성균 장로님의 지휘와 이정미 선생의 반주에 따라, 약 800명에 달하는 전 출연자가 〈할렐루야〉를 합창했다. 〈할렐루야〉는 이런 때에 참 잘 어울리는 곡이다. 이렇게 대단원의 막이 내려졌다.

이 합창제를 기획하고 연출하였으며 성황리에 마칠 수 있도록 물심양면으로 협조를 아끼지 않은 CBSN의 문석진 목사를 비롯한 뉴욕의 모든 한인교회와 관계자들에 감사한다. 9월 말쯤 되면, 카네기 홀에서 직접 제작한 오늘의 DVD를 전달받을 수 있을 것이다.

"우리는 오늘 카네기 홀을 점령했습니다."

밤 11시가 넘은 시각. 숙소로 돌아오는 버스에서 우리는 우리가 오늘 저지른 일의 결과에 대하여, 친구들 혹은 친지들 혹은 성도들에게서 들은 무용담을 나누며, 저 세상에서도 듣고 싶은 자화자찬으로 충일했다. 우리는 하나하나 개선장군이라도 된 것 같았다.

그중에서 지휘자 장로님이 던져 주신 칭찬은 단연 압권이다. 평소에도 우리에게 자신감과 격려를 심어 주시느라고 좋게 말씀해 주시곤 하였지만, 결코 과장이나 허풍을 떠시는 분은 아니시기에 더 엄중하게 들렸다. 친구와 후배, 제자에게 전해 들었다고 하면서 장로님은 천천히 입을 뗐다.

"우리는 오늘 카네기 홀을 점령했습니다."

숙소 호텔에 도착했을 때는 먼저 와 있던 부인 권사님들이 버스에서 호텔 현관까지 양옆에 두 줄로 도열하여 박수로 맞아 주었다.

"수고하셨습니다." "정말 잘하셨습니다." "오늘 최고의 찬양이었습니다."

그렇지 않아도 우쭐대고 싶은 나의 마음을 한껏 치켜세워 준다. 시애틀이 아닌, '뉴욕의 잠 못 이루는 밤'이 될 것 같다.

세계 제1국 미국

우리 성가단의 친구 장로가 보낸 카톡과 메일 중에 이런 글이 있다.

2014년 11월, 호주의 브리즈번(Brisbane)이라는 도시에서 개최된 G20회의에서 미국의 오바마 대통령이 특별 게스트로 참석시킨 미국의 18대 합동참모의장인 마틴 뎀프시는 전 세계 20개국 리더들 앞에서 당당하게 이런 발언을 하여, 세계를 깜짝 놀라게 했다.

"미국을 상대하고 싶은가? 미국의 10개 핵 항모전단을 막아 낼 수 있겠는가? 미국의 20개 스텔스 핵 폭격기를 막아 낼 수 있겠는가? 미국의 네이비실 6팀 암살을 막아 낼 수 있겠는가? 미국의 7,000개 핵미사일을 막아 낼 수 있겠는가? 미국의 핵미사일 방어 시스템을 뚫어 낼 수 있겠는가? 미국의 이지스 함, GBI, 인공위성 무기, 패트리어트-3, THAAD 등 최첨단 기술을 감당할 수 있겠는가? 만약 너의 대답이 'NO'라면 신부터 이기고 올라와라. 신을 이길 자신이 없으면, 미국의 친구가 되어라."

당시 세계의 정상들의 자리에 앉아 있던 러시아의 푸틴 대통령이나 중국의 시진핑 주석은 다른 나라 정상들과는 달리 고개를 제대로 들지 못했다고, 기자들은 전하고 있다.

우리가 이곳 미국에 온 지 10일이 지났다. 수박 겉핥듯이 건성으로 보고 지나왔지만, 대단한 힘을 간직한 나라임에 틀림없다. 엠파이어스테이트 빌딩에 올라 내려다본 그 숱한 빌딩 중에 하나만도, 우리나라의 웬만한 소도시보다 큰 위력을 가지고 있을게다. 그곳에 공급되는 전기와 수돗물, 처리되는 하수와 쓰레기, 그것을 운영하는 그 시스템이 무서운 것이다. 질서정연하지 않은 것 같아도, 저들이 연출하는 총체적인 힘은 상상을 넘어설 것이다.

세계 초일류 대학들과 연구기관, 기업체, 또 저들이 찾아낸 최첨단 지식과 기술, 저들이 가진 창의력과 다양성, 저들의 자신감, 포용력. 어쭙잖은 나의 필설로 어떻게 다 표현할 수 있겠는가?

그러나 한편, 우리만 못한 것도 많다. 나는 처음에 미국은 다 좋은 줄 알았다. 다 잘하는 줄 알았다. 다 깨끗한 줄 알았다. 그러나 거리는 우리가 더 깨끗하였으며, 교통법규도 우리가 더 잘 지키고, 화장실도 우리가 더 잘되어 있다. 우리는 이제 길거리에서 담배도 함부로 안 핀다. 우리가 저들만 못한 것이 있다면, 영어 실력이다. 이제 우리는 조금만 더하면 된다. 위정자들과 사회 지도층 인사들부터 조금만 더 잘하면 된다.

미국이 세계에서 하나님의 공의를 실현하며, 하나님이 맡겨 주신 소임을 게을리하지 않는다면, 하나님은 이 나라에 부여한 세계 제1국의 지위를 거두지 않으실 것이다. 이와 마찬가지로 우리도 우리에게 맡기신 선교의 사명을 다하며, 정직하고 진실하게 살며, 하나님의 공의를 실천해 나간다면, 미국을 쫓아갈 수 있을 것이다.

결국 하나님 편에 서는 것이 중요하다. 그래서 우리는 하나님의 찬양을 들려주기 위하여 여기까지 왔다.

여행의 뒤안길

우리 서울장로성가단이 지난 20여 년의 여행 중에 이번처럼 힘든 여행은 처음인 것 같다. 여행의 계획과 시작은 그럴듯하였으나, 출발일이 가까워지면서 여행사의 실수가 두드려졌으며, 잘 챙기지 못한 임원진의 불찰도 끝까지 마음을 놓지 못하게 했다. 단원 모든 분들과 그 가족들에게 용서를 빈다.

그러한 위기 중에도 끝까지 믿음을 가지고 중심을 잡아 준 김광영 단장님께 감사하며, 모든 살림살이를 처음부터 끝까지 눈물 섞인 기도 속에서 냉정하게 처리해 준 신현수 총무 장로에게 위로의 말을 전한다. 마지막에 들어서 여행의 실무를 담당하며 여행이 성공토록 물심양면으로 수고를 아끼지 않은 행사부장 강신이 장로에게도 감사의 인사를 전한다. 그리고 각 팀의 팀장들에게도 고마움을 표한다. 자기는 숨기고 다른 이만 드러내 사진을 찍어 주신 김종원 장로도 많이 고맙다.

또 지휘자 김성균 장로님께도 감사 인사를 드린다. 합창의 지휘만이 아니라, 여행과 기타 단의 운영에도 자꾸 신경을 쓰게 해 드려 많이 송구하다. 그럼에도 열과 성을 다하시는 장로님께 존경과 함께, 인간적인 감사와 찬사를 드린다. 또 마땅치 않은 일정과 여건에도 불구하고 참석하여서 끝까지 웃음을 잃지 않은, 두 아이의 엄마 반주자 이정미 선생에게도 많이 고맙고 예쁘다는 인사를 전한다.

그 외에는 수고한 분들의 이름을 굳이 다 밝혀 드러내지 않으려 한다. 모든 동료 단원의 인내와 협조 속에서 결과적으로 성공적인 여행이 되었음을 다행으로 여기며, 여행을 끝까지 인도하시고 지켜 주신 우리 하나님께 감사하며 영광을 돌린다.

> 내가 평생토록 여호와께 노래하며,
> 내가 살아 있는 동안 내 하나님을 찬양하리로다.
>
> (시 104:33)

2016년 9월